ÉTUDES ROBESPIERRISTES

*

La Corruption parlementaire

sous la Terreur

DU MÊME AUTEUR

Études Robespierristes : ** La Conspiration de l'Étranger. Un vol. in-18, Armand Colin.

La Révolution française. 3 volumes in-16, brochés ou reliés (*Collection Armand Colin*).

La Révolution et l'Église. *Études critiques et documentaires.* Un vol. in-18. Armand Colin.

Rome et le Clergé français sous la Constituante. Un fort vol. in-16. Armand Colin.

La Victoire en l'an II. *Esquisses historiques sur la Défense nationale.* Un vol. in-16. F. Alcan.

La Théophilanthropie et le Culte décadaire (1796-1802). Un fort vol. gr. in-8°. Félix Alcan.

Contributions à l'histoire religieuse de la Révolution française. Préface de M. Gabriel Monod. Un vol. in-8°, Alcan.

Les Lois françaises depuis 1815 jusqu'à nos jours, accompagnées des documents politiques les plus importants, en collaboration avec L. Cahen. Un vol. in-16. F. Alcan, 3ᵉ édition, sous presse.

Les Grandes Journées de la Constituante. Un vol. in-16, illustré. Hachette.

Les Origines des cultes révolutionnaires (1790-1792). Un vol. gr. in-8°. Cornély, 1904.

Le Club des Cordeliers pendant la crise de Varennes et le massacre du Champ de Mars. Documents en grande partie inédits publiés avec une introduction, des éclaircissements, des notes et une planche. Un vol. grand in-8°. H. Champion, 1910. Supplément, 1912.

Les Conséquences religieuses de la journée du 10 août 1792 : *La Déportation des prêtres et la Sécularisation de l'état civil.* Un vol. in-8°. E. Leroux, 1911.

François Chabot à ses concitoyens, qui sont les juges de sa vie politique (pluviôse an II). Mémoire apologétique publié pour la première fois. Paris, E. Leroux, 1914.

Un procès de corruption sous la Terreur ; L'Affaire de la Compagnie des Indes. Un vol. gr. in-8°. F. Alcan.

Robespierre terroriste. Un vol. in-16. La Renaissance du Livre.

Danton et la Paix. Un vol. in-8°. La Renaissance du Livre.

La Révolution et les Étrangers. Un vol. in-16. La Renaissance du Livre.

Autour de Robespierre. 2ᵉ édition. Un vol. gr. in-8°. Payot. Traduction anglaise sous le titre : *The Fall of Robespierre* (Williams and Norgate).

Autour de Danton. Payot. Un vol. gr. in-8°.

La vie chère et le mouvement social sous la Terreur. Payot. Un fort vol. gr. in-8°.

ÉTUDES ROBESPIERRISTES

★

La Corruption parlementaire sous la Terreur

par

ALBERT MATHIEZ

Chargé du Cours d'Histoire de la Révolution française
à l'Université de Paris.

DEUXIÈME ÉDITION, REVUE ET AUGMENTÉE

LIBRAIRIE ARMAND COLIN
103, Boulevard Saint-Michel, PARIS

—

1927

ÉTUDES ROBESPIERRISTES

CHAPITRE I

LA CORRUPTION PARLEMENTAIRE SOUS LA TERREUR [1]

MESDAMES, MESSIEURS,

Plus d'un parmi vous s'est sans doute demandé en lisant l'affiche de la Faculté pourquoi j'ai choisi comme sujet de mon cours public *La Corruption parlementaire sous la Terreur*. Ce n'est pas, je voudrais que vous en fussiez bien convaincus, pour le plaisir facile de faire naître dans vos esprits les allusions malignes ou de raconter des anecdotes scandaleuses. Ceux qui voudront bien me suivre jusqu'au bout s'apercevront vite que le sujet est plus austère qu'ils ne croient. Je ne me sens pourtant aucune vocation pour la prédication et je vous promets que je ne vous

1. Leçon d'ouverture d'un cours public professé à la Faculté des Lettres de Besançon pendant l'hiver de 1911-1912, publiée dans les *Annales révolutionnaires*, t. V, 1912.

ferai pas de leçons de morale. Il y a longtemps, n'est-ce pas, que la preuve est faite que les formes politiques, que les systèmes de gouvernement sont impuissants à changer la substance de l'humanité ? Tous les régimes ont eu leurs corrupteurs et leurs corrompus. Sous l'ancienne monarchie, on achetait comme on pouvait, parfois très cher, les grâces des courtisans. Les favorites distribuaient jusqu'aux mitres épiscopales. Dans les démocraties, les gouvernants ont aussi leurs flatteurs et leurs tentateurs. Si on ne présente plus officiellement les favorites, comme à la cour de Louis XIV, si elles n'ont plus rang dans la hiérarchie protocolaire, elles n'en jouent pas moins un rôle considérable qu'un historien informé ne saurait négliger. L'argent, la femme, sous toutes les latitudes, sous tous les gouvernements, à toutes les époques, sont les deux grands moyens de séduction, les deux pièges souverains où se prennent les consciences.

Qu'y a t-il donc d'étonnant, Mesdames et Messieurs, que parmi ces conventionnels qui, dans le lointain de l'histoire, nous paraissent si grands, d'une grandeur farouche, se soient glissées des brebis galeuses ? La Révolution, a dit un homme politique célèbre par ses mots, est un bloc. Soit ! Si on ne considère que son œuvre, que les institutions qu'elle a fondées. Mais le point de vue de l'homme politique n'est pas celui de l'historien. Il n'y a pas de bloc que la critique historique ne dissocie pour en analyser les éléments parfois fort disparates.

La Convention nationale et dans la Convention la Montagne elle-même ne comprit pas que des législateurs incorruptibles uniquement dévoués au bien public. Lui retirerons-nous pour autant toute notre admiration ? Les Français de 1793 étaient des hommes après tout et des hommes qui avaient grandi au spectacle de l'ancienne monarchie où tout se vendait et où tout s'achetait. Qu'ils n'aient pas tous résisté à la tentation de mettre au service de leurs intérêts privés, de leurs passions et de leurs vices, la toute puissance que leur avait confiée la Nation, que quelques uns aient imité les mœurs de ces courtisans dont ils avaient pris la place, la chose est si naturelle qu'il faudrait ne rien connaître de la vie pour s'en montrer surpris.

Ce qui vous surprendra bien au contraire, Mesdames et Messieurs, ce qui vous fera sourire, c'est l'inexpérience dont font preuve certains de ces hommes politiques, corrupteurs ou corrompus, que je ferai défiler devant vous, la candeur de leurs aveux, l'ingénuité de leurs procédés de défense. A cette aurore du régime parlementai , les illusions étaient générales. Si la République était belle sous l'Empire, combien plus belle encore était-elle le 22 septembre 1792, quand elle fut proclamée pour la première fois à la face du vieux monde, aux échos du canon de Valmy !

Les patriotes croyaient que la République, comme d'un coup de baguette magique, transformerait, régénérerait la France et l'Univers. Les députés, qui s'appelaient alors d'un nom emphatique les Législateurs, par comparaison avec Moïse, Lycurgue, Solon, se considéraient et étaient considérés comme des sortes de prêtres du bonheur social. Ils se prenaient très au sérieux : « Représentants du peuple, s'écrie l'un d'eux, le Girondin Manuel, le 21 septembre 1792, la mission dont vous êtes chargés exigerait et la puissance et la sagesse des dieux. Lorsque Cinéas entra dans le Sénat de Rome, il crut voir une assemblée de rois. Une pareille comparaison serait pour vous une injure. Il faut voir ici une assemblée de philosophes occupés à préparer le bonheur du monde [1] ». « Notre mission est grande, elle est sublime », ajoutait après Manuel le Montagnard Couthon.

Tout remplis de Montesquieu et de J.-J. Rousseau, les Législateurs savaient que la vertu, autrement dit le dévouement au bien général, est l'âme des Républiques et ils s'efforçaient sinon d'être vertueux, du moins de le paraître. Les plus candides se mettaient à la recherche des moyens d'empêcher la corruption de pénétrer dans le sanctuaire des lois.

Le vénérable vieillard Raffron du Trouillet,

1. *Moniteur*, réimp., t. XIV, p. 7.

député Montagnard de Paris, au moment où on discutait la Constitution de 1793, proposait d'instituer au-dessus de l'Assemblée législative une sorte de tribunal des mœurs, une censure nationale qui surveillerait les députés et les révoquerait au premier soupçon [1]. Raffron n'avait oublié qu'une chose, c'est que son tribunal des mœurs aurait besoin à son tour d'être surveillé. Robespierre, avec beaucoup de ménagements, lui fit remarquer que sa proposition était impraticable. Cependant, pour lui donner satisfaction, le Comité de Salut public proposa d'insérer dans la Constitution une série d'articles qui instituaient la censure du peuple sur ses élus. Après chaque législature, tout député devait être jugé par ses électeurs qui l'acquittaient ou le condamnaient. Le député condamné ne pouvait plus être réélu ni nommé à aucune fonction publique. Le projet, il est vrai, fut écarté pour des raisons surtout politiques. On était alors en pleine insurrection fédéraliste. Les Montagnards craignirent que dans maints départements la censure du peuple ne s'exerçât à leur détriment.

Ils ne renoncèrent qu'à regret à l'institution préventive rêvée. L'un d'eux Guyomar avait déclaré dans la discussion qu' « il était nécessaire de trouver un moyen d'empêcher le Corps législatif d'abuser des pouvoirs immenses qui lui sont

1. Séance du 15 juin 1793.

confiés ». C'était un sentiment alors général. Jean-Jacques Rousseau avait montré dans le *Contrat social* qu'un peuple qui délègue ses pouvoirs à des représentants se donne en réalité des maîtres [1]. Montesquieu avait dit avec plus de force et de concision : « Quand le trésor public devient le patrimoine des particuliers, la république est une dépouille et sa force n'est plus que le pouvoir de quelques citoyens et la licence de tous [2] ».

L'idée qu'il fallait se prémunir contre la dictature irresponsable des représentants qui laissait tant de ressources à la corruption, cette idée était si profondément sentie qu'elle reparut à toutes les grandes crises qui prirent ainsi l'aspect de crises de moralité. Au plus fort de la lutte des Girondins et des Montagnards, le 14 mai 1793, Buzot, l'ami de Mme Roland, dénonça les démagogues qui se servaient de la popularité pour parvenir à la fortune : « Avec des phrases que nous connaissons très bien depuis quatre ans, dit-il, il est très possible de tromper le peuple, de parler même de Sans-Culotterie et de piller le Trésor public en amassant une grosse fortune. Il est tel homme qui aujourd'hui tient bonne table, qui a voiture et qui, avant le 10 août, avant la Révolution, n'avait rien, absolument rien. » Buzot conclut en proposant que tous

1. *Contrat*, liv. III, ch. xv.
2. *Esprit des Lois*, liv. III, ch. iii.

les députés, même ceux qui avaient siégé à la Constituante et à la Législative, fussent tenus de déclarer dans le délai d'un mois l'état de leur fortune, sous peine de dix ans de fers et de la confiscation de leurs biens. Buzot fut très applaudi. Cambacérès cependant fit observer que la mesure qu'il proposait était immorale, « car elle ne tendait à rien moins qu'à compromettre la propriété et la sûreté de chacun de nous », et qu'elle était aussi dangereuse, « car elle exposerait le crédit des commerçants et produirait des effets funestes dans des temps de troubles et d'agitations ». Cambon dit avec plus de force encore : « Acquéreur d'un bien national, chargé dans l'Assemblée législative et dans la Convention de plusieurs missions importantes, je m'oppose au décret qui vous est présenté, parce que je ne veux pas que par des décrets inexécutables on avilisse la Convention. Veut-on désigner les individus ? eh bien, qu'on s'explique franchement, qu'on dise : Un tel n'avait rien lorsqu'il a été député et maintenant il a telle et telle chose. Rendons justice au peuple, il accueillera celui qui fera des déclarations importantes. Le mauvais citoyen, le voleur sait bien trouver les moyens de cacher sa fortune ; il n'achète pas, il enfouit son or, en attendant un temps plus opportun pour jouir de ses rapines. Quant à moi, je déclare à la Convention que le bilan de ma fortune sera imprimé ; il le sera avec exactitude, parce

que j'ai des associés. » Thuriot tenta une diversion en proposant de faire renvoyer au Comité de
Salut public les dénonciations portées contre les
membres de la Convention. Mais Barbaroux reprit
les arguments de Buzot et la Convention décréta
que « les représentants du peuple étaient à chaque
instant comptables à la Nation de l'état de leur
fortune ». Ce n'était qu'une déclaration de principe. Le mode d'application du décret restait à
voter. Quand Raffron, nous l'avons vu, proposa
son tribunal censorial, il n'obtint aucun succès.
Mais l'idée qu'il fallait rendre effective la responsabilité des représentants subsistait vivace dans
les esprits. Elle ne tarda pas à reparaître.

Quand les Montagnards commencèrent à se
diviser, quand les hébertistes reprochèrent aux
dantonistes leur indulgence pour l'aristocratie
et leurs compromissions avec les gens d'affaires,
le vénérable Raffron voulut prévenir les fatals
déchirements qu'il prévoyait. Il reprit son projet de tribunal censorial. Les électeurs nomme-
raient un citoyen par département pour former
ce tribunal.

Parmi les 83 citoyens ainsi nommés le Corps
législatif choisirait 21 noms. Les 21 juges dési-
gnés viendraient siéger dans la capitale à côté
des députés. Quand une dénonciation se produirait contre un député, le corps législatif tirerait
au sort 15 noms parmi les 21 censeurs et les 15
sortis se constitueraient en tribunal pour juger

dans le jour le député dénoncé. Ils se borneraient dans le jugement à déclarer que l'inculpé avait conservé ou perdu la confiance publique. Le député flétri par la censure serait immédiatement déchu de ses fonctions [1].

Pas plus en novembre 1793 qu'en juin de la même année, l'institution du tribunal de censure ne fut adoptée par la Convention. C'est qu'il y avait un autre tribunal, bien plus efficace, croyait-on, pour punir les suspects, il y avait le tribunal révolutionnaire qui venait de condamner les députés girondins à l'échafaud.

Malgré tout, c'était à regret que la Convention livrait ses membres à la hache de Sanson. Elle aurait préféré des moyens plus doux et prévenir les crimes plutôt que les réprimer.

Au lendemain encore de la double exécution des Hébertistes et des Dantonistes, l'idée d'une censure publique revient sur l'eau à la tribune de la Convention. Le terrible Vadier propose que chaque député « rende compte au peuple de sa vie politique et privée et présente l'état de sa fortune » [2]. Le « vertueux » paralytique Couthon, au milieu des applaudissements, appuie Vadier : « Oui, citoyens, rendons tous un compte moral de notre conduite politique ; faisons connaître au peuple ce que nous avons été avant la Révolution et ce que nous sommes devenus, quelle a été notre profession, quelle

1. Séance du 16 brumaire an II, 6 novembre 1793.
2. Séance du 16 germinal an II, 5 avril 1794.

a été notre fortune, si nous l'avons augmentée et
par quels moyens, ou si nous ne sommes devenus
plus riches qu'en vertus ; que chacun de nous fasse
imprimer ce compte moral et qu'il dise : C'est la
vérité que je vous présente ; si je vous trompe seulement dans une syllabe, j'appelle la vengeance
nationale. » La salle, dit le *Moniteur*, retentit
alors des plus vifs applaudissements. Tous les
membres se lèvent par un mouvement spontané et
votent par acclamation la proposition de Couthon.
Vote stérile, qui fut rapporté qnelque temps après,
quand Robespierre, avec son froid bon sens, eût
montré aux jacobins que les fripons sauraient
mieux que les honnêtes gens présenter au public
le compte moral qu'on exigeait d'eux[1] !

1. A la veille de l'insurrection royaliste du 13 vendémiaire,
le député Garrau reprit la proposition de Vadier : « Les royalistes, les ennemis de la chose publique nous calomnient ; ils
répandent que vous avez dilapidé la fortune publique. Pour
prouver au peuple que nous ne l'avons pas volé, je demande que
chacun de nous fasse une déclaration, écrite et signée de lui, de
la fortune qu'il avait avant la Révolution et de celle qu'il possède à présent » (séance du 4 vendémiaire an IV, *Moniteur*). De
vifs applaudissements saluèrent la proposition. Tous les députés
se levèrent en signe d'adhésion. Lebreton ajouta : « Je demande
que la partie des biens dont il n'aurait pas été fait de déclaration
soit confisquée au profit de la République. » Les applaudissements recommencèrent et les deux propositions furent votées.
Les déclarations des Conventionnels furent parfois imprimées et
celles-ci sont aujourd'hui conservées à la Bibliothèque nationale sous la cote Lb⁴¹. D'autres, plus nombreuses, restées ma-
nuscrites, remplissent un carton des archives nationales (C 353).
Il ne semble pas que jusqu'ici les historiens aient puisé à cette
précieuse source d'informations. J'ai publié, dans les *Annales*

Robespierre, Mesdames et Messieurs, avait raison. On ne cultive pas la vertu, on ne la fait pas naître artificiellement. Il est bien difficile d'arrêter la corruption par des moyens préventifs. Mais les préoccupations et les faits que j'ai rappelés suffiront à montrer, je pense, quel fonds d'honnêteté foncière résidait dans l'âme de la grande majorité des Conventionnels. S'il y a eu, dans le nombre, des corrompus, et nous les connaîtrons bientôt, ils n'ont jamais bénéficié comme d'autres, en des temps plus heureux, de l'indulgence souriante et sceptique de leurs collègues et de l'opinion. Bien au contraire, ils vivront dans la crainte continuelle, obsédante, que leurs friponneries soient dévoilées et certains trembleront si fort qu'ils ne pourront calmer leurs frayeurs qu'en dénonçant leurs complices et en se dénonçant eux-mêmes du même coup !

Je devais ces explications préliminaires, Mesdames et Messieurs, à ceux d'entre vous, qui auraient pu s'imaginer, en lisant le titre de mon cours public *La Corruption parlementaire sous la Terreur*, que je nourrissais quelques mauvais desseins contre le bon renom de la Convention nationale.

Mais je ne vous ai pas encore dit pourquoi j'ai choisi ce sujet.

Je l'ai choisi parce qu'il est encore à traiter. Aucun historien, à ma connaissance, n'a tenté de

révolutionnaires d'abord, dans les *Annales historiques de la Révolution française* ensuite, un certain nombre de ces déclarations de fortune des conventionnels.

l'aborder. C'est un sujet vierge ou presque. Plus je l'ai étudié, plus il m'a semblé intéressant, je dirai même révélateur. Il permet de rectifier sur l'histoire de la Terreur des erreurs graves qui ont cours partout. Il jette quelque clarté dans une ombre épaisse et mystérieuse.

On s'explique aisément que les révolutionnaires aient brandi la hache nationale contre les ennemis de la Révolution. On s'explique encore que les Montagnards aient traité les Girondins comme des aristocrates, puisque les Girondins soulevaient les départements et s'alliaient partout aux royalistes. On s'explique plus difficilement que les Montagnards victorieux se soient presque aussitôt divisés et qu'ils aient employé les uns contre les autres le suprême argument de la guillotine. Hébertistes et Dantonistes se succèdent à l'échafaud et y précèdent de bien peu les Robespierristes.

Pourquoi ces hécatombes ? Pourquoi des hommes qui, la veille, s'estimaient comme des frères et poursuivaient en apparence le même idéal s'entretuent-ils avec fureur le lendemain ?

Il y a une explication commode qui a déjà beaucoup servi et qui servira longtemps encore, parce qu'elle s'adresse aux intelligences paresseuses. Elle consiste à rejeter toutes les responsabilités sur un bouc émissaire, sur Robespierre, qu'on représente comme un ambitieux effréné,

un hypocrite sans scrupules, un tigre altéré de
sang, que sais-je encore ?

L'ambition de Robespierre ! Le dernier historien de la Révolution la dénonce partout. Il la
découvre dans la journée du 2 juin 1793 qui précipita les Girondins du pouvoir[1], dans le vote du
10 juillet qui exclut Danton du Comité de Salut
public[2], dans la double exécution enfin des
Hébertistes et des Dantonistes qui serait due à
ses calculs machiavéliques. Robespierre se serait
d'abord servi des Dantonistes contre les Hébertistes, puis de ceux-ci contre ceux-là et les aurait
ruinés les uns par les autres afin d'établir à son
profit une sorte de dictature politico-religieuse
qui aurait trouvé son expression dans le culte de
l'Être suprême. Ainsi, si la démocratie s'est divisée, si ses divisions l'ont perdue, si elle a reculé
sans cesse après thermidor jusqu'au Consulat et
à l'Empire, c'est la faute à l'ambition de Robespierre.

L'ambition de Robespierre ! C'est une sorte de
tarte à la crème qui explique tout et qui n'explique rien. Car enfin, pourquoi le Comité de
Salut public, pourquoi la Convention, pourquoi

1. Aulard, *Histoire politique de la Révolution française*, p. 439.
2. *Ibid.*, p. 442. M. Aulard ne tient aucun compte des fréquentes interventions de Robespierre aux Jacobins en faveur du
Comité dont faisait partie Danton, et il transforme Camille
Desmoulins en agent de Robespierre, parce que Camille avait
critiqué le Comité.

l'opinion publique ont-ils suivi Robespierre ?
C'est donc que les arguments que Robespierre
mettait en avant avaient un poids singulier !
Quels étaient ces arguments ? On ne prend pas
la peine de les examiner, on se contente d'y
faire une allusion très discrète, une allusion
voilée.

L'ambition de Robespierre ? Mais les historiens
qui la dénoncent sont les mêmes à prétendre que
Robespierre était un homme fort médiocre,
presque sans moyens, même oratoires, à les
entendre. Singulière contradiction entre la petitesse de l'homme et les vues qu'on lui prête et
les évènements qu'il aurait provoqués et dirigés !

Les adversaires de Robespierre ne s'aper-
çoivent pas qu'à représenter ainsi leur victime
comme une sorte de génie du mal, ils lui dressent un piédestal. Le gavroche des *Misérables*
chantait : C'est la faute à Rousseau, nos graves
historiens répètent avec le même esprit : C'est la
faute à Robespierre.

Ces historiens oublient que l'homme qu'ils
dénoncent rétrospectivement avec une âpreté de
procureurs, avait personnifié la Révolution dans
tout ce qu'elle portait en elle de plus pur et de
plus noble, que sa popularité fut immense, que
la plupart des thermidoriens eux-mêmes qui ont
participé à sa chute, comme Barras, Barère,
Cambon, ont regretté plus tard la faute qu'ils
avaient commise au 9 thermidor, que tous les

grands démocrates de la première moitié du xix° siècle, que les hommes de 1830 et de 1848, depuis Armand Carrel jusqu'à Louis Blanc, se sont réclamés hautement des enseignements et de l'exemple de l'Incorruptible et ont professé un culte pour sa mémoire.

Les grandes crises politiques et sociales ne peuvent être réduites que par des historiens à courte vue aux proportions d'un conflit de personnes. Les divisions de la Montagne eurent des causes multiples. L'ambition de Robespierre, si cette ambition a jamais existé, n'y a de toute façon joué qu'un rôle très accessoire.

Il y a de ces fatales divisions une explication que les acteurs eux-mêmes ont donnée et que les contemporains ont adoptée. C'est la corruption, à la fois financière et politique, qui a introduit le poison du soupçon et de la défiance parmi les amis de la veille. C'est la corruption parlementaire qui explique pour une bonne part le recul et la perte de la démocratie. Grande leçon !

Dès le lendemain de la chute de la Gironde, dans les mois de juillet et d'août 1793, au moment des grands périls intérieurs et extérieurs, on dénonce aux jacobins et bientôt à la tribune de la Convention l'existence d'une faction d'hommes d'affaires qui s'efforce de s'emparer du gouvernement pour agioter à son aise. On ajoute que ces hommes d'affaires qui s'infiltrent dans tous les Comités, partout où il y a une autorité à exercer et un bénéfice à recueillir, ne pensent pas seulement à faire leur fortune, mais qu'ils reçoivent l'inspiration « d'agents de l'étranger », d'agents de Pitt et de Cobourg, et que ces agents préparent par leur entremise la restauration de la monarchie. On murmure bientôt les noms de ces parlementaires corrompus, de ces *pourris* comme on dit d'un mot énergique et on désigne aussi les agents de l'étranger qui les inspirent. Les pourris, c'est le député Delaunay d'Angers qui spécule sur les actions de la compagnie des Indes, — c'est le député-poète Fabre d'Eglantine qui agiote concurremment avec Delaunay et vend des souliers à l'armée pour payer ses dettes criardes et entretenir ses actrices, Caroline Remy ou la Morency, — c'est le député Julien de Toulouse, le protecteur attitré du fournisseur infidèle d'Espagnac, l'amant de la ci-devant comtesse de Beaufort, — c'est le député Chabot, ancien capucin perdu de mœurs, célèbre par ses dénonciations contre le Comité Autrichien sous la Législative et par son rôle au 10 août, qui monnayait maintenant sa réputation de patriotisme en épousant avec une dot de 200,000 livres la sœur des banquiers autrichiens Frey, juifs d'origine morave établis depuis peu à Paris et d'un jacobinisme très écarlate, — c'est le député Basire, ami de Chabot et amant de la baronne Palm d'Ælders, une intrigante pensionnée par le gouvernement hollandais et une apôtre du féminisme, — c'est Courtois, le « pays » de Danton, député de l'Aube qui fournit des bœufs à l'armée et ne remplit pas les conditions de ses marchés, Courtois qui entretient avec la duchesse de Choiseul des relations très amicales et d'autant plus suspectes que, la duchesse étant très vieille, on en cherche le motif ; — les pourris, c'est Rovère et Poultier qui dans leur mission en Vaucluse s'emparent des biens nationaux, — c'est Barras et Fréron qui, à Marseille et à Toulon, font main basse sur les meubles et l'argenterie des ci-devant, — c'est Tallien, l'amant de la belle Teresa Cabarrus, qui vend aux aristocrates bordelais la mise en liberté, — c'est le liégeois Robert, de journaliste devenu député de Paris, et qui paie ses dettes en accaparant le rhum, — c'est le bel Hérault de Séchelles, l'ancien protégé de Marie-Antoinette, qui siège maintenant sur la Montagne et que ses collègues du Comité de Salut public soupçonnent d'être vendu à l'étranger, — c'est l'Alsacien Reubell qui a ramené de Mayence des malles pleines d'argenterie[1], — c'est le Lorrain Merlin de Thionville, son digne compagnon, qui mène un train princier dans son bien national du Mont-Valérien. A la liste on ajoute encore le nom de Danton, de Danton le tribun tonitruant qui depuis longtemps a rentré son tonnerre et qui s'est constitué l'ami

1. Sur les malles de Reubell, voir les *Annales révolutionnaires,* 1917, p. 541 ; 1918, p. 246 ; 1923, p. 414.

et le protecteur de tous les parlementaires
suspects, de tous ceux que j'ai nommés, Delaunay, Julien, Chabot, Basire, Fabre d'Eglantine, Rovère, Barras, Fréron, Courtois, Tallien… Danton, dit le *Père Duchêne*, a pillé la
Belgique avec son ami Delacroix, à la veille de la
trahison de Dumouriez dont il a pris la défense.
Danton n'a jamais rendu un compte exact des dépenses secrètes qu'il fit comme ministre de la Justice après le 10 août. Danton, qui ne possédait rien
avant 1789, est devenu un riche propriétaire dans
l'Aube et à Paris. Il a donné à la jeune femme qu'il
vient d'épouser en secondes noces une grosse
somme dans le contrat pour payer sa jeunesse.

Nous connaissons les pourris, voici maintenant
les « agents de l'étranger » qu'on se désigne à
l'oreille. C'est le juif bordelais Pereira, l'acteur
dramatique Dubuisson, le belge Proli, le négociant en vins Desfieux qui ont été chargés de
missions plus ou moins secrètes par le Comité de
Salut public, quand Hérault ou Danton y faisaient
encore la loi. Proli, dit-on, est le bâtard du
prince de Kaunitz et par sa mère, comtesse belge
qui habite Bruxelles, il continue d'entretenir des
intelligences avec l'Autriche. Il habite chez Hérault qui n'a pas de secrets pour lui. Les agents
de l'étranger, c'est encore les frères Frey, beaux-
frères de Chabot, le danois Diedrichsen qui leur
sert de bras droit et qu'ils ont amené de Vienne
avec eux, c'est Guzman, un grand d'Espagne

déclassé qui a cherché une situation dans les troubles de la Belgique et qui fait maintenant la banque et l'intrigue, c'est le baron prussien De Trenck, célèbre par ses aventures romanesques et ses prisons, qui est venu depuis peu rédiger à Paris un journal sans lecteurs, c'est le banquier Anglais Boyd[1] qu'on accuse de correspondre avec Pitt. C'est, derrière eux tous, le fameux baron de Batz, ancien Constituant, qui déploie au service de la famille royale une remarquable ingéniosité jointe à un sens supérieur des affaires.

Pourris et agents de l'étranger agissent de concert pour s'emparer de tous les rouages du gouvernement et de l'administration. Les pourris sont membres de tous les Comités importants, Comité de sûreté générale qui surveille les suspects, met leurs biens sous séquestre, décerne des mandats d'arrêt, Comité des marchés qui négocie avec les fournisseurs et leur délivre des mandats de paiement, Comité des finances, Comité des approvisionnements et des charrois, etc. Les personnages équivoques, qu'on soupçonne d'être des agents de Pitt et de Cobourg, ont fait des Jacobins leur quartier général. En même temps qu'ils s'emparent des places dans les ministères et dans les administrations, ils sollicitent les missions dans les départements ou à l'étranger.

Les corrompus supportent impatiemment la

---

1. J'ai consacré au banquier Boyd un chapitre de mon livre *Robespierre terroriste*.

surveillance gênante du Comité de Salut public.
Ils cherchent à le renverser et à s'y introduire.
Ils l'attaquent avec énergie dès le mois de septembre. Ils sont vaincus, mais ils recommencent
en novembre avec plus de machiavélisme. Ils
déchaînent alors le mouvement de déchristianisation, qui ne fut qu'une savante surenchère dont le
but était de permettre à ses auteurs de détourner
les soupçons élevés contre leur intégrité et de se
débarrasser du Comité qu'ils s'efforcèrent de
faire passer pour réactionnaire parce qu'il s'opposait à la fermeture des églises et aux violences
contre les prêtres[1].

En même temps, comme les Jacobins étaient restés fidèles au Comité et à Robespierre son chef, les
« agents de l'étranger » formaient dans chaque
section de la capitale une société populaire et fédé-
raient toutes ces nouvelles sociétés dans un comité central sur lequel ils mettaient la main. Le
Comité central des sociétés populaires secondait
de l'extérieur par des pétitions habiles et mena-
çantes, l'action des pourris dans l'Assemblée.

Le Comité de Salut public est ainsi distrait de
ses immenses travaux par le souci permanent de
sa propre défense. Il se sent environné d'intrigues. Il soupçonne la fidélité des agents qu'il
est obligé d'employer. Il sent la trahison jusque
dans son sein. Il est convaincu que les assauts

______

[1]. Voir l'étude sur Robespierre et la déchristianisation dans
notre livre *La Révolution et l'Église*, Paris, 1910.

qu'on dirige contre sa politique ont une origine
impure. Dès le 14 septembre, ses amis font renouveler le Comité de Sûreté générale, dont sont
exclus Basire, Chabot et Julien de Toulouse. Les
scellés sont mis sur les papiers de Julien de Toulouse le 17 septembre. On y découvre une correspondance compromettante avec le fournisseur
d'Espagnac et avec une ci-devant, la comtesse
d'Abzac.

Le Comité de Salut public ne peut croire que
le désir de s'enrichir soit l'unique cause des
attaques perfides et réitérées dirigées contre sa
politique. Il remarque que ses adversaires
emploient simultanément ou successivement deux
tactiques opposées. Les uns poussent aux mesures
extrêmes, à la suppression du culte, à l'épuration
de la Convention par l'expulsion et même le
meurtre des 73 Girondins qui ont protesté contre
l'insurrection du 2 juin. Il leur faut la tête de la
reine et celle de Madame Elisabeth. Ils réclament
la mise en vigueur de la nouvelle Constitution, ce
qui désarmerait la Révolution devant l'ennemi
intérieur et extérieur. Ils proposent la suppression du Conseil exécutif dont les pouvoirs passe-
raient au Comité de Salut public, laissant à celui-
ci toutes les responsabilités sans couverture.
D'autres, au contraire, pleurent la mort des
22 Girondins, s'apitoyent sur les suspects dont
ils sollicitent la liberté, demandant qu'à la terreur on fasse enfin succéder la clémence, récla-

ment l'abolition des lois révolutionnaires, dénoncent journellement les patriotes énergiques.

Le Comité de Salut public soupçonne que, derrière la double opposition qui le harcèle, il y a un complot royaliste. Les ultra-révolutionnaires dépopularisent la Révolution par leurs excès. Si on les laisse faire, ils priveront la Convention de tout appui, de tout crédit dans le peuple effrayé et désemparé. En même temps les citra-révolutionnaires, les indulgents énervent tous les ressorts de l'autorité et augmentent l'audace des aristocrates en ouvrant les prisons et en persécutant les patriotes. Les deux tactiques produisent le même résultat. Quand la Convention sera avilie dans l'opinion, une journée populaire la dispersera et le dauphin sera proclamé.

Le complot royaliste est permanent. Les officiers municipaux, les gardes nationaux qui gardent le Temple ne sont pas sûrs. Le 28 février 1793, l'officier municipal Toulan conduit M. de Jarjayes au Temple auprès de Marie-Antoinette. Le 28 août, l'officier municipal Michonis introduit à la Conciergerie, où Marie-Antoinette a été transférée, le chevalier de Rougeville qui lui remit un billet caché dans un œillet. Entre ces deux dates, au début de Juillet, a été découvert un complot formé par le général Arthur Dillon, grand ami de Camille Desmoulins, pour délivrer la reine. C'est même pour déjouer le complot que Marie-Antoinette a été transférée à la Conciergerie.

Dans la situation terrible où il se débat, le Comité de Salut public s'imagine naturellement que ses adversaires à la Convention et aux Jacobins sont les auxiliaires masqués des tentatives royalistes.

Ses soupçons prirent une consistance singulière quand un des principaux parmi les députés d'affaires, quand François Chabot, sur le point d'être découvert, vint révéler, d'abord à Robespierre, ensuite au Comité de Sûreté générale, l'existence d'un grand complot, où il n'était entré, disait-il, que pour le déjouer, et quand son ami Basire vint confirmer sa dénonciation. On était juste au début du mouvement de déchristianisation, au lendemain de l'abjuration de Gobel et de la fête de la Raison : c'étaient les 25 et 26 brumaire.

Chabot et Basire dénonçaient leurs collègues Julien de Toulouse et Delaunay d'Angers comme des agioteurs qui leur avaient offert des sommes considérables pour favoriser leurs spéculations sur les compagnies financières, Compagnie des Indes, Caisse d'Escompte, Caisse d'assurances sur la vie. Pour preuve qu'il disait vrai, Chabot présentait au Comité un paquet d'assignats de 100 000 livres que Delaunay lui avait remis, disait-il, pour acheter la complaisance de Fabre d'Eglantine et son silence sur un décret frauduleux réglant la liquidation de la Compagnie des Indes.

Il ajoutait que les députés corrompus n'étaient que les agents du baron de Batz qui rédigeait leurs rapports et les réunissait à sa table dans sa maison de Charonne. Le complot d'agiotage avait un but contre-révolutionnaire. En même temps qu'il corrompait les députés, Batz faisait dénoncer leur corruption par des agents qu'il avait aux Jacobins. Sa conspiration avait deux branches, une branche corruptrice et une branche diffammatrice.

Chabot et Basire répandaient le soupçon sur plusieurs jacobins de marque, sur le procureur général syndic du département de Paris Lullier, familier de Batz à les en croire, sur Dufourny, autre membre du département de Paris, qui auraient reçu 200000 livres, insinuaient-ils, pour faire une motion contre les banquiers, sur la femme d'Hébert qui vivait en trop bons termes avec la maîtresse de Delaunay, sur Hébert lui-même contre lequel Chabot invoquait une conversation avec la ci-devant duchesse de Roche-chouart, sur le peintre et député David coupable de fréquenter Delaunay, sur les chefs des sociétés populaires et particulièrement sur Proly qui avait demandé à voir Batz. Basire avait même prononcé le nom de Danton comme celui d'un homme sur lequel comptaient Delaunay et Julien. Mais dans la mise au net de sa dénonciation, il raya les phrases accusatrices [1].

1. L'ineffable docteur Robinet, qui a publié la dénonciation

Le but des conjurés était de semer la division parmi les Montagnards et de les conduire à l'échafaud les uns après les autres par des dénonciations vraies ou fausses. Quand la Convention serait affaiblie, décapitée de ses chefs, déconsidérée dans l'opinion, une journée sectionnaire la disperserait.

La dénonciation de Chabot et de Basire eut un retentissement énorme. Elle exerça sur la suite des événements l'action la plus considérable. Elle donna corps aux soupçons qui flottaient dans l'air. Elle accrut les défiances, exaspéra les divergences politiques entre les Montagnards, juste au moment où commençaient la campagne d'Hébert contre les Indulgents et la campagne du *Vieux Cordelier* contre les Exagérés. Elle empoisonna les relations des députés, détruisit tout abandon, fit planer sur toutes les paroles, sur tous les actes des arrière-pensées scélérates, des calculs profonds. Elle rendit l'air de la Montagne irrespirable. Elle est à l'origine de tous les drames qui vont se succéder.

Les Comités de Salut public et de Sûreté générale arrêtèrent d'abord les dénoncés et les dénonciateurs, Basire et Chabot, Delaunay et Julien.

---

de Basire dans son *Procès des Dantonistes*, n'a pas fait état bien entendu de l'accusation de Basire contre Danton. Il l'a ignorée tout simplement. La minute de la main de Basire est aux Archives nationales, F⁷ 4590. Je l'ai reproduite *in extenso* dans mon livre sur l'*Affaire de la Compagnie des Indes*.

Julien s'échappa, mais Delaunay alla rejoindre Chabot et Basire au Luxembourg transformé en prison.

L'occasion était bonne de se débarrasser des chefs des sociétés populaires qui portaient ombrage au gouvernement et aux Jacobins. Proly, Dubuisson, Pereira, Desfieux, Frey, Diedrichsen d'autres encore furent mis sous les verrous. L'enquête se poursuivit longuement pendant plusieurs mois avec des soubresauts et des revirements. Fabre d'Eglantine, qui avait d'abord été adjoint au Comité de Sûreté générale pour poursuivre l'instruction de l'affaire, fut arrêté à son tour après la découverte chez Delaunay de la minute du faux décret réglant la liquidation de la Compagnie des Indes. Hérault de Séchelles, protecteur de Proly, est arrêté peu après. Puis c'est le tour des chefs hébertistes. Considérés comme faisant pa   ; de la branche diffammatrice de la conspiration, ils ne tardent pas à rejoindre en prison les pourris qu'ils ont dénoncés. Danton et Camille Desmoulins, déjà très compromis par leurs liaisons, commettent l'imprudence de prendre la défense de Basire et de Chabot et de demander qu'ils soient entendus devant la Convention. Ils sont considérés comme leurs complices et jetés comme eux en prison. Les Comités frappent à droite et à gauche sur les deux branches de la conspiration, qu'ils élargissent sans cesse au point d'y comprendre tous leurs adversaires.

Robespierre et Saint-Just partirent de la dénon-

ciation de Chabot et de Basire pour systématiser
le plan de contre-révolution qu'elle avait révélé.
Il n'est pas vrai qu'ils se soient servis des Dantonistes contre les Hébertistes et réciproquement.
La vérité, c'est qu'ils attaquèrent de front les
deux factions qui, pour eux, n'en faisaient qu'une.
A la grande séance du 18 nivôse aux jacobins,
Robespierre résumait sa pensée en ces termes :
« Deux espèces de factions sont dirigées par le
parti étranger. Voici comme ils raisonnent : tous
moyens sont bons pourvu que nous parvenions à
nos fins. Ainsi, pour mieux tromper le public et
la surveillance du patriotisme, ils s'entendent
comme des brigands dans une forêt. Ceux qui
sont d'un génie ardent et d'un caractère exagéré
proposent des mesures ultra-révolutionnaires :
ceux qui sont d'un esprit plus doux et plus
modéré proposent des moyens citra-révolutionnaires. Ils se combattent entre eux ; mais que
l'un ou l'autre soit victorieux, peu leur importe ;
comme l'un ou l'autre système doit également
perdre la République, ils obtiennent un résultat
également certain, la dissolution de la Convention
nationale ». Saint-Just, un mois après, le 23 ventôse, dans son rapport contre les hébertistes,
disait de même : « La faction des indulgens qui
veulent sauver les criminels et la faction de
l'étranger qui se montre hurlante parce qu'elle
ne peut faire autrement sans se démasquer, mais
qui tourne la sévérité contre les défenseurs du

peuple, toutes ces factions se retrouvent la nuit pour concerter leurs attentats du jour ; elles paraissent se combattre pour que l'opinion se partage entre elles ; elles se rapprochent ensuite pour étouffer la liberté entre deux crimes ».

Robespierre et Saint-Just ne faisaient qu'exprimer en un raccourci saisissant l'opinion générale des milieux patriotiques. Ils étaient de bonne foi.

La conspiration permanente de l'étranger ne fut pas anéantie par la double exécution des Dantonistes et des Hébertistes. Elle dura autant que la Terreur elle-même. Toutes les conspirations qui viennent successivement échouer au tribunal révolutionnaire, la conspiration des prisons où sont mélangés la veuve d'Hébert et la veuve de Camille Desmoulins, le général Arthur Dillon et le constituant Thouret, l'affaire Cécile Renault et Amiral terminée par le fameux procès des chemises rouges, le 9 thermidor lui-même sont présentés par les Comités et par Fouquier-Tinville comme des accès d'une seule et même maladie qui reparaît sans cesse et que la guillotine est impuissante à guérir. Cette maladie s'appelle Corruption et Contre-révolution.

Telle est la thèse des Comités de gouvernement, la thèse Robespierriste. Il serait naïf de l'accepter telle quelle. Ses outrances sont manifestes. Un robespierriste aussi convaincu que Buonarroti ne l'a acceptée lui-même que sous réserves. Il consent que les Dantonistes aient été en majorité des corrompus mais il proteste que les hébertistes n'étaient pas des agents de l'étranger. Ils furent seulement leurs dupes.

Vous comprenez maintenant, Mesdames et Messieurs, les raisons qui m'ont déterminé à traiter devant vous ce sujet : *La Corruption parlementaire sous la Terreur*. Ce n'est pas une vaine curiosité qui m'a poussé, mais la conviction que les problèmes les plus troublants de cette époque terrible ne peuvent se résoudre et même se comprendre qu'en changeant de point de vue pour les aborder, que si on les examine non plus seulement du point de vue politique, mais du point de vue moral.

Les Montagnards qui gouvernaient se défiaient de tous et se défiaient d'eux-mêmes. Ils voyaient la trahison les envelopper. Ils vivaient dans le soupçon et dans la crainte. Pour juger les hommes, ils n'avaient qu'un criterium, qu'une pierre de touche, la valeur morale, la vertu. Criterium fragile qui les exposa hélas ! à bien des erreurs. Ils prirent souvent l'apparence pour la vertu.

Mais si nous voulons, nous, qui les jugeons dans le lointain du temps en toute sérénité d'esprit, si nous voulons leur être équitables, tâchons de les comprendre, tâchons de nous remettre à leur place, posons-nous les mêmes questions qu'ils se sont posées, ces questions terribles que le salut de la France leur faisait un devoir de résoudre sur l'heure.

Nous nous demanderons donc, dans les leçons

Nous nous demanderons donc, dans les leçons qui vont suivre, si réellement il y avait dans la Convention ou plutôt dans la Montagne des députés d'affaires, s'ils formaient un parti ou du moins une bande, un syndicat, comme nous dirions, si ces pourris étaient vraiment en rapports avec l'étranger, si les Comités de gouvernement avaient raison de soupçonner la trahison, si les conspirations dont la Terreur est pleine n'ont existé que dans le cerveau surchauffé de ceux qui les ont dénoncées et châtiées.

Je ne me flatte pas, Mesdames et Messieurs, de dissiper toutes les obscurités, de répondre à toutes les questions. La vérité historique est toujours difficile à découvrir. Pour des périodes aussi troublées, aussi tragiques, la difficulté est encore bien plus grande.

L'enquête à laquelle je me suis livré n'est d'ailleurs pas terminée. Il me reste de longues recherches à faire dans les archives françaises et étrangères. Si je n'avais consulté que moi-même, je n'aurais pas osé vous apporter dès cette année les conclusions fragmentaires et décousues auxquelles je serai forcément réduit, j'aurais ajourné à plus tard ce cours public dont la préparation est, je dois le dire, insuffisante. Vous me pardonnerez, Mesdames et Messieurs, d'avoir cédé à d'amicales instances et d'avoir peut-être trop présumé de mes forces.

CHAPITRE II

LA FORTUNE DE DANTON[1]

> *Quelle naïveté de croire qu'un tel homme ait reçu de l'argent de la Cour !* A. Aulard. *Études et leçons,* I, 176.

C'était une sorte d'article de foi chez les républicains des générations héroïques que Danton, le Mirabeau de la populace comme on l'appelait, avait été un homme d'argent, un homme de

1. Sources : Archives nationales, T 1675, T 1619, F⁷ 4660 ; Archives de l'Aube, Q 101, Ld² 8, etc. Dʳ Robinet, *Danton, mémoire sur sa vie privée,* 3ᵉ édition, Paris, Charavay, 1884 ; L. Grasilier, *La vente des meubles de Danton à Sèvres après son exécution* dans l'Intermédiaire des Chercheurs et Curieux du 30 août 1906 ; Gustave Bord, *Contrat de mariage de Danton avec sa seconde femme* dans l'Intermédiaire du 10 septembre 1906 ; A. Mathiez, *L'inventaire après décès des biens de Danton dans l'Aube,* dans les *Annales Révolutionnaires* de mars-avril 1912 ; le même, *La vente après décès des biens de Danton dans l'Aube* dans les *Annales Révolutionnaires* de mai-juin 1912 ; Albert Babeau, *Danton, sa première femme et ses propriétés* dans l'Annuaire de l'Aube, 1898. — Cette étude a d'abord paru dans les *Annales révolutionnaires* de juillet-septembre 1912.

plaisir accessible à toutes les séductions. Thiers et Mignet, Buchez et Roux, Louis Blanc et Laponneraye, Esquiros et Hauréau, sans parler de Lamartine et de Victor Hugo, admettent qu'il a été payé par la Cour et Michelet lui-même ne repousse pas l'inculpation.

Les contemporains appartenant aux opinions les plus diverses, Mirabeau et Brissot, Mᵐᵉ Roland et Robespierre, Saint-Just et Paganel, lord Holland et Garat, La Révellière-Lépeaux et Lafayette, Buonarroti et Bertrand de Moleville, Malouet et Barère, Rœderer et Mᵐᵉ Cavaignac, sont unanimes à considérer comme une chose prouvée, comme une vérité courante que Danton accepta l'argent de la liste civile et du duc d'Orléans, qu'il tripota en Belgique, s'entoura d'hommes véreux et reçut de toutes mains pour payer ses dettes, entretenir ses maîtresses et s'enrichir.

Les contemporains ne pouvaient pas oublier que, même sous la Convention thermidorienne, les amis de Danton n'avaient pas osé prendre sa défense. Le 11 vendémiaire an IV, un mois avant de se séparer, la grande Assemblée avait célébré une fête funèbre en l'honneur des « victimes de la tyrannie décemvirale ». Sur la proposition du Girondin Hardy, elle décida ce jour-là de réhabiliter la mémoire de ceux de ses membres qui avaient péri « dans les prisons, dans les forts ou sur les échafauds » ou « qui avaient été réduits à se donner la mort ». La liste officielle de ces victimes honorées et regrettées par l'Assemblée comprend 48 noms. Les Girondins y figurent et même le député de l'Aube Perrin, condamné pour concussion à dix ans de fers et mort au bagne. Camille Desmoulins et Philippeaux y figurent aussi. Mais on y cherche en vain les noms de Chabot, de Basire, de Delaunay d'Angers, de Fabre d'Eglantine et de Danton. Personne ne se leva dans l'Assemblée pour réparer ces omissions. C'est donc que, pour les conventionnels, Danton était un de ces députés d'affaires, un de ces *pourris*, comme on disait d'un mot énergique, qui avaient trafiqué de leur mandat au cours de ces fructueuses opérations qui s'appelaient la démonétisation des assignats à face royale, l'arrestation des banquiers, la suppression des compagnies financières, la liquidation de la Compagnie des Indes, etc.

Ce n'est que dans le dernier quart du dernier siècle, à une époque où les souvenirs des hommes et des choses de la Révolution étaient déjà passablement obscurcis, que la mémoire de Danton a trouvé des défenseurs, d'abord dans la petite église positiviste qui le considérait avec les yeux de la foi comme un précurseur authentique de son fondateur Auguste Comte, ensuite parmi certains hommes politiques, fortement imbus eux aussi de l'esprit positiviste et heureux de prendre pour modèle et d'invoquer comme un précédent un tribun si habile et si souple qu'on pouvait le considérer comme le véritable créateur de l'opportunisme et comme un virtuose de l'adaptation.

Il semble aujourd'hui que Danton ait cause gagnée. La ville de Paris lui a élevé en 1891 une statue, parce qu'il fut l'homme de la défense nationale. Cette statue nous consolait un peu de nos revers de 1870. En magnifiant Danton, il semblait qu'on magnifiait Gambetta[1]. Les manuels scolaires de nos jours sont pleins de louanges enthousiastes à l'adresse du « grand Français », du « grand républicain », du « grand homme d'État », etc. Robespierre, au contraire, qui n'a pas encore de statue, même à Arras, est représenté comme un homme d'ancien régime qui tenait encore aux prêtres. L'École laïque triomphante ne pouvait pardonner à l'Incorruptible l'Être suprême.

La Révolution française, qui s'incarnait pour les démocrates d'autrefois dans le groupe robespierriste, tourne aujourd'hui autour des Dantonistes. L'axe de cette histoire a été déplacé.

Devons-nous croire que nos modernes professeurs, hommes politiques et journalistes, sont mieux informés des choses et des hommes de la Révolution que ne l'étaient les révolutionnaires eux-mêmes et leurs successeurs immédiats, les républicains de 1830 et de 1848 ?

---

1. « Il procède de Mirabeau et il fait présager Gambetta », A. Aulard, *Études et leçons*, 1re série, p. 181.

Le positiviste docteur Robinet, que M. Aulard lui-même au cours d'une polémique qualifia d'esprit religieux dénué de tout sens critique, a prétendu laver Danton de tout soupçon de vénalité dans un volume de trois cents pages intitulé *Mémoire sur la vie privée de Danton* [1]. Jusqu'à présent, personne n'a examiné de près cet ouvrage, qui est une apologie et ses conclusions sont parole d'évangile.

Aux témoignages des contemporains qui d'après lui ne sont que des ouï dire malveillants, M. Robinet a opposé des pièces d'archives, des actes notariés qui fermeraient toute discussion. Depuis, le dossier du docteur Robinet a été complété par de nouveaux documents sortis des archives de Seine-et-Oise et de Paris. J'ai exploré récemment le dépôt départemental de l'Aube. Il est permis aujourd'hui de reprendre l'examen de cette question : quelle était la fortune de Danton, s'est-elle accrue ou a-t-elle diminué au cours de la Révolution, et par quels moyens ?

***

Né à Arcis-sur-Aube le 26 oct. 1759, Georges-Jacques Danton appartenait à la petite bourgeoisie. Son père, procureur au bailliage, avait épousé

1. Le mémoire parut d'abord en 1865, il a été réimprimé chez Charavay en 1881 avec quelques modifications et la mention fausse *3e édition.*

en secondes noces Marie-Madeleine Camus dont il
eut sept enfants qui moururent la plupart en bas-
âge. Georges-Jacques, le futur conventionnel,
fut orphelin de bonne heure. Son père mourut à
Arcis, le 24 février 1772. Il avait deux ans et
demi. Sa mère se remaria huit ans plus tard avec
un filateur de coton Jean Recordain qui habitait
également Arcis-sur-Aube.

Le jeune Danton, élevé un peu à la diable, reçut
d'abord à Arcis les leçons d'une maîtresse d'école,
puis fut envoyé au collège des Oratoriens de
Troyes, à l'âge de 14 ans. Au sortir du collège,
où il ne paraît pas avoir brillé particulièrement,
il vint à Paris et entra comme clerc dans l'étude
du procureur, nous dirions aujourd'hui de l'avoué,
J.-B. Nicolas Vinot. Il y resta sept ans, de 1780
à 1787. En 1787, à l'âge de 28 ans, il achète à
M⁰ Huet de Paisy un office d'avocat aux Conseils,
charge qui équivaudrait aujourd'hui à celle d'avocat au Conseil d'État ou à la Cour de cassation.
Quelques semaines plus tard il épouse la demoiselle Antoinette-Gabrielle Charpentier, fille du
patron du café de l'École, quartier de Saint-Ger-
main-l'Auxerrois. François-Jérôme Charpentier,
le père de la future, n'était pas seulement limonadier, il était aussi contrôleur des fermes et il
jouissait d'une honnête aisance. D'après une
déclaration officielle faite par lui-même en 1794[1],

---

1. Publiée par Robinet, 3ᵉ éd., pp. 284-286.

Charpentier possédait avant la Révolution un revenu de 6 900 francs, y compris 2 600 francs que lui rapportait son emploi aux fermes, 600 francs de rentes viagères sur l'État et 2 200 francs, arérages de divers placements. Il évalue sa fortune au moment du mariage de sa fille avec Danton à un peu plus de 100 000 francs.

Deux documents d'une grande précision nous font connaître la fortune de Danton en cette même année 1787, d'abord le traité par lequel il achète son office d'avocat aux Conseils, puis son premier contrat de mariage.

L'étude lui fut vendue 78 000 livres, 10 000 pour le corps de l'office, comme on disait, 68 000 pour la pratique. Mais pour les 78 000 livres Danton achetait aussi les créances de l'étude. Deux de ces créances lui était garanties par le vendeur, l'une, provenant de l'affaire Papillon Delagrange se montait à 11 000 livres, l'autre provenant de l'abbaye de Chaly valait 1 000 livres environ, soit 12 000 livres, ce qui mettait en réalité le prix net de l'étude à 66 000 livres, avec les frais 68 000. Sur ces 66 000 livres, Danton en acquitta 56 000 en espèces sonnantes au moment même du marché et 10 000 quelques semaines plus tard, au moment de la délivrance de son titre. Pour payer ces sommes il déclare avoir emprunté 36 000 livres à une demoiselle Françoise-Julie Duhauttoir, fille majeure, demeurant à Troyes, 15 000 livres à son futur beau-père, François-Jérôme Charpentier, sous la caution de ses tantes maternelles, Marie-Geneviève Camus, femme du maître de poste Lenoir, demeurant à Arcis, et Anne Camus, sa sœur, célibataire, demeurant au même lieu. Il a dû emprunter le reste à d'autres personnes qui ne sont pas nommées, car l'acte dit formellement qu'il a acheté son office tout entier à crédit. Par conséquent, quand Danton devint avocat aux conseils, il s'endetta de 66 ou 68 000 livres.

Si nous consultons maintenant son contrat de mariage daté du 9 juin de la même année 1787, nous voyons qu'il lui est reconnu en tout et pour toute propriété un capital de 12 000 livres consistant en terres, maisons et héritages situés à Arcis-sur-Aube. Mais la future apporte à Danton 20 000 livres. Sur cette dot, Danton rembourse les 15 000 livres que lui a prêtées son beau-père. Il ne doit plus que l'obligation qu'il a contractée envers Mademoiselle Duhauttoir, soit 36 000 livres et les sommes qu'il a empruntées pour parfaire le paiement de son étude [68 000 — (36 000 + 15 000) = 17 000], soit en tout 53 000 livres.

Danton n'a joui de son office d'avocat que pendant quatre ans environ. La vénalité des offices de judicature fut abolie en principe par la Constituante le 6 août 1789 et leur remboursement organisé par les décrets des 12 et 29 septembre, et 30 octobre 1790. Les titulaires des offices supprimés déposeraient leurs titres et recevraient en échange des reconnaissances provisoires qui porteraient intérêt à 5 o/o et seraient ensuite converties en reconnaissances définitives remboursées en assignats. Avant leur conversion en assignats les reconnaissances pourraient être immédiatement reçues en paiement des domaines nationaux. Or la reconnaissance définitive de liquidation de l'office de Danton, datée du 11 octobre 1791, constate qu'il a déposé ses titres le 20 avril de la même année et qu'il lui est délivré une reconnaissance de 69031 livres 4 sous dont il donne quittance. Le garde des rôles des offices de France et conservateur des hypothèques et oppositions sur les finances certifia à cette occasion qu'il ne subsistait dans ses registres aucune opposition au remboursement opéré au profit de Georges-Jacques Danton. Par conséquent, à cette date du 11 octobre 1791, Danton a remboursé toutes les obligations qu'il avait contractées pour payer son étude, notamment l'obligation de 36 000 livres au nom de la demoiselle Duhauttoir. On sait, d'autre part, qu'il avait achevé de désintéresser son prédécesseur Mᵉ Huet de Paisy dès le 3 décembre 1789[1].

La question se pose donc de savoir de quelle manière, avec quelles ressources Danton a pu acquitter en quatre ans une dette d'un capital de

1. Comme en fait foi la quittance publiée par le Dr Robinet, p. 224. Danton remboursait à son vendeur les 12000 livres de créances que celui-ci lui avait garanties, plus les intérêts, en tout 13500 livres.

53 000 francs environ. Il a fallu qu'il fît des gains s'élevant à 60 000 francs environ, car il a dû payer les intérêts du capital. Les apologistes admettent qu'en quatre ans le produit net de son office lui a valu cette somme et même au delà. M. Robinet déclare que ses gains se montèrent au moins à 75 000 livres, soit à près de 20 000 livres par an. Il fait valoir qu'avec son talent Danton n'a pas manqué d'attirer la clientèle. Il cite comme un client sérieux de son étude le prince de Montbarey et il sous-entend que ce prince a dû payer à Danton des honoraires princiers.

L'étude de Danton était-elle aussi achalandée que le disent ses apologistes ? Pour le savoir, il fallait dépouiller méthodiquement aux Archives nationales les registres et les liasses des différents Conseils qui doivent garder inévitablement la trace des affaires confiées à Danton. Cette recherche a été faite, on peut le croire, avec tout le soin désirable, par un élève de M. Aulard, grand admirateur de Danton. Le résultat de ses longues et minutieuses investigations a été le suivant : On sait à l'heure actuelle que Danton s'est occupé de 22 affaires et encore, dans le nombre, fait-on entrer l'affaire Papillon de La Grange et les deux affaires Amelincau transmises par Mᵉ Huet de Paisy à son successeur[1].

---

1. On en trouvera le détail dans l'introduction des *Discours de Danton*, par André Fribourg. Paris, Cornély, pp. xxx et xxxi.

Il y a deux requêtes pour l'année 1791, 5 pour 1790, 6 pour 1789, 3 pour 1788, 4 pour 1787, deux ne sont pas datées, au total 5 affaires par an en moyenne. Combien ces affaires ont-elles rapporté à Danton ? Les hypothèses peuvent aller leur train.

Les apologistes de Danton veulent qu'en quatre ans son étude lui ait rapporté un produit *net*, tous frais payé de 60 000 livres au moins, c'est-à-dire qu'en quatre ans cette étude a rapporté son capital d'achat. Un érudit qui était du bâtiment et qui a écrit un livre sur les *Avocats aux Conseils du Roi*[1], M. Emile Bos, ne croit pas que Danton ait pu faire sur son étude de telles économies. Je ne crois pas non plus qu'il y ait beaucoup d'études qui se vendent ainsi à raison de 4 fois le produit *net*. Je remarque que Danton a dû entretenir sa famille pendant ces quatre ans au cours desquels il a eu deux enfants. En fixant à 60 000 livres la somme qu'il a dû retirer de son étude pour payer ses dettes, nous sommes au-dessous de la vérité. Il faut ajouter l'entretien personnel de Danton, de sa femme et de ses deux enfants. Il faut ajouter les honoraires de ses clercs, le loyer et autres dépenses. Supposons que Danton n'ait dépensé pour son existence et pour ses frais généraux que 10 000 livres par an, ses dossiers ont dû lui rapporter en quatre ans 100 000 livres, si la thèse de ses

---

1. Paris, 1881, pp. 495-520.

défenseurs est exacte. On est alors obligé de s'étonner que M⁰ Huet de Paisy ait vendu si bon marché un office si productif.

Mais la thèse des apologistes de Danton pèche contre des faits graves qu'elle n'explique pas ou dont elle ne donne pas des explications suffisantes.

De l'inventaire des biens de Danton dans le département de l'Aube fait après sa mort en germinal an II, des registres des ventes des biens nationaux conservés aux archives de l'Aube, il résulte que Danton a fait en 1791 des acquisitions importantes :

Le 24 mars 1791, il a acheté aux enchères publiques la ferme de Nuisement, finage de Chassericourt, bien national provenant de l'abbaye d'Anceny pour la somme de 48 200 livres ;

le 12 avril 1791, il achète également aux enchères publiques, du directoire du district d'Arcis, le prieuré de Saint-Jean du Chesne pour la somme de 1 575 livres ;

et le même jour, les terres de ce prieuré situé à Trouan-le-Petit pour 6 725 livres ;

soit au total pour l'acquisition de ces trois biens nationaux 57 500 livres.

Ce n'est pas tout. Le lendemain même du jour où il achète le prieuré du Chêne, le 13 avril 1791, il achète de la demoiselle Marie-Madelaine Piot de Courcelles, par acte passé devant M⁰ Odin, notaire à Troyes, la maison qu'il viendra habiter désormais pendant ses villégiatures à Arcis et où il installera sa mère et son beau-père, sa sœur et son beau-frère Menuel. Cette mais. sise sur la place du Grand-Pont, lui coûte ave .ss dépendances 25 300 livres;

soit un total de 82 800 livres d'acquisitions pour les deux mois de mars et d'avril 1791.

Aux termes du décret du 9-27 juillet 1790, les acquéreurs de domaines nationaux avaient un délai de douze ans pour se libérer entièrement. Ils payaient comptant une certaine somme, 12 o/o quand ils achetaient des propriétés agricoles, c'était le cas de Danton, et le reste était payé en 12 annuités avec des intérêts à 5 o/o. Il était donc loisible à Danton de ne verser comptant pour l'acquisition de ses trois domaines nationaux que la somme minime de

$$\frac{57\,500 \times 12}{100} =$$

6 900 livres. Il paya immédiatement au comptant les 13 et 20 avril 1791 les biens provenant du prieuré du Chêne[1]. Il paya de même au comptant le 13 avril 1791 la maison de la place du Grand-Pont achetée à la demoiselle Piot de Courcelles. Il est probable qu'il a payé de même la ferme de Nuisement, car, en 1794, au moment de l'inventaire de ses propriétés, cette ferme n'est grevée d'aucune charge ou hypothèque.

---

1. Mémoire apologétique rédigé par les fils de Danton en 1846, dans Robinet, p. 298.

Danton eut donc à sa disposition, en avril 1791, 80 000 livres environ d'argent liquide.

Ses compatriotes, les gens d'Arcis, qui l'avaient vu grandir, qui connaissaient son patrimoine, se sont étonnés et scandalisés de ces acquisitions répétées, payées comptant. Leurs commentaires furent si véhéments qu'un ami de Danton, Courtois, s'efforça de répondre, au moment même, aux calomnies de la « cabale infernale », comme il disait, dans une brochure qu'il dédia à Brissot et qu'il intitula *Lettre à l'auteur du Patriote français*[1]. A en croire Courtois, Danton, « ce citoyen estimable que Sparte et Rome nous auraient envié », aurait fait appel à la bourse de son beau-père Charpentier qui lui aurait avancé la moitié de la somme nécessaire à ses acquisitions. « Je suis porteur, écrivait Courtois, des quittances de M. Le Coulteux [célèbre banquier] qui font foi de ce que j'avance ».

Le Courtois qui se porte ainsi garant de la vertu de Danton est un assez triste sire. Il sera rappelé en 1793 de sa mission à l'armée du Nord, parce qu'il profitait, au dire de Barère, de son caractère officiel pour se livrer à des fournitures frauduleuses de bœufs à l'armée. Il sera chassé du tribunat sous le Consulat pour concussion. Admettons cependant que ce jour-là Courtois ait dit la vérité, que Danton ait emprunté une quarantaine de mille

---

1. Bib. nat. Lb⁴⁰ 10160, 16 pages. La brochure est datée du 20 août 1791.

francs à son beau-père pour payer ses acquisitions du mois de mars et d'avril 1791. Il a dû en fournir autant de sa poche et nous venons de voir qu'il a payé précédemment une soixantaine de mille francs d'anciennes dettes. Depuis 1787, depuis son mariage, Danton a donc économisé au moins dans cette hypothèse 100 000 francs.

Ses apologistes reprenant une explication, que Danton a donnée lui-même ou mois de janvier 1792, ont prétendu qu'il a employé pour ces acquisitions les fonds provenant du remboursement de son office. Ce raisonnement ne concorde pas avec les dates.

Ce n'est que le 20 avril 1791 que Danton a terminé de déposer les titres dont la production était nécessaire à la liquidation de son office. Sans doute, les reconnaissances provisoires remises aux propriétaires des offices liquidés pouvaient être reçues en paiement des domaines nationaux (art. 8 de la loi du 30 oct. 1790), mais nous voyons, par les pièces officielles publiées par M. Robinet, que la reconnaissance provisoire ne fut délivrée à Danton que le 9 juillet 1791, c'est-à-dire près de trois mois après qu'il a payé ses acquisitions de terres et de maisons. Il est dit d'ailleurs, en termes formels, que de la dite reconnaissance provisoire délivrée le 9 juillet « il n'a été fait aucun usage »[1]. La quittance de

---

1. Robinet, p. 233.

liquidation de son office certifie que sa finance n'est frappée d'aucune opposition ni grevée d'aucune hypothèque. Si ses nouvelles acquisitions avaient été hypothéquées, il en serait fait mention dans l'inventaire de 1794 et il n'en est pas question.

Voilà donc un homme qui se reconnaissait en 1787 dans son contrat de mariage pour toute fortune 12 000 livres et qui quatre ans plus tard a payé complètement une charge d'avocat aux Conseils, qu'il a achetée à crédit pour 66 000 livres, et qui a encore trouvé le moyen d'acheter et de payer comptant des immeubles d'une valeur de 82 000 livres, ceci avant que sa charge ne lui ait été remboursée.

Dans le mois même où il fut remboursé, Danton consentit à être la caution de son beau-frère Menuel, marchand à Arcis, qui venait d'être nommé trésorier du district. Par acte notarié passé le 29 octobre 1791, devant M⁰ J.-B. Finot à Arcis, il offrit en garantie les biens fonds qu'il possédait dans le district et dont il estime lui-même la valeur à 95 208 livres [1].

Nous avons admis tout à l'heure avec Courtois que le beau-père de Danton, Charpentier, lui avait avancé une quarantaine de mille francs pour l'aider à payer les acquisitions qu'il avait faites antérieurement au remboursement de son office.

[1]. Archives de l'Aube, non classé.

Or, nous voyons que, l'office remboursé, Danton continue, avec la passion d'un paysan, à arrondir ses propriétés par des achats répétés qui se continuent presque jusqu'à sa mort. Ces nouvelles acquisitions se montent à 43 650 livres[1]. Dans le même temps, Danton a remboursé son beau-père, car au moment de sa mort, celui-ci ne réclame rien sur sa succession. Donc, postérieurement au remboursement de sa charge, Danton a déboursé 80 000 francs environ (40 000 de nouvelles acquisitions, 40 000 dus à son beau-père).

On voit d'ici la conséquence. Si, comme le veulent ses apologistes, Danton a payé ses premières acquisitions avec le produit du remboursement de sa charge qui s'est monté à 69 000 francs, avec quelles sommes a-t-il payé les secondes et a-t-il remboursé son beau-père ? Le remboursement de l'office ne peut suffire à tout expliquer. Entre les 125 000 livres d'acquisitions et les 69 000 livres de la charge, il reste un écart à combler.

Danton était devenu un des gros propriétaires fonciers de l'Aube. Ses domaines ne couvraient pas moins d'une centaine d'hectares[2]. Ils avaient coûté 125 152 livres, sans compter les frais

1. Voir le tableau publié en appendice de mon article « l'inventaire après décès des biens de Danton dans l'Aube », *Annales révolutionnaires*, mars-avril 1912, pp. 248-249.

2. La ferme de Nuisement faisait à elle seule 73 hectares environ. Il y avait en outre à Arcis 7 hectares 86 ares 23 cent.; autour de la maison de la rue des Ponts, 8 hect. 98 ares de pré et saussaie, 3 hect. 69 de bois, etc.

d'actes. Danton possédait encore par moitié avec sa sœur Anne Madeleine, femme Menuel, la maison paternelle où il était né, rue du Mesnil, à Arcis. Cette moitié de maison avec ses dépendances était évaluée dans son contrat de mariage à 12 000 livres. La valeur totale de ses immeubles se montait donc à plus de 137 000 livres.

Nous n'avons pas tenu compte non seulement des frais d'actes, mais des sommes que Danton a consacrées aux réparations[1]. Nous n'avons pas tenu compte non plus d'une donation, en date du 15 avril 1791, par laquelle Danton assure à sa mère 600 livres de rentes annuelles et viagères payables de six mois en six mois[2]. Remarquons encore qu'en logeant dans sa maison de la rue des Ponts, son beau-père, sa mère, son beau-frère et sa sœur, Danton s'interdisait d'en tirer un revenu quelconque. Il ne faudrait pas croire que le loyer gratuit de la maison qu'il concédait à ses proches tenait lieu à Danton du paiement de la rente viagère qu'il faisait à sa mère, car, par une nouvelle donation, en date du 6 août 1792, il lui donnait l'usufruit de telles pièces qu'elle voudrait choisir dans cette maison et de trois denrées de terrain à prendre dans le voisinage[3].

---

1. Voir les mémoires conservés aux archives de l'Aube, Q. 101,

2. Acte passé devant Mᵉ Odin notaire à Troyes, dans Robinet, p. 304,

3. Acte passé devant Mᵉ Finot notaire à Arcis.

Nous n'avons pas tenu compte d'une rente viagère de 100 francs par laquelle Danton récompensait sa nourrice Marguerite Hariot[1].

Nous n'avons pas tenu compte enfin de la valeur des biens mobiliers de Danton.

Quand il mourut, en germinal an II, il possédait dans quatre maisons différentes un mobilier considérable. Il possédait dans sa maison d'Arcis : trois cavalles sous poil noir et deux pouliches avec harnachements, charrue, herse, ustensiles agricoles, quatre mères vaches, deux charettes, un tombereau, un tapecul, deux petits sangliers avec leur mère, des piles de planches et de bois, cent toises de bois de chêne d'équarrissage, une grande chambre meublée avec deux glaces, une bergère en velours rouge cramoisi à fleurs, six fauteuils à bras en velours cramoisi, huit chaises, une table à trictrac, etc. Ce mobilier de la maison d'Arcis fut vendu le 20 floréal an II et jours suivants aux enchères publiques pour la somme de 6575 livres 13 sous, somme à laquelle il faut ajouter le prix des trois juments noires qui furent réquisitionnées pour l'armée et dont la valeur, restituée aux enfants de Danton en l'an IV, fut évaluée à 2000 livres, soit en tout 8575 livres 13 sous.

Danton possédait aussi un mobilier considédérable dans la maison où il habitait habituelle-

---

1. Acte du 11 déc. 1791 devant M⁰ Finot.

ment à Paris, cour du Commerce, section du
Théâtre-Français, district des Cordeliers. J'ignore
à quelle somme se monta la vente de ce mobilier après son décès, n'ayant pas retrouvé les
pièces aux archives, mais ce mobilier nous est
bien connu grâce à l'inventaire détaillé qui en a
été dressé après le décès de sa première femme,
le 25 février 1793 et jours suivants. On y voit
figurer dans la cave trois pièces de vin de Bourgogne, un quarteau de vin blanc d'Auvergne,
72 bouteilles de Bordeaux, 36 de Bourgogne,
dans les chambres à coucher plusieurs secrétaires
et une bibliothèque en bois d'acajou, un forté
piano en acajou, un chiffonnier avec marbre, une
guitare, de nombreuses glaces, des fauteuils en
velours Utrecht cramoisi, dans le salon des
consoles en acajou, une bergère en damas gris à
fleurs, une autre bibliothèque en acajou, de nombreux chenets et flambeaux, des tables en noyer,
une garde robe très bien garnie, le tout prisé
à 9 o36 l. 18 s. 3 d. Il faut ajouter une somme
2 ooo l. tant en assignats qu'en or et la valeur
des ouvrages de la bibliothèque estimés à 2 866 l.
10 sous, soit au total 13 9oo livres environ.

Danton possédait encore un mobilier dans la
maison dont son beau-père Charpentier était
propriétaire à Sèvres [1]. Ce mobilier fut vendu en

---

1. Cette maison s'appelait La Fontaine d'Amour. Elle existe
encore au n° 89 de la Grande Rue.

prairial an II et en vendémiaire an III. Il comprenait entre autres : trois vaches, un âno, un petit marcassin, dix-neuf poulets, vingt et une paires de pigeons, un chien de cour, une berline qui fut vendue 1000 livres. Le produit de la vente aux enchères s'éleva au chiffre de 6 169 l. 11 s.[1].

Danton possédait enfin du mobilier dans un appartement qu'il avait loué en novembre 1793 à Choisy-le-Roi[2]. Mais j'ignore sa valeur n'ayant pas trouvé de renseignements nulle part. Négligeons cette dernière propriété. Nous voyons que la fortune mobilière de Danton, la fortune visible peut être évaluée à

8 575 l. 13 s., mobilier d'Arcis.
13 900   »   mobilier de la Cour du commerce à Paris.
6 169   11   mobilier de Sèvres.

28 644 l. 24 s., en chiffres ronds une trentaine de mille livres.

Cette somme est sûrement au-dessous de la réalité. Les meubles de la Cour du commerce ont été prisés au-dessous de leur valeur. Ceux de Sèvres et d'Arcis ont été vendus à une époque où la vente des biens des émigrés et des condamnés était très difficile, en dépit de la baisse de l'assignat.

Du reste nous n'avons pas tenu compte de 700 livres de rentes viagères que Danton servait

1. Cf. les procès-verbaux de vente dans la *Révolution française*, 1905, t. II, p. 79 et suiv.

2. D'après la déclaration de Charpentier en 1794. Robinet, p. 286. Cet appartement était situé dans la maison du citoyen Fauvelle, ancien château du duc de Coigny, *ibid.*, p. 290.

à sa mère et à sa nourrice, ce qui représente à 4 o/o un capital de 17 500 francs.

Dans l'hypothèse la plus favorable à Danton, la valeur de ses biens immobiliers et mobiliers au moment de sa mort doit être évaluée au bas mot à

> 137 000 francs d'immeubles (125 000 d'acquisitions plus 12 000 de biens patrimoniaux).
> 30 000 de meubles.

soit 167 000 francs, et encore nous ne faisons pas entrer en ligne les 10 000 francs de dot de la seconde femme ni les 30 000 francs de donation faite en sa faveur par la tante de Danton.

Les fils de Danton ont écrit en 1846 un mémoire pour défendre la probité de leur père[1]. Ils y déclarent qu'il n'ont retiré de sa succession que les biens immeubles non vendus estimés par eux à 84 960 livres, plus « quelques portraits de famille et un buste en plâtre de leur mère », aucune somme d'argent ni créance, « en un mot rien de ce qu'on appelle valeurs mobilières, à l'exception pourtant d'une rente de 100 francs à 5 o/o ». Ils reconnaissent que le district d'Arcis fit rembourser à leur succession une somme de 12 405 l. 4 s. 4 d. (ils omettent la valeur des trois juments réquisitionnées pour l'armée qu'un arrêté postérieur fixa à 2 000 l.), mais ils déclarent que cette somme ne doit pas entrer en ligne de

---

1. Ce mémoire, publié d'abord dans l'*Arcisien*, fut réimprimé par Bougeart, ensuite par le docteur Robinet, pp. 293-308.

compte parce qu'elle suffit à peine à payer les
dettes de la succession qui s'élevaient à 16,065
livres. Cette somme restait due sur les dernières
acquisitions de Danton. « Nous pourrions, disent-
ils, s'il était nécessaire, fournir le détail de ces
16 065 livres avec pièces à l'appui. Elles ont été
payées plus tard par notre tuteur, et, pour les
payer, il n'aura pas manqué sans doute de faire
emploi, autant qu'il l'aura pu, des 12 405 livres
de bons au porteur dont la restitution avait été
ordonnée à notre profit par l'arrêté de l'administration du département de l'Aube, en date du
24 germinal an IV. »

La bonne foi des fils de Danton me paraît
certaine. L'inventaire que j'ai publié dans les
Annales révolutionnaires prouve que toutes les
dernières acquisitions de Danton n'avaient pas
été entièrement payées. Ainsi les 7 denrées,
20 carreaux de jardin et bois que Danton avait
achetées à Elisabeth Camus, veuve Nicolas Jeannet,
moyennant 3 000 livres, ne devaient être payées
qu'après la mort de la venderesse à ses héritiers ;
de même les 7 denrées de jardin et bois achetées
à Mony Lemire étaient payables en deux ans, à
partir du 21 brumaire, etc.

Mais les fils de Danton prétendent établir que
la fortune de leur père ne se montait pas à un
chiffre supérieur à celui que représentait la valeur
des immeubles qu'ils ont recueillis de sa succession : « Notre raisonnement était donc logique,

concluent-ils, quand nous disions : Nous n'avons recueilli que cela de la succession de notre père et de notre mère, il est donc évident qu'ils ne possédaient rien autre chose ni dans le département de l'Aube ni ailleurs ».

Ce raisonnement n'est pas du tout logique. C'est au moment où les biens de Danton furent séquestrés et inventoriés, immédiatement après sa mort, et non pas dix-sept ans plus tard, quand le tuteur des fils de Danton leur rendit ses comptes, à l'époque de leur majorité, qu'il faut se placer pour connaître la valeur exacte de la fortune de Danton. Dans les ventes de l'an II, une partie de cette fortune s'est dissipée. La valeur des biens mobiliers et immobiliers vendus à Arcis a été restituée à la succession en bons au porteurs admissibles au paiement des seuls domaines nationaux provenant d'émigrés. Ces bons ont subi une dépréciation énorme. En outre, les fils de Danton oublient de faire entrer en ligne de compte leurs frais d'éducation et d'entretien pendant dix-sept ans. Ces frais représentent des sommes considérables qu'il a fallu prendre sur l'actif de la succession.

Puis, les fils de Danton raisonnent comme s'ils étaient les seuls héritiers. Ils oublient que leur père s'était remarié, quatre mois après la mort de leur mère qu'il idolâtrait, et que sa seconde femme, la pieuse Sébastienne Louise Gély, eut à faire valoir des reprises qui s'élevèrent à 40 000 livres au moins.

L'*Intermédiaire des Chercheurs et Curieux* a publié dans son numéro du 10 septembre 1906 le contrat de mariage de Danton avec sa seconde femme. La pièce est datée du 12 juin 1793. La future reçoit de ses parents une dot de 10 000 francs. Elle reçoit, en outre, d'une tante de Danton, la dame Lenoir, une somme de 30 000 livres qui lui appartiendra en propre si elle survit à son époux. Pour sa dot comme pour cette donation Sébastienne Louise Gély, qui se remaria plus tard avec le père des trois fameux Dupin de la monarchie de juillet, avait hypothèque sur les biens de son mari. Elle fit valoir ses droits à sa mort et revendiqua très probablement le mobilier garnissant les domiciles de Danton à Paris, à Sèvres, à Choisy-le-Roi.

Je remarque enfin que dans l'état des immeubles dressé par les fils de Danton il existe une lacune. Cet état ne fait pas mention de la moitié de maison et dépendances que Danton possédait indivise avec sa sœur Menuel et dont la valeur était estimée à 12 000 livres.

Quand j'ai établi pour la première fois en 1912, l'état des biens meubles et immeubles possédés par Danton au moment de son supplice, je n'ai fait entrer en ligne de compte dans les listes des immeubles que ceux dont les archives de l'Aube m'avaient révélé l'existence. Mais voici qu'un hasard de lecture, en 1914, me met en présence du texte suivant : « Par jugement du 27 germinal

an XIII, les fils de Danton vendent sous la tutelle
de Pierre Menuel conjointement avec Antoine-
François Charpentier, ancien notaire à Paris, rue
de l'Arbre-Sec, n° 3, et Victor-François Charpentier, négociant à Paris, rue du Théâtre-Français,
n° 37, une maison à Paris n° 26, pour 27 000 francs
(*Petites affiches* du 19 prairial, p. 10 002) »[1].

François-Jérôme Charpentier, le grand'père maternel des deux fils du premier mariage de Danton,
était mort en 1804. Il fallut régler sa succession
qu'eurent à se partager ses deux fils Antoine-
François et Victor-François et les enfants de sa fille
mariée à Danton. La maison de la rue de la Vieille-
Monnaie fut alors vendue et son prix réparti entre
les héritiers. Les deux fils de Danton eurent ainsi
9 000 francs pour leur part à tous les deux.

La maison de la Vieille-Monnaie ne figure pas
dans la déclaration que le beau-père de Danton
dut fournir en l'an III à l'administration des
domaines et que Robinet a publiée (p. 284-286
de son mémoire sur la vie privée de Danton, 3ᵉ
édition). Il est possible qu'il l'ait achetée postérieurement à cette enquête.

Il faut remarquer encore qu'à l'époque du
27 germinal an XIII, date où fut vendue cette
maison, c'est Pierre Menuel, oncle paternel des
fils de Danton (mari de la sœur de Danton) qui
est qualifié de tuteur de ces enfants, tandis que
dans le mémoire apologétique qu'ils composeront

1. *Le Curieux* par Ch. Nauroy, t. II, n° 34, p. 160.

en 1846 pour défendre le souvenir de leur père, les fils de Danton déclareront qu'après la mort de leur grand'père, ce fut son fils Victor Charpentier qui devint leur tuteur[1].

Pas plus qu'ils n'avaient parlé dans leur mémoire apologétique de la moitié de maison que leur père possédait à Arcis indivise avec sa sœur, ils n'ont rien dit de ce qu'ils ont hérité du côté maternel.

Les contemporains qui avaient connu Danton clerc sans fortune chez M⁰ Vinot ne pouvaient manquer d'être surpris de le voir six ans plus tard à la tête de belles propriétés dans l'Aube, de plusieurs appartements confortables à Paris et dans les environs. Comme on ne prête qu'aux riches, des légendes se formèrent vite sur le rapide accroissement de sa fortune. Les imaginations se donnèrent carrière. « A entendre les frondeurs, dit Courtois dans la brochure que j'ai citée, les routes de la fortune étaient aplanies sous ses pas, c'était un homme soudoyé par un parti, un fabricateur de faux assignats, etc., etc. » On fut tout surpris au moment de sa mort de voir qu'il ne possédait que 160 000 livres environ. On lui en attribuait bien davantage. Aussi le bruit courut qu'il avait dissimulé une bonne partie de sa fortune. L'administration des domaines prescrivit des enquêtes sur les acquisitions qu'il avait pu faire sous des noms supposés. Des dénonciations nombreuses furent formulées à Paris et dans l'Aube.

1. Voir Robinet, p. 294.

On soupçonna que la maison de Sèvres achetée au nom de Charpentier en octobre 1792 avait été en réalité payée avec l'argent de Danton, et Charpentier pour se défendre dut faire connaître l'état de ses biens[1].

On soupçonna que la maison Fauvelle où Danton avait loué un appartement à Choisy-le-Roi était en réalité sa propriété. Cette maison était un bien national dont Fauvelle avait fait l'acquisition. Danton lui aurait fourni l'argent pour payer[2].

A Arcis, le club témoigna son indignation sur « la scandaleuse fortune de Danton » et dénonça au district que Danton avait fait des acquisitions dans les environs de Bar-sur-Aube sous le nom de sa mère, sous celui d'un de ses cousins en relations avec le limonadier Malu auquel Charpentier avait cédé le café de l'Ecole, sous celui enfin d'un certain Bajot, dit Torcy, fils de l'entrepreneur des tabacs d'Arcis[3].

Aucune de ces accusations, que je sache, n'a été à l'époque reconnue fondée. Mais il faut avouer que le district d'Arcis, où siégeait en qualité de vice-président le beau-père de Danton, Récordain, ne mit qu'un empressement modéré à vérifier les dénonciations qui lui furent faites. Nous ne les mentionnons ici que pour mémoire.

Nous nous en tenons aux textes officiels. Ils nous prouvent qu'en six ans la fortune de Danton s'était accrue de 130 000 francs environ.

Depuis que son office d'avocat aux Conseils est fermé, depuis le mois de mars 1791, Danton n'exerce plus de profession. Administrateur du département de Paris, par la grâce de Mirabeau, disent ses ennemis, depuis la fin de 1790, ses fonctions sont gratuites.

En décembre 1791 il est nommé substitut du procureur de la Commune de Paris. Il touche en cette qualité une indemnité annuelle de six mille livres. Il a été ministre, du 10 août au 5 octobre 1792, pendant 55 jours. Il a été député pendant 19 mois environ.

Admettrons-nous qu'il ait réalisé sur ses appointements de ministre et de député des économies assez fortes pour expliquer ses nombreuses acquisitions, la plupart d'ailleurs antérieures à son élévation ? Malgré tout son optimisme, le brave docteur Robinet n'a pas cherché à soutenir que Danton fut économe. Tous les témoignages, même ceux de ses amis, s'accordent à le représenter comme un joyeux vivant, aimant la bonne chère, un Gaulois ne détestant pas la paillardise, un jovial compère affectant le cynisme de l'allure et du langage. On rapporte de lui des mots qui le peignent tout entier. Non, un tel homme n'a pas dû faire d'économies sur ses appointements de ministre et de député.

Alors, la question se pose toujours : d'où vient l'argent ? On a dit que Danton avait dédaigné de se défendre contre les accusations de vénalité qui furent lancées contre lui de son vivant et à maintes reprises. Et même on lui en a fait grief. « Il eut tort, a-t-on écrit, dans l'intérêt même de la patrie, qui se confondait ici avec le sien, de ne pas réfuter la calomnie[1]. » C'est une question de savoir si l'intérêt de la patrie s'est jamais confondu avait l'intérêt de Danton, mais il n'est pas exact que Danton ne se soit pas défendu contre ce qu'on appelle la calomnie. Nous avons vu que Courtois, son ami, rédigea au mois d'août 1791, évidemment sous son inspiration, un mémoire apologétique. Le 20 janvier 1792, dans le grand discours qu'il prononça lors de son installation comme substitut du procureur de la Commune, Danton prit soin d'expliquer que ses acquisitions, l'acquisition de sa métairie comme il disait, avaient été faites au moyen du remboursement de sa charge, fournissant ainsi d'avance au Dr Robinet son meilleur, son unique argument. Il s'expliqua à plusieurs reprises, à la tribune de la Convention, sur le compte de ses dépenses secrètes comme ministre de la justice, compte qui fut très vivement contesté[2]. Il se disculpa aussi aux Jacobins. Ainsi, le 13 frimaire an II,

1. A. Aulard, *Études et leçons*, 1ʳᵉ série, p. 183.
2. Voir plus loin notre étude sur les comptes de Danton.

comme des murmures s'élevaient au club contre lui : « Vous serez étonné, crie-t-il à ses accusateurs, quand je vous ferai connaître ma conduite privée, de voir que la fortune colossale que mes ennemis et les vôtres m'ont prêtée se réduit à la petite portion de biens que j'ai toujours eue[1]. » M. Albert Babeau, qui a écrit une intéressante étude sur *Danton, sa première femme et ses propriétés*, si bienveillant qu'il soit pour son illustre compatriote, ne peut s'empêcher ici de lui donner un démenti : « Danton n'était pas dans le vrai ».

Déjà, à la séance des Jacobins du 26 août 1793, Danton avait eu avec Hébert une explication orageuse. Il avait invité ses calomniateurs à aller vérifier chez son notaire l'état de sa fortune. « On y trouvera, disait-il, qu'elle consistait dans le remboursement d'une charge qu'il avait possédée. » C'était toujours le même système. Le journal du club résume ainsi la fin de son discours : « On prétendit qu'il avait assuré une fortune de 14000000 à une femme qu'il a épousée depuis [depuis la mort de la première], parce qu'enfin il me faut des femmes, dit Danton : « eh bien, c'est tout bonnement 40 000 livres dont je suis propriétaire il y a longtemps[2] ».

1. Aulard, *Société des Jacobins*, t. V, p. 542.
2. Aulard, *Jacobins*, t. V, p. 380. On remarquera que, si Danton s'est réellement exprimé ainsi, sa tante Lenoir a joué le rôle de personne interposée dans la donation faite en faveur de sa seconde femme.

En août 1793, Danton était certainement plus véridique qu'il ne le sera au mois de décembre de la même année. Il ne disait cependant qu'une partie de la vérité. Nous sommes allés chez les notaires, comme il nous y conviait, et nous avons vu qu'il avait acheté sa charge à crédit et qu'au bout de six ans, sa fortune visible, constatée par actes authentiques, se montait au bas mot à plus de 150000 livres en 1793.

Il n'est pas besoin d'insister longuement sur l'intérêt de ces constatations. Les apologistes de Danton rejettent sommairement et comme en bloc les témoignages des contemporains qui ont incriminé la moralité de Danton, pour cette raison péremptoire que l'accroissement de sa fortune s'expliquerait normalement par des moyens parfaitement avouables. L'examen critique auquel je me suis livré m'oblige à repousser une thèse qui ne rend pas compte de tous les faits. A supposer que Danton ait réussi à économiser en quatre ans sur le produit de son office de quoi rembourser intégralement les sommes qu'il avait empruntées pour le payer, il reste à expliquer comment les 69000 livres du remboursement de cet office se sont multipliées pour devenir deux ans après 150000.

Si je ne me suis pas trompé, il faudra donc prendre au sérieux les accusations des contemporains, les examiner une à une et les confronter à leur date avec la conduite politique de Danton.

Alors peut-être le mythe dantonien s'évanouira-
t-il ? Alors peut-être reviendra-t-on sur Danton à
l'opinion qu'en eurent tous ceux qui l'ont connu ?
Alors peut-être cessera-t-on de s'étonner que la
Convention ait fait le silence sur sa mémoire
dans son décret de réhabilitation du 11 vendémiaire an IV ?

Je ne peux pas songer, dans cette courte étude,
à passer en revue les accusations de concussion
dont Danton a été l'objet. Elles sont trop nombreuses. Il y en a une pourtant que je ne puis me
dispenser de rappeler parce qu'elle emprunte à la
personne de son auteur, à l'époque où elle fut
formulée et à la nature du document qui la contient, une gravité terrible. C'est une lettre intime
qu'écrivait Mirabeau à son ami La Marck, le
10 mars 1791.

« Il faut que je vous voie ce matin, mon cher
Comte. La marche des Talon, Sémonville et compagnie est inconcevable. Le Montmorin m'en a
appris et je lui en ai appris hier des choses tout
à fait extraordinaires, non seulement relativement
à la direction des papiers [c'est-à-dire des jour-
naux] qui redoublent de ferveur pour Lafayette
et contre moi, mais relativement à des confidences et à des motions particulières du genre le
plus singulier. Et par exemple, Beaumetz, Chapelier et d'André ont dîné hier *in secretis*, reçu
les confidences de Danton, etc., etc., et, hier au
soir, ont fait, en mon absence, à l'Assemblée

nationale, la motion de démolir Vincennes pour se *populariser*[1]. Ils refusent de parler sur la loi des émigrants, de peur de se *dépopulariser*. Ils demandent à M. de Montmorin une proclamation du roi qui annonce la révolution aux puissances étrangères, pour se *populariser*, etc., etc. Danton a reçu hier 30 000 livres et j'ai la preuve que c'est Danton qui a fait faire le dernier numéro de Camille Desmoulins... Enfin, c'est un bois. Dînons-nous ensemble aujourd'hui ? — Y seront-ils ? Leur parlerez-vous à part ? — Enfin, il faut nous voir.

« Je vous renvoie votre mandat : 1° parce qu'il est au nom de Pellenc, chose dont je ne me soucie pas ; 2° parce que Pellenc est malade, à ce qu'il dit, et qu'ainsi il n'irait pas chez M. Samson. Or, mon homme part. Il est possible que je hasarde ces 6 000 livres-là. Mais au moins, elles sont plus innocemment semées que les 30 000 livres de Danton. Il y a, au fond, une grande duperie dans ce bas monde à n'être pas un fripon... »

1. Chapelier fit cette demande à la séance du 9 mars au soir et Beaumez l'appuya (*Point du jour*, n° 608). Sur l'affaire du donjon de Vincennes, voir Sigismond Lacroix, *Actes de la Commune de Paris*, 2ᵉ série, t. II, p. 774. Dans leur n° 67, les *Révolutions de France et de Brabant* attribuaient à Mirabeau la machination de la démolition du château de Vincennes. Elle aurait eu pour but, d'après Lafayette (*Mémoires*, t. III, p. 55), d'occuper la garde nationale en dehors de Paris pendant que les chevaliers du poignard s'assemblaient aux Tuileries pour préparer et protéger la fuite du roi vers la Normandie.

Cette lettre intime, qui n'a été publiée qu'après 1850 par M. de Bacourt, nous fait assister en quelque sorte à la distribution des fonds dont la liste civile arrosait les journalistes et les parlementaires pour semer la division dans le parti patriote et le réduire à l'impuissance. Le correspondant de Mirabeau, le comte de La Marck, est le favori de Marie-Antoinette. Depuis le mois d'octobre 1790, Mirabeau reçoit une mensualité régulière de la cour. Il dirige avec La Marck et avec le ministre des affaires étrangères, Montmorin, l'équipe d'écrivains et de parlementaires qui servent sa tortueuse politique. Il a sous ses ordres Talon, Sémonville, Pellenc, Danton. Il dîne avec eux. Il s'entend avec les députés Beaumetz, Le Chapelier, d'André qu'il a détachés peu à peu du parti patriote. Dans la lettre citée, il se plaint de leur indocilité. Il trouve qu'ils ont trop peur de se compromettre, il se plaint qu'ils refusent de parler contre la loi sur les émigrants, il regrette qu'on les paie si cher pour si peu de besogne. Il soupçonne des trahisons. Il nomme un de ces agents stipendiés qui ne gagne pas son argent. Il nomme Danton, Danton qui vient de toucher 30 000 livres et qu'il soupçonne d'inspirer contre lui Mirabeau, des attaques dans la feuille de Camille Desmoulins[1]. Il met en garde

---

1. Dans leur n° 64, *Les Révolutions de France et de Brabant* avaient inséré un long et virulent article où il était établi que le roi aurait dû s'opposer à la délivrance de passeports à ses

La Marck. Il lui conseille de mieux surveiller son personnel d'espions, d'agents provocateurs, pour lesquels il affecte d'ailleurs un profond mépris.

Si un pareil document était produit contre n'importe quel autre révolutionnaire, il emporterait du coup la conviction, il ferait cesser toutes les polémiques. Mais, quand il s'agit de Danton, la balance où on pèse les témoignages n'est plus la même. On a contesté l'importance de la lettre de Mirabeau. M. Eugène Despois ne la trouvait pas assez explicite. Il n'y voyait qu'une injure grossière et gratuite lancée par Mirabeau dans un moment de dépit. M. Robinet veut croire que Mirabeau ne parlait que par ouï dire, qu'il se faisait l'écho de potins, de cancans. Il suppose que Mirabeau croyait Danton sous l'influence de Lafayette, et il échafaude là-dessus des raisonnements très peu clairs.

Louis Blanc a pris la peine de faire aux arguties des blanchisseurs à tout prix de Danton cette réplique qui clôt le débat : « Comment M. Despois a-t-il pu s'aveugler généreusement au point de supposer qu'en constatant, dans une lettre toute confidentielle à l'homme de la Cour, M. de La Marck, d'une part le fait de l'argent reçu par

tantes, Mesdames, qui venaient de partir pour Rome : « Non, Sire, vos tantes n'ont pas le droit d'aller manger nos millions en terre papale, etc. » Cet article contrariait la politique de Mirabeau qui s'opposait à toute loi contre les émigrants.

Danton et, d'autre part, le fait de ses engagements non remplis, Mirabeau avait tout simplement entendu jeter à Danton l'injure la plus sanglante que pût rencontrer sa plume, c'est-à-dire le nom de *vendu*, et cela pour se venger d'un article de Camille Desmoulins dirigé contre lui Mirabeau et dont il croyait Danton l'inspirateur ?

« Quoi, Mirabeau, voulant se venger de Danton, n'aurait trouvé rien de mieux que de l'insulter, en s'écriant, lui qui s'était vendu : « il s'est « vendu ! » Et devant qui aurait-il prétendu insulter de la sorte Danton ? Non pas devant le public, mais devant l'agent des ventes de ce genre, M. de La Marck. Et il ne lui serait pas venu un moment à l'idée qu'il ne pouvait bafouer ainsi Danton, sans se bafouer aussi lui-même et sans offenser par dessus le marché l'homme auquel il s'adressait ? En vérité, tout cela est absolument inadmissible, et je m'étonne que M. Despois ait pu avoir recours à une explication aussi extraordinaire, quand l'explication vraie est si claire et se présente si naturellement. De quoi s'agit-il ? Danton a fait faire à Camille — du moins Mirabeau croit le savoir — un article où sont vivement attaqués Chapelier et Beaumetz, avec lesquels Danton est censé s'entendre et Mirabeau lui-même. Là-dessus Mirabeau, qui est au courant des engagements de Danton avec la Cour, s'indigne de les voir violés de la sorte ; il entre

en fureur et contre la duplicité de Danton, et
contre la bêtise de la Cour, qui emploie si mal
son argent, et il écrit *ab irato* au comte de
La Marck : « Danton a reçu hier 30 000 livres et
« j'ai la preuve que c'est lui qui a fait faire le
« dernier numéro de Camille Desmoulins... C'est
« un bois. » En d'autres termes : « Est-ce pour
« qu'on nous attaque et qu'on m'attaque que vous
« payez les gens ? Ceux qui prennent votre argent
« vous trompent, ils vous volent. » C'est si évidemment là le sens de la lettre de Mirabeau qu'un peu
plus bas il ajoute à propos des 6 000 livres qu'il
doit dépenser dans l'intérêt de la cour : « Il est
« possible que je les hasarde. Mais, au moins
« elles sont plus innocemment semées que les
« 30 000 livres de Danton. »

Je ne crois pas qu'on puisse rien objecter à
cette démonstration lumineuse de Louis Blanc. Il
est remarquable que le versement de 30 000 livres
effectué par Mirabeau entre les mains de Danton
fut connu au moment même des milieux bien renseignés. Le silésien Œlsner, qui fréquentait assi-
dûment les jacobins et le salon de Sieyes, écrivait, en effet, à ses amis d'Allemagne que
Mirabeau venait de donner à Danton 30 000 livres
pour faire de l'agitation démagogique au moment
du vote du décret sur la régence (*Fragments
d'Œlsner* publiés par Alfred Stern dans la *Revue
historique*, t. 69, p. 303).

Danton était donc, en ce mois de mars 1791,

comme Pellenc, comme Talon, comme Sémonville, un agent de la liste civile. Nous nous expliquons facilement maintenant qu'il ait pu acheter tant de biens nationaux avant le remboursement de sa charge. C'est le 24 mars 1791, juste 15 jours après qu'il a reçu les 30 000 livres dont parle Mirabeau, qu'il achète la ferme de Nuisement, pour 48 200 livres, « cette métairie », dont il parlera plus tard avec simplicité.

En cette année 1791, Danton jouait souvent le rôle d'un agitateur ultra-démocratique, il poussait facilement aux mesures extrêmes, il attroupait le peuple autour du carosse de Louis XVI pour l'empêcher de se rendre à Saint-Cloud faire ses pâques, lui donnant ainsi le prétexte indispensable pour colorer sa fuite prochaine. La question se pose de savoir dans quelle mesure les surenchères dantoniennes faisaient partie de cette politique du pire que Mirabeau conseillait à la Cour et dans laquelle il voyait le salut de la monarchie.

Ainsi le problème de la fortune de Danton conduit à bien d'autres problèmes. Le temps n'est pas encore venu où on pourra dire que l'histoire de la Révolution est faite.

CHAPITRE III

LES COMPTES DE DANTON[1]

> En réfutant à fond cette calomnie, nous croyons avoir nous aussi apporté notre pierre au monument que Paris prépare à Danton.
>
> A. AULARD, 14 janvier 1889.

On a incriminé souvent et très vivement à l'époque la gestion financière de Danton au Ministère de la justice. On a dit qu'il avait empli ses poches et celles de ses amis. Les accusateurs ne sont pas seulement des faiseurs de mémoires, mais des collègues de Danton, des hommes qu'il coudoyait au Conseil exécutif ou à la Convention, des membres de son propre parti. Ils n'ont pas formulé leurs griefs derrière le dos de l'accusé et après coup. Ils l'ont mis sur la sellette à la tribune, et, si la Convention, après plusieurs débats

1. Cette étude a d'abord paru dans les *Annales révolutionnaires* de mai-juin et juillet-septembre 1913.

contradictoires, après avoir entendu l'accusé dans sa défense, s'est refusée à condamner, elle s'est refusée aussi à absoudre.

A cette aurore du régime parlementaire, la responsabilité ministérielle n'était pas encore un vain mot. La Constitution de 1791 avait stipulé que les ministres étaient responsables « de toute dissipation des deniers destinés aux dépenses de leur département » (Section IV, art. 5) et qu'ils étaient tenus « de rendre compte de leur emploi » (art. 6). Les premières Assemblées avaient exigé de tous les ministres, à leur sortie de charge, un compte moral et financier de leur gestion. La Législative avait réglé la procédure à suivre par le décret du 25 mars 1792 qui ne laissait que quinze jours au ministre sorti de charge pour présenter son compte[1].

La reddition des comptes des ministres ne fut pas une simple formalité. Leurs mémoires furent examinés avec soin sur pièces justificatives. Ainsi, à la séance du 24 octobre 1792, Borie fit un rapport sur les comptes de Beaulieu, qui avait été ministre des contributions publiques avant le

---

[1] C'est ce décret que le girondin Larivière rappela, à la séance du 18 octobre 1792, en attaquant Danton. Il n'est pas exact, comme on l'a dit, que le décret, allégué par Larivière, n'eût jamais existé que dans son imagination. Voir aussi les décrets antérieurs des 27 avril 1791, 29 novembre 1791 et 10 mars 1792. Sur la Responsabilité ministérielle sous la Révolution voir nos articles de *L'Œuvre* des 7 février, 14 février, 22 février et 2 mars 1918.

10 août. La Convention refusa d'approuver ces comptes et en ajourna l'examen[1].

Danton donna sa démission de ministre de la Justice, le 21 septembre 1792, le jour même où se réunissait la Convention. Il garda cependant ses fonctions jusqu'à la nomination de son successeur et il continua, quelques jours encore, de siéger au Conseil[2].

Le 6 octobre, il adressa à la Convention le compte de son administration[3]. C'était un compte à la fois moral et financier. Dans une première partie, il exposait comment il avait fait exécuter les décrets qui étaient dans ses attributions et, dans une seconde, il donnait l'emploi d'une somme de cent mille livres qu'il avait touchées pour dépenses extraordinaires[4]. On y lisait entre autres choses :

« Remis à M. Santerre pour payer les piques faites dans les sections, trente mille livres...

Payé pour gratification extraordinaire d'usage à la fin de chaque trimestre à tous les employés dans les bureaux du ministère de la Justice, seize mille cinq cent quatre-vingt-dix livres...

---

1. *Archives parlementaires*, t. LII, p. 643.

2. Jusqu'au 11 octobre inclus, dit M. Aulard. *Études et Leçons,* 4ᵉ série, p. 248.

3. Le 6 octobre, la Convention avait nommé François de Neufchateau en remplacement de Danton. Il refusa et, le 9 octobre, Dominique Garat fut nommé. Il ne prit séance au Conseil que le 12 octobre.

4. M. Aulard a publié ce compte in-extenso. *Études et Leçons,* 1ʳᵉ série, pp. 142-148.

Prix des meubles achetés pour l'appartement occupé par M. Robert, chef des secrétaires particuliers, d'après l'estimation faite par un tapissier, deux mille quatre cent livres [1]...

Pour frais de circulaires et affiches dans Paris, quinze cents livres [2], etc. »

Le total des sommes dépensées par Danton sur les fonds des dépenses extraordinaires s'élevait à 68 684 livres. Il avait reçu 100 000 livres sur ce chapitre. Il déclarait avoir en caisse 31 316 livres.

Après avoir entendu la lecture de ce compte, la Convention le renvoya à l'examen de son comité des finances.

Dès le 10 octobre, c'est-à-dire seulement quatre jours après, Mallarmé fit un rapport au nom du comité des finances et rappela que, le 28 août précédent, à la nouvelle de la prise de Longwy, la Législative avait mis à la disposition des ministres une somme globale de deux millions, dont un million pour dépenses extraordinaires et un mil-

1. Ce Robert, qui s'était distingué après la fuite à Varennes comme un des plus ardents républicains, était, comme Lebrun, ministre des Affaires étrangères, un journaliste liégeois réfugié en France. Il avait contracté de nombreuses dettes pour faire vivre son journal le *Mercure National*. Danton le fit nommer de la Convention. Pour faire de l'argent, il eut l'idée de devenir marchand de rhum et fut dénoncé par sa section, en septembre 1793, comme accapareur. M. Aulard a raconté l'aventure de Robert Rhum dans un article sympathique à l'accusé.

2. Était-ce là les frais d'affichage du *Compte rendu au peuple souverain*, ce placard sanguinaire où Fabre d'Églantine provoqua et justifia les massacres de septembre?

lion pour dépenses secrètes. Il exposa ensuite
que les sommes devaient être fournies, partie par
la Caisse de l'extraordinaire et partie par la Trésorerie nationale, ce qui avait pour résultat « une
division dans la comptabilité contraire à la clarté
et à la surveillance qui doivent y régner »[1]. Et il
conclut qu'à l'avenir la Trésorerie nationale fût
seule chargée de la comptabilité des deux millions de dépenses extraordinaires et secrètes.

Mallarmé s'était exprimé en termes généraux,
le sévère Cambon n'eut pas la même réserve. Il
s'exprima en termes fort vifs à l'égard du Conseil exécutif et du ministre de la Justice : « Pour
éclairer l'Assemblée, il ne sera pas inutile de lui
rendre compte de l'emploi de ces deux millions.
Le conseil exécutif les avait reçus pour les employer
en masse. Mais, par un arrêté subséquent, cette
somme a été divisée entre cinq ministres par por-
tions égales de 400 000 livres. Il n'a rien été
attribué au ministre des Affaires étrangères parce
qu'on a cru suffisants les fonds qui lui restaient.
*En divisant ainsi la responsabilité, on a atténué la
confiance de la Nation.* Je fis alors observer au
Corps législatif qu'il était inutile de donner des
fonds pour des dépenses secrètes aux ministres
de la Justice, de l'Intérieur, de la Marine et des
Contributions publiques. Mes raisons ne prévalu-
rent pas alors. J'ai voulu savoir si ces deux mil-

1. *Archives parlementaires*, t. LII, p. 437.

lions étaient dépensés. J'ai trouvé que le ministre de la Justice avait dépensé presque ses 400 000 livres. On m'a dit qu'une partie de cette somme de 300 000 livres avait été employée à des achats de piques[1] ; mais j'observe que le ministre de la Justice aurait pu se dispenser de faire cette dépense, parce que l'Assemblée nationale avait destiné deux millions à la fabrication des piques.

« Sur les 300 000 livres délivrées au ministre de la Justice, 26 000 livres[2] ont été employées à payer les gratifications des commis et 34 000 livres restent en caisse. *J'observe que le mode suivi par le ministre de la Justice détruit tout ordre de comptabilité;* car les dépenses faites par les ministres doivent être payées à fur et à mesure et sur les ordonnances, et, par conséquent, il ne doit jamais leur rester de sommes en caisse... ». Après cette âpre critique des comptes des dépenses extraordinaires faites par Danton, Cambon conclut : « Je propose de rapporter le décret qui met deux millions à la disposition du Conseil exécutif et de borner aux 408 882 livres déjà dépensées les sommes destinées à ses dépenses. Je propose aussi de décréter que les *ministres seront tenus de compter, même de leurs dépenses secrètes.* » La dernière phrase était évidemment à l'adresse de Danton qui n'avait parlé dans son compte que de ses dépenses extraordinaires et non de ses

---

1. Ce sont les piques de Santerre.
2. En réalité 16 000, il y a sûrement une faute d'impression.

dépenses secrètes. Cambon se rassit salué par de vifs applaudissements.

Qu'allait faire Danton ? Fort de sa conscience, allait-il crier son indignation, repousser avec mépris les insinuations qu'on venait de lui lancer à la face ?

L'homme de l'audace préféra à l'indignation la manière insinuante. Il commença par faire un bel éloge de Cambon, comme s'il pensait ainsi désarmer sa sévérité : « Je n'ai rien à objecter au système de comptabilité présenté par Cambon. Ce n'est pas d'aujourd'hui qu'il exerce avec succès la place de contrôleur général des finances de la République ». Cette précaution prise, Danton se retrancha derrière le Conseil exécutif et il essaya de se justifier :

« Mais ce qu'il demande a été fait par le Conseil exécutif. En mon particulier, je dois déclarer que j'ai été autant l'adjudant du ministre de la Guerre que ministre de la Justice. S'il a paru étonnant que le ministre de la Justice ait employé 200 000 livres en dépenses secrètes et près de 200 000 livres[1] en dépenses extraordinaires, qu'on se rappelle que la patrie était en péril, que nous étions responsables de la liberté. Nous avons rendu nos comptes. J'ai rendu le mien particulièrement, je crois n'avoir mérité aucun reproche dans ma conduite politique. J'appuie au surplus la proposition de Cambon. »

---

1. Faute d'impression, il faut lire 100 000.

Danton descendit de la tribune au milieu d'un silence glacial.

La Convention fit siennes les propositions de Cambon et décréta « que les ministres qui ont fourni des ordonnances sur la caisse de l'extraordinaire pour dépenses secrètes justifieront de leur emploi au conseil exécutif provisoire ». Or, Danton venait de déclarer qu'il avait déjà rendu compte de ces dépenses secrètes. La Convention considérait donc sa déclaration comme non avenue et lui infligeait l'humiliation d'avoir à justifier de nouveau au conseil exécutif des fonds mis à sa disposition pour ces dépenses secrètes. Mais Danton n'était pas au bout de ses peines.

Le 18 octobre, le ministre de l'Intérieur Roland, pour obéir au décret de la Convention, demanda la parole : « Je présente à la Convention mon compte des finances du mois passé comme je le lui présente tous les mois. Je dépose sur le bureau le compte des dépenses que j'ai ordonnancées sur les deux millions qui ont été mis à la disposition des ministres, pour dépenses tant secrètes qu'extraordinaires. Comme je ne connais rien de secret et que je désire que mon administration soit mise au grand jour, je prie l'Assemblée de se faire lire ces comptes[1] ». Roland fut applaudi. Il avait mis une sorte d'affectation à distinguer sa manière de faire de celle de Danton. Lasource,

---

1. *Archives parlementaires*, t. LII, p. 564 et sq.

secrétaire de l'Assemblée, donna lecture de son compte de dépenses secrètes et de dépenses extraordinaires, compte très détaillé. Les applaudissements recommencèrent plus vifs.

Rebecquy, le fougueux député de Marseille qui avait accompagné les fédérés au 10 août, s'écria : « Je demande que tous les ministres rendent compte comme Roland. »

Après que Monge, ministre de la Marine, eut déclaré qu'il n'avait fait aucune dépense extraordinaire ou secrète, Danton, le fier Danton monta à son tour à la tribune, mais ce fut pour se réfugier dans les *distinguo* et derrière le Conseil exécutif : « Je l'ai déjà dit à l'Assemblée, je n'ai rien fait que par ordre du Conseil pendant mon ministère, et le Conseil a pensé que, d'après le décret de l'Assemblée législative, il n'était comptable qu'en masse ; d'ailleurs il est telle dépense qu'on ne peut énoncer ici ; il est tel émissaire qu'il serait impolitique et injuste de faire connaître ; il est telle mission révolutionnaire que la liberté approuve et qui occasionne de grands sacrifices d'argent ». C'était parler en véritable opportuniste. L'assemblée applaudit, mais Danton eut la fâcheuse inspiration de continuer ses explications : « Lorsque l'ennemi s'empara de Verdun, lorsque la consternation se répandait même parmi les meilleurs et les plus courageux citoyens, l'Assemblée législative nous dit : N'épargnez rien, prodiguez l'argent, s'il le faut, pour ranimer la confiance et donner l'impulsion à la France entière. Nous l'avons fait, nous avons été forcés à des dépenses extraordinaires ; et pour la plupart de ces dépenses, j'avoue que nous n'avons point de quittances bien légales. Tout était pressé, tout s'est fait avec précipitation : vous avez voulu que les ministres agissent tous ensemble, nous l'avons fait et voilà notre compte ». A ces mots, le *Moniteur* note que des murmures éclatèrent. Alors Danton posa en quelque sorte la question de confiance et il avoua derechef que ses comptes n'étaient pas en règle : « On a dû attacher une confiance morale à ceux qui ont été choisis pour faire la Révolution ; et il serait bien pénible, bien flétrissant pour des ministres patriotes de les forcer à remettre toutes les pièces qui constatent ces opérations extraordinaires. Il est vrai que Roland n'a point assisté au compte que les ministres se sont rendus mutuellement, mais il pouvait y assister. J'observerai en finissant que si le Conseil eût dépensé dix millions de plus, il ne serait pas sorti un seul ennemi de la terre qu'ils avaient envahie. Au reste, je vous prie de ne rien prononcer qu'autant que les ministres vous auront rendu compte collectivement de ce qu'ils ont fait ensemble [1] ».

1. Le décret du 23 juillet 1792 avait rendu tous les ministres solidairement responsables tant de leurs actes délibérés au Conseil que de la négligence des mesures qui auraient dû être prises, tant que durerait le danger de la patrie.

Soit que la franchise de ces aveux l'eût touché, soit qu'il ait été sensible à l'éloge que Danton lui avait adressé précédemment, soit qu'il ait craint que la prolongation du débat ne fît tort à la République, Cambon admit qu'on ne pouvait pas exiger des ministres un compte public de leurs dépenses secrètes, mais il conclut que ces comptes devaient être vérifiés par tous les ministres réunis en conseil et il invita Roland à se faire présenter ces comptes et à venir ensuite devant la Convention faire connaître le résultat de son examen.

Interpellé par Cambon, Roland s'expliqua de nouveau : « Je suis très éloigné de blâmer les dépenses secrètes faites par mes collègues pour opérer le salut de la chose publique, au contraire, j'en approuve l'objet; mais j'ai dû déclarer que j'ignorais comment ces dépenses avaient été faites et à quoi on avait employé les fonds pris sur les deux millions. Je ne le pouvais savoir, il est vrai, puisque je n'ai point assisté au conseil où les comptes ont été rendus; mais j'en ai cherché les traces sur les registres du Conseil et je ne les ai point trouvées... » C'était dire, en termes aussi clairs que possible, que les comptes que Danton avait soi-disant rendus au Conseil étaient des comptes fictifs puisque aucune trace écrite et authentique n'en était restée.

Un membre s'écria : « Je demande que le registre du Conseil soit vérifié ».

Danton interrompit : « J'observe que le compte

des dépenses secrètes ne se porte point sur le registre du conseil ». Cette observation, dit le *Moniteur*, fut accueillie par des murmures et de vives interruptions.

Lidon, traduisant la pensée des Girondins, résuma et conclut : « Je demande que tous les ministres soient mandés pour attester si le compte a été oui ou non rendu et pour savoir quel est celui de Danton ou de Roland qui déguise la vérité ».

Les Montagnards réclamèrent l'ordre du jour.

Le président qui était Delacroix, un ami de Danton, mit l'ordre du jour aux voix. Il proclama que l'ordre du jour était adopté. Alors ce fut une protestation véhémente sur les bancs girondins. Henry Larivière demanda la parole. Lidon proposa l'appel nominal. « On ne peut passer à l'ordre du jour, s'écria Larivière, quand il s'agit de défendre les intérêts du peuple et d'empêcher la dilapidation de ses trésors. » Au milieu des applaudissements et des murmures qui se croisaient, Camus vint apporter aux adversaires de Danton l'appui de sa haute autorité morale : « Je vote pour le décret d'accusation contre les ministres qui ont dilapidé les finances de l'État, à moins qu'on ne me prouve, par la présentation du registre du conseil, que le compte de toutes les dépenses quelconques a été approuvé. » Camus fut applaudi. Après quelques instants de tumulte, Lasource fit décider qu'une nouvelle discussion s'engagerait sur la manière dont les ministres justifieraient qu'ils ont bien rendu leurs comptes au conseil exécutif.

Henry Larivière déclara que l'intention de la Législative avait été « que chaque ministre rendrait compte à ses collègues des sommes dépensées par lui et qu'il serait fait un arrêté du tout ».

« Il ne s'agit donc pas, conclut-il, d'exiger aujourd'hui de chacun des ministres un compte individuel et public, mais bien la représentation de l'arrêté général qu'ils ont dû prendre entre eux, arrêté d'autant plus nécessaire qu'il est la base unique de la responsabilité morale à laquelle fut soumis le conseil exécutif. » Au milieu de vifs applaudissements, la proposition de Larivière fut adoptée et vingt-quatre heures données au conseil exécutif pour justifier de la délibération qu'il avait dû prendre à l'effet d'arrêter le compte des sommes mises à sa disposition pour dépenses secrètes.

Pour la seconde fois, la Convention manifestait à Danton une hostilité, une défiance évidentes.

Le nouveau décret de la Convention plaçait le conseil exécutif dans une situation très embarrassante. Il ne pouvait pas justifier de la délibération qu'on lui commandait d'exhiber dans les vingt-quatre heures puisque, comme l'avait dit Roland, cette délibération n'existait pas. Il ne pouvait pas, d'autre part, inviter Danton à se rendre de nouveau dans son sein et à présenter une seconde fois ses comptes. Il prit le parti de ne rien faire en opposant simplement la force d'inertie.

Malheureusement Danton commit l'imprudence, quelques jours plus tard, de réveiller les préventions dont il était l'objet en intervenant à la tribune dans une affaire financière, l'affaire de Guillaume, directeur de la maison de secours, banque qui avait émis des billets de confiance et qui était tombée en déconfiture par suite d'une mauvaise gestion[1].

Comme les porteurs des billets de la maison de secours étaient des gens du peuple, la Commune de Paris fit de continuels appels à l'Assemblée nationale pour obtenir les fonds nécessaires au désintéressement des créanciers. Le 28 septembre, elle réclamait deux millions. Cambon s'opposa à cette demande et s'éleva avec vigueur contre la horde d'agioteurs qui avaient émis des billets de confiance pour voler le peuple. Danton, au contraire, essaya de défendre la demande de la Commune : « L'Assemblée ne voudra pas, disait-il, que le citoyen indigent soit victime du défaut de lois pour réprimer l'agiotage. »

Ce n'était là qu'une escarmouche. Un nouveau

---

1. Nous reviendrons sans doute un jour sur l'affaire de Guillaume et sur le rôle qu'y joua Danton.

et grand débat s'engagea les 25 et 26 octobre et, encore une fois, Danton et Cambon s'affrontèrent.

A cette date, l'affaire Guillaume s'était compliquée. Le 24 octobre, le banquier avait pris la fuite emmenant avec lui à l'étranger les deux officiers municipaux qui étaient chargés de le garder.

Le 25 octobre, la Commune réclama à la Convention un subside de six millions pour terminer la liquidation des billets de la maison de secours. Cambon se fâcha et fit décréter, après un véhément discours, que la municipalité de Paris serait tenue de fournir le lendemain à midi l'état de situation et les comptes de la maison de secours et qu'elle justifierait des mesures qu'elle avait dû prendre relativement à la fuite de Guillaume et des deux commissaires qui l'avaient accompagné.

Le lendemain, la Commune vint satisfaire au décret. Mais, au moment où son orateur invitait l'administrateur Bidermann à donner lecture des comptes de la maison de secours, on s'aperçut que Bidermann était absent. La Convention se crut jouée. Elle s'imagina que cette absence était une comédie arrêtée d'avance.

C'est alors que se produisit un incident très vif où la question des comptes de Danton fut remise sur le tapis.

Comme l'orateur de la Commune était interrompu, Danton voulut le soutenir : « On n'inter-

rompt pas même un criminel et ici on a l'audace... »
Danton ne put pas finir sa phrase. Des murmures
violents lui coupèrent la parole. On demanda qu'il
fût rappelé à l'ordre et le président, qui était
Guadet, lui infligea cette peine. Puis le girondin
Lidon s'écria : « Je demande que le pouvoir exécutif soit tenu de déclarer, en exécution du décret
prononcé dans une séance précédente, si chaque
ministre a rendu le compte de l'emploi des sommes
destinées aux dépenses extraordinaires et secrètes. » C'était rouvrir toute la question des
comptes de Danton et c'était la rouvrir au cours
d'un débat provoqué par la fuite d'un banqueroutier dont Danton était soupçonné à juste titre
d'être le protecteur !

Danton essaya de payer d'audace : « J'appuie
cette proposition et je rendrai compte, s'il le
faut, de toute ma vie. Mais je vois qu'on poursuit
avec acharnement les bons citoyens... ». Des
murmures couvrirent sa voix. Soutenu par quelques
applaudissements des tribunes il voulut continuer.
Mais l'Assemblée refusa de l'entendre. Elle passa
à l'ordre du jour.

Cet incident si grave montre bien en quelle
estime la majorité des Conventionnels tenait la
probité de Danton. Celui-ci avait évidemment la
réputation d'un politicien d'affaires.

Le conseil exécutif, autrement dit le conseil
des ministres, sortit enfin de sa torpeur et
s'efforça de chercher une solution à la question

toujours pendante du compte des dépenses secrètes. Roland, cela est visible, aurait voulu
forcer Danton à se présenter de nouveau devant
le conseil. Le 19 octobre, il avait lui-même consigné sur le registre le compte de ses dépenses
secrètes qui se montaient à 51 200 livres et le
compte de ses dépenses extraordinaires qui s'élevaient à 38 425 livres. Lebrun, après lui, avait fait
inscrire sur le registre qu'il n'avait ordonnancé
aucune dépense secrète ou extraordinaire sur
le fond spécial de deux millions mis à la disposition du Conseil après le 10 août. Mais si
Lebrun n'avait pas touché à ces deux millions,
c'est qu'il disposait pour son propre ministère
de ressources beaucoup plus considérables. Au
moment de la déclaration de guerre, la Législative avait voté une somme de six millions pour
les dépenses secrètes du seul ministère des affaires
étrangères.

Les six millions des affaires étrangères ne
furent pas employés seulement à des objets diplo-
matiques. Ils servirent à alimenter la police politique du régime.

M. Frédéric Masson a dressé, dans son livre *Le
département des affaires étrangères pendant la
Révolution,* un état des principaux bénéficiaires
des fonds secrets distribués par Lebrun. Je le
remercie ici d'avoir bien voulu me signaler cet
état qui ne manque pas d'éloquence.

« On payait la police secrète de Paris. Pourvoyeur, le fameux agent, recevait 3 o5o livres par mois. *La Gazette nationale* coûtait cher. Outre les employés du ministère payés spécialement pour la rédiger : Noël, Rosenstiel et Hernandez, on payait Champfort (6oo livres par mois), Fréron (1 5oo livres), puis Koch et *Fabre d'Églantine*; puis c'étaient les apôtres qu'envoyait Roland à tous les coins de la France, les vingt-quatre commissaires envoyés, le 3 septembre, par la Commune de Paris, pour prêcher le massacre (4o ooo livres); c'étaient les cinquante petits ballons fabriqués sur l'ordre de Dumouriez, par le sieur Lallemand de Saint-Charles, pour répandre hors des frontières des écrits politiques. C'était une mission donnée à Brune pour l'armée de Dumouriez, *sur requête de Danton*. On sait que Camille Desmoulins était auprès de Danton et qu'il était très lié avec Brune. On trouve là cette série de pamphlets de Condorcet imprimés à 3 4oo exemplaires : *Lettre de Condorcet, Crimes dévoilés*, pamphlet en allemand, tiré à 9 ooo; *Lettres de Marval, Avis aux Espagnols* par Condorcet, l'*Indépendant* n°⁵ 1 et 2, *Adresse aux Bataves* par Condorcet. C'étaient encore des agents à Londres, comme Du Roveray, le Genevois, ancien collaborateur de Mirabeau (16 8oo livres en septembre). C'était surtout Danton, le ministre des massacres. Ici les chiffres et les dates ont leur éloquence :

Avances faites a M. Danton.

Le 27 août 1792. . . . . . . 40 000 livres
Le 28 août 1792, à Fabre d'Églantine, secré-
taire général du ministère de la justice pour le
compte de Danton. . . . . . 3 050 livres
Le 29 août 1792, à Fabre pour le ministre de la
justice. . . . . 27 000 livres

Le 29 août 1792, à Danton .	*30 000*	*—*
Le 2 septembre 1792, au même.	*20 000*	*—*
Le 2 septembre 1792, au même.	*3 000*	*—*
Le 8 septembre 1792, au même.	*7 625*	*—*
Le 15 septembre 1792, au même.	*18 000*	*—*
Le 27 septembre 1792, au même.	*7 235*	*—*[1] ».

Si nous totalisons ces sommes mises par Lebrun à la déposition de Danton dans l'intervalle d'un mois, nous arrivons au total respectable de 147 910 livres. Il faut ajouter cette somme aux 268 684 livres que Danton dépensa sur les fonds qui lui furent spécialement affectés pour dépenses secrètes et extraordinaires. Les dépenses extraordinaires, les seules dont il rendit un compte écrit et détaillé, se montèrent à 68 684 livres, les dépenses secrètes de Danton s'élevèrent donc à 200 000 + 147 910 = 347 910 livres.

1. Frédéric Masson, *Le département des affaires étrangères pendant la Révolution*, 1877, p. 262-263.

Nous comprenons alors devant ce chiffre coquet que l'émotion qui se manifesta à la Convention n'était pas une émotion artificielle, provoquée uniquement par l'intérêt de parti.

L'état dressé par M. Frédéric Masson a été établi par lui sur les pièces comptables elle-mêmes. Son authenticité ne saurait être douteuse.

Pour en avoir le cœur net, j'ai écrit à M. Frédéric Masson pour lui demander de vouloir bien m'indiquer les cotes des cartons des affaires étrangères où je pourrais me reporter pour vérifier et compléter les curieuses données de son livre, Il m'a répondu aussitôt : « Au temps où j'étais aux affaires étrangères[1], j'ai exploré avec l'autorisation du ministre dans mon service une suite de cartons qui n'ont jamais été communiqués et qui sont les cartons des finances. Ils n'avaient même pas de cotes et n'avaient je crois, jamais été ouverts. Ils ne l'auront pas été depuis et peut-être ont-ils été détruits. »

J'espère que l'éventualité envisagée dans cette dernière ligne ne s'est pas produite et que ces précieux cartons, dont M. Frédéric Masson nous révèle ainsi l'intérêt, existent encore pour la joie des historiens et les droits de la vérité historique, qui décidément est en marche et qu'aucun état-major n'arrêtera.

---

1. On sait que M. Frédéric Masson a été bibliothécaire du ministère des affaires étrangères.

Quoi qu'il en soit, le 19 octobre, quand il contresigna le registre après Roland, Lebrun se garda bien de noter l'emploi qu'il avait fait des fonds spéciaux qui lui étaient alloués. Les autres ministres s'abstinrent.

Mais, le 30 octobre, le député Borie fit voter un décret qui le mit au pied du mur : « Les ministres seront tenus d'énoncer dans leur compte chaque article de dépense, le décret qui l'a autorisé. — Ils rappelleront le montant des fonds accordés pour chaque nature de dépense et ce qui en a été employé par leurs prédécesseurs. — Ils détailleront les motifs qui ont donné lieu à chaque ordonnance et produiront à l'appui des marchés, des états et pièces qui peuvent constater la nécessité de la dépense, etc. »

Cette fois, il n'y avait plus moyen de se dérober. Le 4 novembre, Clavière, ministre des contributions publiques, imita à son tour Roland et Lebrun et inscrivit ses comptes au registre. Puis le 7 novembre, les trois ministres Monge, Clavière et Lebrun se résignèrent à couvrir Danton et à obéir tardivement au décret du 18 octobre. Ils exposèrent que, dans la séance du 6 octobre, Danton et Servan, tous les deux démissionnaires, « avaient donné connaissance par détail de l'emploi des fonds [des dépenses secrètes qui leur avaient été attribués], en accompagnant leur rapport de la présentation de différentes quittances et pièces justificatives que chacun des

membres présents eut la faculté de parcourir[1] »,
que le conseil, après en avoir délibéré, n'avait
pas cru devoir tenir registre de cette reddition de
comptes, puisqu'il s'agissait de dépenses secrètes.

On aurait pu croire que la Convention se décla-
rerait satisfaite de ces explications. Plusieurs
membres cependant observèrent que les ministres
n'avaient point obéi complètement au décret, et
cela était vrai, puisqu'ils n'avaient pas délibéré
de nouveau et en commun sur les comptes déjà
rendus et puisqu'ils n'avaient pas pris une délibération pour arrêter et apurer ces comptes. Des
murmures s'élevèrent. Mais Brissot reprit :
« Puisqu'on murmure, je demande que Danton
rende son compte publiquement ». Cambon à son
tour refusa de désarmer : « Danton tient encore
30 000 livres[2] à la disposition de la nation ; mais
il s'agit de savoir si des reddinions de comptes
qui ne sont pas inscrites sur les registres doivent
suffire. Il y a aussi un article de 16 000 livres[3]
pour gratification de commis ». Encore une fois

---

1. La lettre analysée aux Archives parlementaires, t. LIII,
p. 285 (séance du 7 novembre) est assez différente de celle
donnée d'après une copie, par M. Aulard dans son étude citée,
pp. 161-163.

2. Les *Archives parlementaires* impriment 3 000, c'est évidemment 30 000, les 30 000 qui lui restaient en caisse sur ses
dépenses extraordinaires.

3. Les *Archives parlementaires* impriment 26 000 par une faute
d'impression. Il s'agit des 16 000 livres déjà portées au compte
détaillé rendu par Danton de ses dépenses extraordinaires.

la Convention refusa de donner quitus à Danton. La lettre des ministres fut renvoyée au Comité de l'examen des comptes. Danton cette fois ne broncha pas.

A plusieurs reprises encore, il fut question des comptes de Danton à la tribune de la Convention, mais d'une façon épisodique.

Ainsi, le 3o mars 1793, Lauze Deperret, au cours d'une vive discussion, s'écria pour fermer la bouche à Danton : « Je demande que Danton rende ses comptes » et Cambon ajouta : « Qu'il nous dise a quoi il a employé les 4 millions (*sic*) de dépenses secrètes. » Danton répliqua qu'il avait rendu ses comptes, mais que si on désirait des « comptes itératifs », c'est son expression, il était prêt à en fournir. Le débat dévia et la Convention ne prit encore aucune décision.

Madame Roland a écrit dans ses *Mémoires* : « Jamais Danton n'a rendu de compte à l'Assemblée. Il s'est contenté de lui attester qu'il l'avait rendu au Conseil et, à ce Conseil, il s'est borné à dire, dans une séance où Roland n'était pas, pour cause d'indisposition, qu'il avait donné 20 000 francs à tel, 10 à tel autre, et ainsi du reste, pour la Révolution, à cause du patrio tisme, etc. C'est ainsi que Servan me l'a répété. Le Conseil, interrogé par l'Assemblée sur la question de savoir . Danton avait rendu des comptes, répondit simplement que *Oui*. Mais Danton avait acquis tant de puissance que ces hommes timides craignaient de l'offenser. » Si on précise que par compte, Mme Roland entend parler du compte des dépenses secrètes, ce passage des Mémoires de Mme Roland me paraît renfermer la vérité. Danton n'a-t-il pas avoué lui-même qu'il n'avait pas de *quittances bien légales* ? Il a rendu un compte verbal à ses collègues du Ministère. Ceux-ci s'en sont contentés et par camaraderie, l'ont ensuite couvert, mais ils l'ont couvert tardivement et presque de mauvaise grâce. Quant à la Convention, elle s'est toujours refusée à suivre les ministres, comme si elle n'était pas dupe du sentiment de solidarité auquel ils obéissaient.

Au tribunal révolutionnaire, la question des comptes de Danton fut de nouveau soulevée, mais elle fut loin d'être tirée au clair. Cambon, d'après le *Bulletin* du tribunal, déposa que Danton avait reçu 400 000 livres pour dépenses secrètes et autres (en réalité il avait eu à sa disposition 200 000 livres pour dépenses secrètes et 200 000 livres pour dépenses extraordinaires). Il ajouta que Danton avait remis 130 000 livres en numéraire, ce qui laissait croire qu'il avait dépensé 270 000 livres. Or, comme Danton a remis un compte de ses dépenses extraordinaires qui se monte à 68 684 livres, il en résulterait qu'il avait dépensé la totalité des sommes mises à sa disposition pour dépenses secrètes. Danton répondit en effet : « Je n'ai dépensé à bureau ouvert que 200 000 livres. Ces fonds ont été les leviers avec lesquels j'ai électrisé les départements. J'ai donné 6 000 livres à Billaud-Varenne et m'en suis rapporté à lui. J'ai laissé à Fabre la disposition de toutes les sommes dont un secrétaire peut avoir besoin pour déployer son âme et, en cela, je n'ai rien fait que de licite. »

D'après les notes que rédigea à l'audience le juré Topino-Lebrun, Danton aurait précisé un peu plus. Il aurait dépensé les 200 000 livres de dépenses secrètes devant Marat et Robespierre pour tous les commissaires envoyés dans les départements. Les 6 000 livres qu'il aurait données à Billaud-Varenne auraient été destinées à la mission dont il le chargea auprès de Dumouriez au lendemain de Valmy. Il aurait laissé à Fabre la besogne de payer les commissaires parce que Billaud-Varenne l'avait déclinée[1].

Ce qui a rendu Danton suspect, ce qui a donné prise aux accusations persistantes de Cambon et des Girondins, ce sont pas seulement les irrégularités qu'on peut relever dans la reddition de ses comptes et ses propres aveux, c'est surtout qu'on savait Danton mal entouré, qu'on connaissait ses collaborateurs immédiats et particulièrement ce Fabre d'Eglantine, auquel il nous dit lui-même qu'il remit le maniement de ses fonds

---

1. M. Aulard a essayé de calculer le chiffre exact des dépenses secrètes faites par Danton. Il l'arrête à 164 690 livres 10 sols, mais ses raisonnements me paraissent reposer sur des bases assez fragiles.

secrets. M. Aulard a reconnu que ce fut Fabre qui eut, en fait, la haute main sur les affaires du ministère de la justice et M. Aulard a regretté que Danton lui ait donné sa confiance. Il a même regretté que Danton lui ait adjoint Camille Desmoulins : « C'était, dit M. Aulard, une impardonnable faiblesse et un grave manque de tact de s'être laissé imposer à titre de collaborateurs officiels précisément les deux personnages les plus incapables de tenue et de caractère qu'il pût rencontrer dans son entourage. Le bon Camille faisait l'effet d'une girouette et il semblait qu'il eût été toujours le séide de quelqu'un, avant-hier de Mirabeau, hier de Robespierre. Tous deux étaient nerveux, sensibles à l'excès et bavards[1]. » S'ils n'avaient eu que ces défauts ! Mais ce que M. Aulard ne dit pas, ce qui était bien plus grave, c'est que Fabre d'Eglantine était, au pire sens du mot, un homme d'argent et un homme d'argent criblé de dettes. Au moment même où, selon son expression, Danton était l'adjudant du ministre de la Guerre, Fabre, son secrétaire, passait avec Servan un marché pour la fourniture de souliers à l'armée[2].

1. *Études et leçons*, 4ᵉ série, p. 215.
2. Voir l'article *Fabre d'Eglantine fournisseur aux armées* dans les Annales Révolutionnaires, t. IV (1911), p. 354. Voir aussi les articles : *Une candidature de Fabre d'Eglantine*, Annales Révolutionnaires, t. IV (1911), p. 581 ; *Fabre d'Eglantine et la liquidation de la Compagnie des Indes*, Annales révolutionnaires, t. VI (1913), pp. 613-634.

C'est à cet étrange fournisseur que Danton avait remis la disposition souveraine de ses fonds secrets. Pouvons-nous dans ces conditions nous étonner des accusations qui se sont produites ?

Remarquons encore que c'est au même moment qu'ont été conclus entre Servan et le fameux abbé de sac et de corde d'Espagnac, de ruineux marchés pour les charrois des armées, qui ne pourront être maintenus si longtemps que parce que d'Espagnac avait su intéresser à ses affaires plusieurs parlementaires de marque comme Julien de Toulouse. Quand d'Espagnac sera accusé pour la première fois, il invoquera devant la Convention, le 1er décembre 1792, le témoignage de Danton, sans que Danton lui fit défense d'abuser ainsi de son nom.

Le même Cambon, qui censura si sévèrement les comptes de Danton, se retrouva pour censurer de la même façon les marchés d'Espagnac.

Danton apparaît donc invinciblement comme entouré d'hommes d'affaires. Si on en croit Roch Marcandier, l'ancien secrétaire de Camille Desmoulins, il aurait protégé l'escroc Godot, un de ses parents, accusé d'un vol de 500 000 livres au détriment de la ferme générale et il l'aurait sauvé des massacres de septembre, comme il avait protégé le banqueroutier Guillaume[1].

---

1. Roch Marcandier, *Histoire des hommes de proie*, dans Buchez et Roux, tome XVIII, p. 200 et sq.

Est-il permis dans ces conditions de traiter sommairement de calomnies les accusations variées
dont la probité de Danton a été l'objet ? Quand
ces accusations ont été formulées publiquement
par des hommes appartenant à toutes les nuances
de l'opinion républicaine depuis Brissot et Mme Roland jusqu'à Saint-Just et Robespierre en passant
par Camus et Cambon, est-il permis d'écrire,
pour nous en tenir au compte de ses dépenses
secrètes, que Danton « sort grandi de l'épreuve à
laquelle la calomnie l'avait soumis » ?

CHAPITRE IV

SUR LA FORMATION
DE LA LÉGENDE DANTONIENNE

(DOCUMENTS INÉDITS)

La légende dantonienne est de date relativement récente. Elle n'a eu cause gagnée dans le
parti républicain et dans l'enseignement officiel
qu'aux environs de l'année 1890. Mais elle est le
résultat d'une longue campagne menée avec obsti-
nation par la famille de Danton, d'une part, et par
la chapelle positiviste de la rue Monsieur-le-
Prince, d'autre part.

Les premiers mémorialistes et historiens qui
écrivirent sur la Révolution, au temps du premier
Empire et de la Restauration, exprimèrent sur
Danton l'opinion bien assise qu'avaient eue de lui
ses contemporains. Ils le représentèrent comme
un homme d'argent, affamé de jouissances, dépourvu de toute conviction et de tout scrupule,
justement condamné pour ses intrigues politiques
et financières. Personne parmi eux ne s'avisa de

contester le bien fondé de la sentence définitive qu'avait portée sur le Mirabeau de la populace la Convention thermidorienne elle-même, qui pourtant n'était pas difficile en matière de vertu.

Danton et les siens restèrent sous cette flétrissure.

Deux ans après les journées de juillet 1830, entra premier, à l'École normale supérieure, un jeune Champenois de dix-huit ans qui portait le nom de Joseph-Arsène Danton. Il s'assit sur les bancs de l'École aux côtés de Croiset, qui fut professeur de seconde au lycée Saint-Louis ; de Faurie, qui devint inspecteur général ; d'Ernest Havet, qui entra à l'Académie des sciences morales et politiques ; du physicien Trouessard, etc. Il put connaître à l'École, Jules Simon, qui écrira en 1870 sa notice nécrologique dans l'Annuaire de l'association des anciens élèves ; Victor Duruy, qui le prendra plus tard comme chef du personnel ; Henri Martin, Amédée Jacques, Saisset, etc. Il eut pour professeurs Cousin et Damiron pour la philosophie, Guigniaut et Ampère pour les lettres, Michelet pour l'histoire. L'enseignement de Michelet le passionnait et il se serait préparé à l'agrégation historique si un désir, qui était un ordre, de Victor Cousin ne l'avait forcé de choisir la philosophie. Il resta du moins en relations étroites avec Michelet, qui l'appelle dans ses lettres son élève et son ami.

Joseph-Arsène Danton ne rougissait pas de son

nom, bien au contraire. Né à Plancy, dans l'Aube, le 1er janvier 1814, d'un père médecin, il pouvait se découvrir, en remontant la série de ses ancêtres, une parenté éloignée avec le célèbre conventionnel, dont le grand-père, Jacques Danton, était originaire de Plancy[1]. Il avait fait une partie de ses études à Arcis-sur-Aube à l'Institution que dirigeait un ami et un camarade de collège du cordelier Danton, l'ancien prêtre défroqué Louis-Robert Béon, qui consacra à la jeunesse du révolutionnaire une notice indulgente et fantaisiste parue dans l'*Écho d'Arcis* de 1836[2]. Pendant son séjour à Arcis, il avait pu apercevoir les fils du conventionnel, Antoine et Georges, qui y possédaient une filature de coton[3].

Le jeune normalien faisait profession d'admirer la Révolution, mais la Révolution sage, celle des débuts. S'il était fier de porter le nom d'un tribun de la grande époque, il s'efforçait du moins de le laver des taches qui le ternissaient. Danton était à ses yeux un génie calomnié et incompris. Ce

---

1. Voir Arsène Thévenot, *Notice généalogique et biographique sur le conventionnel Danton et sa famille*, Arcis-sur-Aube, 1904.

2. Une copie de cette notice, plus complète que celle qui fut communiquée à Rousselin de Saint-Albin et que reproduisit le docteur Robinet en appendice de la première édition de son mémoire sur la vie privée de Danton, figure au dossier Dubuisson conservé aux manuscrits de la bibliothèque de la ville de Paris. Ce dossier provient du docteur Dubuisson, gendre de M. Robinet.

3. Voir mon étude sur la descendance de Danton dans mon livre *Autour de Danton*, Paris, Payot, 1926.

soi-disant homme de sang avait fourni maintes preuves de son humanité et de sa modération. Ce soi-disant voleur avait donné l'exemple de toutes les vertus privées. Toute sa vie, Arsène Danton s'efforça de faire partager aux autres les convictions qui l'animaient. Il ne prit jamais la plume, que je sache, mais il puisa dans ses relations et dans l'importante situation universitaire qui allait lui échoir des moyens de propagande qui ne furent pas négligeables.

Professeur au collège de Versailles après l'agrégation, où il avait été reçu premier, il y rencontra Vacherot qui épousa sa sœur. Une extinction de voix l'obligea à demander un congé en 1837. Trois ans plus tard, Villemain, devenu ministre de l'Instruction publique, le prenait comme chef de son secrétariat. En juin 1844, il devenait chef du cabinet du ministre. C'était au moment où la lutte de l'Université contre l'Eglise battait son plein. Villemain venait de faire voter par la Chambre des pairs un projet de loi sur l'enseignement libre, dont la discussion à la Chambre des députés était commencée[1].

Le *Journal de l'Aube,* en annonçant en termes flatteurs la nomination d'un compatriote à un haut emploi auprès d'un ministre, crut pouvoir ajouter que l'universitaire Danton descendait de

---

1. Voir *Villemain,* par G. Vauthier. M. Vauthier, trompé par les apparences, a cru qu'Arsène Danton était le fils du conventionnel.

l'illustre Montagnard. Arsène Danton aurait pu rectifier cette information inexacte. Il préféra consulter auparavant les fils de Danton et il écrivit à l'aîné, Antoine, la lettre suivante qui nous éclaire sur ses opinions et sur son caractère :

<table>
<tr><td>CABINET
DU MINISTRE.</td><td>MINISTÈRE
DE L'INSTRUCTION PUBLIQUE.</td></tr>
</table>

Paris, le 16 juin 1844.

MONSIEUR,

J'éprouve le besoin de vous écrire au sujet d'une note qui a paru dans le *Journal de l'Aube* en date du 14 juin et qui vient de m'être communiquée par un de mes amis. On annonce dans cette note, d'après les journaux de Paris, que je viens d'être nommé chef du cabinet du ministre de l'Instruction publique et que je réunis ces fonctions à celle de chef du secrétariat général dont j'étais chargé depuis longtemps. On dit ensuite que *je descends de l'illustre tribun de la Convention*.

Je ne voudrais pas me laisser attribuer un honneur qui ne m'appartient point, et mon premier mouvement était d'écrire au rédacteur en chef du *Journal de l'Aube* pour lui faire connaître que je ne suis pas le petit-fils du célèbre Danton, mais je réfléchis que, dans l'opinion de certaines personnes qui détestent les souvenirs de la Révolution française, ma démarche pourrait recevoir une fausse interprétation. On croirait que je suis empressé, non pas tant de rectifier une assertion inexacte que de désavouer toute relation de famille avec un révolutionnaire. Or, je serais désolé qu'on fit une pareille supposition sur mon compte. J'honore infiniment la mémoire de M. votre père. J'ai vu, il y a quelques jours encore, des papiers de lui qui ajoutent à l'idée qu'on avait déjà de la générosité de son caractère. Je suis attaché de cœur aux principaux résultats de la grande révolution qu'il a servie. C'est pour cela que je ne voudrais pas qu'on me crût embarrassé du nom que je porte et des souvenirs qu'il réveille.

Si vous êtes de mon avis, Monsieur, je ferai de deux choses l'une, ou de demander au rédacteur en chef une rectification *en son nom* et non au mien, ou bien de laisser passer sans la relever une note qui sera promptement oubliée et dont tout le monde aura reconnu l'inexactitude.

Veuillez agréez, Monsieur, l'assurance de ma haute considération.

A. DANTON[1].

Nous n'avons pas la réponse que firent les fils de Danton à ce témoignage de sympathie qui dut les toucher profondément, mais nous possédons la lettre qu'Arsène Danton leur écrivit aussitôt après :

Paris, le 21 juin 1844.

MESSIEURS,

Je m'empresse de vous remercier de votre aimable lettre. M. Girardin, qui était chargé de vous porter la mienne, vient de m'écrire qu'il est absent d'Arcis, au moment où elle est parvenue chez lui. C'est ce qui m'explique comment votre réponse, que j'attendais impatiemment, a tardé quelques jours. Ne voyant pas cette réponse arriver, j'avais pris le parti de la prévenir.

---

1. Dossier Dubuisson. Les lettres inédites que nous publions plus loin proviennent de la même source.

J'ai chargé la personne de Troyes, qui m'avait communiqué le *Journal de l'Aube*, de passer chez le rédacteur en chef pour l'avertir de son erreur. S'il tient à la vérité, il fera une rectification. S'il est comme les journalistes de Paris, qui répugnent à se donner à eux-mêmes des démentis, il laissera tomber son article dans l'oubli.

Quelque parti qu'il prenne, cette petite affaire m'aura procuré le plaisir d'entrer en relations avec vous, et je m'en félicite sincèrement. Si mes occupations me permettaient de faire bientôt le voyage de Plancy et d'Arcis, j'irais certainement vous voir, et je vous prie d'agir de même avec moi si vous veniez à Paris. Je serais très charmé de faire directement votre connaissance.

Je vous parlais dans ma dernière lettre de la générosité du caractère de votre père. J'en ai des preuves nombreuses, indépendamment de celles qui sont dans l'histoire. Ainsi, j'ai vu, entre les mains d'un juge de Paris, les pièces du procès qui avait été commencé contre Adrien Duport et la lettre impérieuse que votre père écrivit, en sa qualité de ministre de la Justice, pour le sauver d'une mort certaine[1]. Ainsi encore je me rappelle (c'est un ancien ministre du 1ᵉʳ mars 1840 qui me l'a rapporté) que M. de Talleyrand, dans les derniers temps de sa vie, se louait beaucoup de la bonté avec laquelle votre père lui avait procuré des passeports pour l'étranger, au moment où M. de Talleyrand allait être jeté en prison[2].

1. Il s'agit sans doute de la lettre que Danton écrivit, le 7 septembre 1792, au commissaire du pouvoir exécutif du tribunal de Nemours et que Mortimer-Ternaux a publiée dans son *Histoire de la Terreur*. t. III, p. 354, note. Michelet a eu communication du même dossier.

2. Nous avons publié le passage des mémoires de Théodore Lameth qui confirme la lettre d'Arsène Danton dans les *Annales révolutionnaires*, t. VI, 1913, p. 13-17.

Au surplus, voici ce qui m'est arrivé à moi-même il y a quatorze ans. Je venais de remporter plusieurs prix au concours général des collèges de Paris et mon nom avait été répété par les journaux. Un homme très âgé, que je ne connaissais pas et qui avait remarqué mon nom dans son journal, me fit dire qu'il désirait me voir ; je lui donnai rendez-vous. Ma surprise fut extrême de voir cet homme mettre à ma disposition sa personne et une partie de sa fortune. Je le priai de s'expliquer. Il m'apprit alors qu'il avait été arraché à la mort par le célèbre Danton et que, me croyant son petit-fils, il serait heureux de me témoigner sa reconnaissance. Je le félicitai de ses sentiments, mais en l'avertissant que je n'étais pas ce qu'il pensait et je lui laissai votre adresse, en supposant qu'il voulait se mettre en rapport avec vous.

Je fais demander en ce moment même à un de mes amis une lettre autographe de votre père pour vous la communiquer. Je pense que vous aurez du plaisir à la voir. Je vous prie de me la renvoyer promptement en la recommandant à toute l'attention de la poste. J'aimerais mieux perdre un billet de banque que d'égarer un pareil autographe auquel le propriétaire attache un prix infini. Si vous voulez en prendre copie pour vous, vous le pouvez, mais je vous prie en grâce de ne laisser voir et surtout de ne laisser copier cette lettre à qui que ce soit. On finirait par la publier et ce serait une désolation pour l'ami qui me l'a prêtée et qui a le droit de la garder inédite ou de la livrer au public comme bon lui semblera.

Veuillez, Messieurs, agréer l'assurance de mes sentiments les plus distingués.

A. Danton.

Cette lettre était prête depuis plusieurs jours. Elle a été retardée parce que je voulais y joindre la lettre de votre père qui ne m'a pas été communiquée immédiatement.

On voit par ces lettres que l'universitaire Arsène Danton n'avait pas attendu d'entrer en relations directes avec les fils de Danton pour entreprendre la campagne de réhabilitation. Déjà, il s'était mis à la recherche des documents et des témoignages qui pouvaient contribuer à intéresser, en faveur de sa mémoire, les bourgeois libéraux qui constituaient la classe dirigeante sous la monarchie de Juillet. Danton n'apparaissait plus comme un furieux anarchiste. C'était un cœur sensible, toujours prêt à sauver, gratis bien entendu, ces royalistes contre lesquels il tonitruait, ces « feuillants » qui avaient gouverné sous la Constituante et dont les fils gouvernaient sous Louis-Philippe. L'un de ces feuillants, qui avait été mêlé au grand drame, Théodore de Lameth, venait justement de terminer ses *Souvenirs* où il s'efforçait de dresser de Danton devant la postérité une image semblable, qui n'est point fausse, mais qui est incomplète.

Arsène Danton quitta le ministère de l'Instruction publique en même temps que Villemain en 1845. Il se présenta l'année suivante aux élections législatives dans l'arrondissement de Bar-sur-Seine comme candidat de l'opposition. Il fut battu. Il n'eut pas plus de chance en 1848. Le nom de Danton n'était pas encore une recommandation auprès des électeurs de l'Aube.

Arsène Danton se consola des déboires de la vie publique en faisant une belle carrière dans l'administration. Il devint successivement inspecteur de l'Académie de Paris, inspecteur général et enfin directeur de l'enseignement secondaire sous le ministère Duruy. Il mourut en fonctions le 19 décembre 1869.

La mémoire de Danton a trouvé ainsi pendant plus d'un quart de siècle, de 1840 à 1870, au ministère qui est en relations continuelles avec les écrivains, un défenseur passionné et influent. Sous la plupart des apologies de Danton qui parurent au temps de Napoléon III, il n'est pas difficile de retrouver sa trace.

Au moment même où le dantonisme faisait son entrée aux côtés de Villemain dans les hautes sphères universitaires, il s'apprêtait à pénétrer dans le domaine historique, sous l'influence plus directe encore de la famille de Danton.

Un avocat de Pont-à-Mousson, sincère républicain et travailleur consciencieux, Nicolas Villiaumé[1], préparait alors la grande histoire de la Révolution qu'il publia en quatre volumes chez Michel Lévy en 1850. Villiaumé s'efforçait d'interroger les acteurs survivants du grand drame. Dès 1835, il voyait à Paris Albertine Marat, qui lui communiquait les papiers de son frère et la précieuse collection des numéros de l'*Ami du peuple*, que celui-ci avait annotés de sa main. Il

---

1. Né à Pont-à-Mousson le 12 août 1818, mort à Paris le 9 août 1877.

recueillait des lèvres de la vieille fille des anecdotes curieuses sur les derniers jours de Danton.
Il s'entretenait avec Rousselin de Saint-Albin, qui
avait été l'ami ou plutôt la créature du tribun,
avant de passer au service de Barras. Il échan-
geait toute une correspondance avec Sergent, qui
lui adressait de Nice en 1846 et 1847 des lettres
qui ont la valeur de documents historiques[1]. Un
avocat, qu'il ne désigne que par l'initiale S...,
lui communiquait l'original des fameuses notes
que Robespierre fournit à Saint-Just pour son
rapport d'accusation contre les dantonistes. Il
voyait le vieux Buonarroti qui lui faisait ses confidences. Bref, il ne négligeait aucune source d'information. Ayant appris, sans doute par l'universitaire Arsène Danton, que les fils de Danton
existaient toujours, il leur écrivit à Arcis et tâcha
d'obtenir d'eux des renseignements précis sur la
fortune de leur père. Nous n'avons plus ses lettres,
mais nous possédons les réponses des fils de
Danton :

Monsieur Villiaumé, avocat, à Nancy (Meurthe).

Arcis-sur-Aube, le 14 juillet 1846.

Monsieur,

Les deux lettres que vous nous avez fait l'honneur de
nous adresser nous sont parvenues.

Nous n'avons malheureusement pas le moindre docu-

---

1. Villiaumé les a publiées dans ses appendices.

ment écrit à vous communiquer ; nous n'en possédons aucun ; mais, sur un sujet aussi important pour nous que celui dont il s'agit, nous avons l'intention en vous répondant d'entrer dans quelques développements. Nous n'avons pas eu, et nous n'avons pas encore en ce moment, le temps de nous en occuper, et nous croyions pouvoir sans inconvénient tarder encore assez longtemps à le faire ; car vous nous parlez du mois de septembre ou d'octobre pour prendre communication des pièces que nous pourrions avoir à notre disposition, ce qui nous a amenés à penser que vous ne teniez pas absolument à recevoir une réponse sans le moindre retard. Nous ne vous indiquons pas d'époque précise, cependant nous vous promettons qu'avant le mois d'octobre, si aucune circonstance imprévue ne vient nous en empêcher, nous aurons l'honneur de répondre le plus complètement qu'il nous sera possible à l'appel que votre impartialité d'historien a bien voulu nous adresser.

Veuillez agréer...

F.-G. DANTON.   DANTON.

Les fils de Danton tinrent leur promesse. Ils employèrent leurs vacances à composer à loisir le mémoire justificatif qui a fourni, jusqu'à ces derniers temps, tout le fond de leur argumentation aux défenseurs de la probité de leur père. Ce mémoire, qui pourrait bien avoir été rédigé avec le secours d'un professionnel, est un véritable plaidoyer, très travaillé, très minutieux[1]. Les fils de Danton le contresignèrent *ne varietur* à chaque

---

1. Antoine Danton écrira à Villiaumé, le 16 août 1849, que le mémoire a été rédigé tout entier de la main de son frère cadet Georges, alors décédé

feuillet, recto et verso, comme on contresigne un document judiciaire. Il est daté du 28 septembre 1846 et adressé, sous la forme d'une lettre, à M. Villiaumé, avocat à la cour de Nancy. L'original est parvenu entre les mains du docteur Robinet et fait partie en ce moment des collections de la bibliothèque Lepelletier de Saint-Fargeau. Une copie en fut exécutée au profit de l'universitaire Arsène Danton, qui la confia à Bougeart, au moment où celui-ci préparait sous le second Empire son indigeste compilation sur Danton. La copie, qui a appartenu à Bougeart, figure aussi dans les papiers du docteur Robinet. Elle porte, de la main de Bougeart, une annotation qui contient presque autant d'inexactitudes que de mots. Il y est dit que la pièce est *l'original* du mémoire écrit par les fils de Danton et qu'elle lui a été confiée, le 15 septembre 1860, par M. Danton, « inspecteur général de l'Université et neveu du conventionnel ». « C'est pour lui-même [pour Arsène Danton] », ajoute Bougeart, « que ce mémoire avait été rédigé. » C'est cette copie, provenant d'Arsène Danton, que Bougeart communiqua à Robinet, qui l'a publiée aux pièces justificatives de son mémoire sur la vie privée de Danton paru pour la première fois en 1865. L'original, qu'on voit aujourd'hui à côté de la copie, n'a pas dû lui parvenir avant la mort de Villiaumé, survenue en 1877. Mais, nulle part, Robinet n'a relevé les différences importantes que présente l'original avec la copie.

Le nom de Villiaumé a disparu de la copie. Rien ne révèle que le document a été écrit à la demande de cet historien sous la forme d'une lettre. L'original se termine par une recommandation instante que les fils de Danton adressent à leur correspondant. Ils lui disent qu'ils seraient « désolés » si leur lettre était livrée à la publicité en totalité ou en partie : « Nous vous prions donc instamment de mettre dans l'usage que vous en ferez assez de réserve pour que jamais nous ne puissions être appelés à prendre dans aucun cas la moindre part à une polémique quelconque ; ce qui serait hors de nos habitudes et de nos goûts, au-dessus de nos moyens, de nos forces et de nos talents et nous forcerait à sortir de notre douce et complète obscurité, à laquelle nous ne voudrons jamais renoncer. » Toute cette fin, si caractéristique, a disparu de la copie que Robinet publia.

Les fils de Danton avaient bien raison de craindre la publication de leur mémoire. Dès qu'il m'a été possible de vérifier leurs affirmations et de contrôler leurs raisons, leur plaidoyer s'est effondré[1].

---

1. On me permettra de renvoyer à mes articles sur l'inventaire et la vente après décès des biens de Danton et sur la fortune de Danton, dans les *Annales révolutionnaires*, 1912.

Villiaumé, esprit d'une autre trempe que les Bougeart et les Robinet, fit des efforts louables pour utiliser en conscience les renseignements partiaux et incomplets fournis par les fils de Danton. Ceux-ci prétendaient que leur père avait acheté les immeubles, dont ils avaient hérité et qui auraient été ses seules propriétés, avec le produit du remboursement de sa charge d'avocat aux conseils. Leur mémoire était muet sur le prix d'achat de cette charge comme sur le montant de son remboursement. Villiaumé leur demanda des éclaircissements sur ce point capital et sur d'autres par une lettre du 7 mars 1849. Il leur exprimait aussi son désir de faire leur connaissance. Il habitait alors à Paris à l'hôtel Byron, rue Laffitte. A cette date, Georges Danton venait de mourir. Antoine répondit à l'historien, mais, chose bizarre, sans lui faire part de la mort de son cadet et en employant le pluriel nous, comme s'il écrivait toujours en son nom et au sien. Ils s'excusaient de ne pouvoir se rendre à Paris. Ils ne savaient pas combien leur père avait payé sa charge ni combien elle lui avait été remboursée[1]. Villiaumé leur avait demandé si leur belle-mère, la seconde femme de Danton, Sébastienne-Louise Gély, remariée au père des trois Dupin, vivait encore. Ils avaient appris « d'une manière indirecte et pourtant certaine qu'elle était encore en

1. Lettre du 9 mars 1849.

vie en 1844. Nous ne savons pas si elle est morte depuis cette époque et, comme elle n'a conservé aucune relation avec notre famille, nous ignorons absolument son adresse. » Quant aux autres questions posées par leur correspondant, ils les écartaient de même en ces termes : « Nous ne connaissons à Paris personne d'un âge assez avancé pour avoir eu des relations avec notre père. Ici les vieillards qui l'ont connu sont très peu nombreux et si ce qu'ils savent de lui avait quelque importance nous vous l'aurions déjà transmis dans nos lettres précédentes. Du reste, il n'en est plus un seul qui l'ait connu un peu intimement à l'époque où il a joué un rôle politique, parce qu'alors il n'habitait plus Arcis depuis longtemps. Nous n'avons pas fourni de renseignements à M. de Lamartine et il ne nous en a pas demandé. »

Villiaumé, qui était tenace, ne se laissa pas décourager par cette réponse négative. Il revint à la charge, quelques mois plus tard, en août 1849[1]. Cette fois, Antoine Danton se décida à lui écrire en son nom personnel. Après lui avoir annoncé qu'il avait eu la douleur de perdre son frère l'année précédente, il lui fit force compliments. Il était « l'homme loyal et courageux » qui vengerait Danton et ses détracteurs. Il reconnut cependant que « faire taire l'esprit de parti aux préventions,

---

1. Villiaumé habitait toujours Paris, mais il avait changé d'adresse. La réponse d'Antoine Danton lui est adressée rue de Richelieu, hôtel d'Espagne, n° 59.

aux haines enracinées était une tâche bien difficile ». Il ajouta avec mélancolie : « Je lirai votre
œuvre que j'attends avec d'autant plus d'impatience que chaque jour m'apporte de nouveaux
dégoûts », ce qui montre qu'à Arcis le nom de
Danton était encore loin d'être en honneur. Quant
aux nouvelles questions posées par Villiaumé, le
fils de Danton avoua son impuissance à y répondre : « Vous me dites : « Pornis le juif avait un
« dépôt énorme. » Qu'est-ce que cela veut dire ? Aucun membre de la famille, pas plus que ses contemporains, ses amis d'Arcis, n'ont entendu parler
de cette nouvelle calomnie[1]. Pitié ! Pitié ! et honte
sur de pareilles horreurs ! »

Villiaumé dut se contenter du mémoire qui
était en sa possession depuis 1846. Il s'efforça
du moins d'en compléter les données par d'autres
moyens. Les archives des Finances lui furent ou-
vertes et il y découvrit les pièces authentiques qui
prouvaient que la charge de Danton lui avait été
remboursée 69031 livres[2]. Le chiffre des acquisitions de Danton, tel qu'il ressortait du mémoire
de ses fils, était légèrement supérieur, 84960
livres. Villiaumé crut dès lors à l'innocence de
Danton. Il admit la thèse de ses fils qui expli-
quaient ses acquisitions par les sommes qu'il avait
retirées de son office. Il crut que Danton avait payé

1. J'ignore quel était le juif Pornis qui aurait trafiqué avec
Danton. Villiaumé n'en dit rien dans son livre.

2. Villiaumé, *Histoire de la Révolution*, t. I, p. 366.

cet office, en 1787, « de l'héritage de son père, de la dot de sa première femme et de quelques économies ». Des éléments essentiels et, peut-être aussi, un esprit critique suffisamment armé lui manquaient pour embrasser le problème sous toutes ses faces. C'est avec une entière bonne foi qu'il justifia Danton. Les arguments qu'il fit valoir lui avaient été fournis par la famille. Ils ont été depuis répétés docilement, et presque dans les mêmes termes, par la plupart des biographes.

Le livre de Villiaumé exerça une influence considérable, moins peut-être par le talent littéraire de l'auteur, qui est assez mince, que par sa sincérité évidente et sa réelle documentation. Tout convaincu qu'il fût devenu de l'honnêteté de Danton, Villiaumé s'était gardé de se constituer son apologiste systématique. On lisait sous sa plume des phrases comme celle-ci : « Danton dînait quelquefois avec les aristocrates... Il commit des fautes politiques, mais de là à la corruption, à la trahison, il y avait un abîme... [1]. [Pendant le massacre du Champ-de-Mars], Danton et ses amis crurent inutile de se compromettre ou ne voulurent pas prendre la responsabilité de ce qui arriverait. Si l'on accepte cette opinion, ils deviennent blâmables pour avoir abandonné le peuple qui devait compter sur eux [2]. » Racontant le pro-

---

1. *Histoire de la Révolution*, t. I, p. 370.
2. T. II, p. 24.

cès de la Compagnie des Indes, Villiaumé croyait à la culpabilité de Fabre d'Églantine et ajoutait : « Danton, qui poussait l'indulgence et la bonté jusqu'à la faiblesse, commit la faute de ne point se séparer avec éclat de ceux qui étaient corrompus, se contentant de leur faire en secret de vifs reproches [1]. » Ces réserves donnaient du poids au plaidoyer sur la probité de Danton. Villiaumé paraissait d'autant plus impartial que, pour grandir Danton, il n'abaissait pas Robespierre. On s'explique que son histoire, qui eut plusieurs éditions, n'ait pas provoqué trop de résistance parmi les républicains de 1850. Beaucoup d'entre eux déjà ne connaissaient plus la Révolution que par les livres. Cinquante-sept ans s'étaient écoulés depuis la mort de Danton. La flétrissure posthume imprimée par la Convention sur sa mémoire était oubliée. Villiaumé paraît l'avoir ignorée. Ses lecteurs ne savaient pas que les fils de Danton avaient constitué la plus grande partie de son dossier.

Cette situation, quelque peu équivoque, pesait à sa loyauté. En envoyant son premier volume à Antoine Danton, il lui demanda l'autorisation de livrer à la publicité le mémoire que son frère avait rédigé. Il tenait à donner loyalement ses preuves. Antoine Danton se confondit en remerciements enthousiastes : Gloire à « l'homme de bien », à « l'écrivain courageux » ! lui écrivit-il le

—————

1. T. III, p. 294.

6 mai 1850. Mais, à la demande qui lui était faite, il répondit par un refus qu'il abrita derrière la volonté de son frère : « Mon frère, à ses derniers instants, m'a recommandé de ne point rendre publiques les notes que nous vous avons transmises. Permettez-moi, Monsieur, de respecter la volonté d'un frère chéri, qui est aussi la mienne, et veuillez avoir la bonté de ne pas faire cette publication. » Villiaumé n'insista plus. Après l'apparition de ses deux derniers volumes, il reçut de nouveaux remerciements d'Antoine Danton : « Nous n'avons plus à Arcis qu'un seul homme qui a connu mon père, d'autant plus particulièrement qu'il a été son condisciple au collège de Troyes. C'est un ex-maître de pension qui vient d'atteindre sa quatre-vingt-douzième année, dont la raison et l'esprit ont conservé toute leur lucidité ; il a admirablement la mémoire du temps passé et reconnaît pour vrai tout ce que votre ouvrage récite de mon père[1]. » Le vieux Béon, qui déjà avait endoctriné Arsène Danton, son élève, et qui avait apporté sa pierre à la légende par sa notice sur la jeunesse de Danton, dut s'imaginer que le livre de Villiaumé était le couronnement de l'édifice, et, pourtant, quel aurait dû être son étonnement s'il lui avait été donné de vivre quelques années encore !

L'apologie de Villiaumé ne visait que l'honnê-

---

1. Lettre datée d'Arcis, le 30 août 1850.

teté privée de Danton. Elle ne dissimulait pas les erreurs de l'homme d'État. Il restait à compléter la légende en faisant de Danton l'égal des Richelieu et des Napoléon, à dresser le démagogue, au seuil de la Révolution et de l'ère nouvelle, comme un génie précurseur, source de toute science politique et de tout progrès social. Seuls, des esprits religieux, dénués de toute critique, seuls des dévots emmurés dans leur fanatisme peuvent accomplir de pareils miracles historiques. Aux efforts de la famille s'ajouta, après 1850, l'œuvre pie, ardente et tenace d'une secte à son printemps.

*
* *

Le positivisme, qui n'avait été qu'une philosophie sous Louis-Philippe, se transforma sous Napoléon III en une religion. Auguste Comte, son fondateur, passé au rang de pontife, se chercha des précurseurs. Auguste Comte croyait qu'il était prédestiné à refaire l'unité morale de la société brisée par la Réforme. La Révolution française renfermait-elle déjà des germes de cette « reconstruction », à laquelle il avait voué ce qui lui restait de vie? Dans la cinquante-septième leçon de son *Cours de philosophie positive*, écrite en juillet 1841, il avait reproché au gouvernement révolutionnaire ses attaques contre les industriels et les commerçants, « sa désastreuse tendance politique à détruire l'indispensable subordination élémentaire des classes laborieuses envers les véritables chefs naturels de leurs travaux journaliers ». Les Montagnards lui apparaissaient en bloc comme des négateurs, des destructeurs, des « littérateurs et des avocats » s'appuyant en démagogues sur « l'incapable multitude ». Il avait applaudi au 9 thermidor qui avait mis fin à la sans-culotterie antiindustrielle. C'étaient là des vues générales, jetées en passant à un moment où la doctrine, tout imprégnée encore du saint-simonisme, restait à la phase de l'analyse.

Après 1850, les idées d'Auguste Comte évoluèrent et se précisèrent. Il lut sans doute le livre de Villiaumé qui venait de paraître. Peut-être entra-t-il en rapports par Vacherot avec Arsène Danton ? Il ne condamna plus en bloc tous les Montagnards. Il découvrit Danton. Au tome III de son *Système de politique positive,* paru en août 1853, il distingua dans la Révolution trois écoles : l'école de Diderot, l'école de Voltaire et l'école de Rousseau. La première seule avait ses sympathies. C'était, à l'en croire, une école constructive qui se proposait de réformer la société humaine sur un modèle déjà « positif », autour de l'idée de l'humanité qui est l'idée centrale de la religion positiviste. L'école de Voltaire et l'école de Rousseau n'étaient bonnes qu'à désorganiser. La première, « sceptique, proclamait la liberté » ; la seconde, « anarchique, était vouée à l'égalité ». Toutes deux étaient incapables de rien construire. L'école de Diderot était celle de l'avenir. Encyclopédique, elle embrassait tous les aspects de la question sociale. Elle referait l'harmonie, l'unité entre les institutions et les mœurs. Le pontife découvrait que de cette école sortit sous la Révolution « le grand Danton, le seul homme d'État dont l'Occident doive s'honorer depuis Frédéric, et l'admirable Condorcet, l'unique philosophe qui poursuivit dans la tempête les méditations régénératrices[1] ». Danton et Condorcet devenaient ainsi les annonciateurs, les Jean-Baptiste du Messie des temps futurs. Dès lors, ils furent sacrés pour tous ceux, ils commençaient à être nombreux, qui se réclamaient du credo positiviste.

Un des disciples les plus pieux et les plus ardents du fondateur du positivisme, le docteur Robinet, se consacra spécialement à l'hagiographie de Danton le Précurseur. Il fit paraître, en 1865, un *Mémoire sur la vie privée de Danton*, qui ne brillait ni par la critique ni par le savoir, ni par le style ; mais il présentait, par ses références et par ses pièces justificatives, une fausse

---

1. M. Aulard a pris la peine de démontrer le néant des conceptions historiques de Comte dans son article intitulé : *Auguste Comte et la Révolution française* (*Études et Leçons*, 2ᵉ série). Depuis, M. François Vermale a analysé avec pénétration les raisons de l'antipathie de Comte pour Rousseau et Robespierre dans une spirituelle étude intitulée : *Danton, Robespierre, Auguste Comte et M. Aulard* (*Annales révolutionnaires*, t. V, 1912).

apparence scientifique, dont ont été dupes tant de lecteurs prévenus et pressés[1].

Le 2 décembre et la domination du clergé, qui en fut la conséquence, avait fait évoluer les idées et les sympathies du parti républicain. A demi religieux en 48, il devenait de plus en plus hostile à tout ce qui ressemblait de loin au catholicisme. Il suivait Littré qui lui enseignait le positivisme purement critique de la première manière d'Auguste Comte. Le déisme lui paraissait maintenant une vieillerie réactionnaire. Plus les minorités sont opprimées, plus elles exagèrent leurs tendances. L'athéisme fut à la mode parmi ceux qui se rattachaient à la tradition révolutionnaire[2].

Rares à toutes les époques sont les historiens qui abordent sans prévention et sans arrière-pensée l'étude du passé. Les républicains du second Empire allaient y chercher des arguments pour leur propagande. Robespierre, qui avait été le

---

1. Le docteur Robinet poursuivra son apostolat par *le Procès des Dantonistes* (1879), *Danton émigré* (1887), *Danton homme d'État* (1889), dira violemment leur fait aux adversaires ou aux hérétiques, à Victor Hugo, coupable d'avoir cru à la vénalité du précurseur (*Danton et Victor Hugo*, une brochure, 1877), à Georges Avenel, qui avait raillé la canonisation de Danton dans la *République française* (*Le 10 août et la symbolique positiviste*, une brochure, 1873), à M. Aulard lui-même, coupable d'indépendance (*Auguste Comte et M. Aulard*, une brochure, 1893).

2. Sur l'anticléricalisme sous le second Empire, voir l'excellent article de G. Weill dans la *Revue des études napoléoniennes* de juillet 1915.

dieu de leurs pères, leur devint indifférent ou antipathique, parce que le nom de Robespierre évoquait devant leur imagination l'Être suprême, l'alliance de l'Église et de l'État, la morale officielle, toutes choses qui leur paraissaient liées avec l'oppression dont ils souffraient. Sans réfléchir à la différence des temps, sans remarquer que Danton pensait sur la religion comme Robespierre, ils prirent de celui-ci une idée fausse. De l'adversaire le plus redoutable, parce que le plus habile, que l'Église eût rencontré sur son chemin, ils firent un ami de l'Église. Ils étaient fortifiés dans leur erreur et leur injustice par la tendance à l'apologie des derniers grands historiens robespierristes. Louis Blanc, dans sa *Révolution*[1], faisait le panégyrique du déisme et du socialisme dans un style de prédicateur. Ernest Hamel, dans son *Histoire de Robespierre*[2], si documentée, mais si confuse, écrivait une vie de saint, ennuyeuse par son onction, fatigante par ses partis pris. Ni l'un ni l'autre n'attachèrent une suffisante attention à la formation de la légende dantonienne, ne discutèrent avec une critique assez avisée les affirmations du positivisme religieux ou les plaidoyers domestiques de Villiaumé et de Robinet. Inspirés d'ailleurs par une sorte d'éclectisme historique, ils croyaient possible jusqu'à

---

1. Parue de 1847 à 1862.
2. Parue de 1865 à 1867.

un certain point la réconciliation posthume dans une même glorification de tous les révolutionnaires. Ils défendaient Robespierre sans accabler Danton. Leurs apologies furent molles et ondoyantes. Il leur manqua le nerf que donne seul le souci profond de la vérité complète.

Les compilations de Bougeart[1] et de Vermorel[2], le léger article d'Eugène Despois[3] n'auraient pas suffi cependant à donner droit de cité dans le parti républicain à la thèse familiale et positiviste du docteur Robinet, si le terrain n'avait été préparé par l'historien le plus populaire de la Révolution ; j'ai nommé Jules Michelet.

Michelet commença sa *Révolution* au lendemain de son cours fameux sur les Jésuites, dans toute la fièvre du combat. « La Révolution est-elle chrétienne, antichrétienne ? », c'est la première question qu'il se pose et qui le met dans l'impossibilité de comprendre Robespierre. Michelet admire les Girondins incrédules comme Vergniaud, les déchristianisateurs comme Chaumette et Cloots. Il porte ceux-ci aux nues parce qu'ils fermèrent les églises. Son fanatisme anticlérical ne lui permet pas de distinguer entre les prêtres constitutionnels, que les Montagnards protégè-

<hr>

1. *Danton*, documents inédits pour servir à l'histoire de la Révolution, Paris, 1861.

2. *OEuvres de Danton*, Paris, 1866.

3. Sur la vénalité de Danton, dans la *Revue de Paris* du 1ᵉʳ juillet 1857.

rent par nécessité politique, et les prêtres réfrac-
taires, leurs ennemis. Il les confond tous dans
une même haine violente et mystique.

Dans ses premiers volumes, écrits avant le
coup d'État, alors qu'il était chef de division aux
archives, Michelet garde encore quelque mesure
en parlant de Robespierre ; mais, dans les deux
derniers (VI et VII) qu'il composa à Nantes, tout
près de la Vendée, dans l'amertume de sa révo-
cation, il charge Robespierre de tous les péchés
d'Israël. La préface de son tome VI est un virulent réquisitoire où sont mises en œuvre toutes
les rapsodies girondines et thermidoriennes.
Robespierre n'est plus qu'un inquisiteur qui
étouffe la France avec le « boa constrictor » des
mille sociétés jacobines. Michelet persiste cependant à l'appeler un grand homme.

Par ses attaques contre Robespierre, Michelet
servit la légende beaucoup plus encore que par
ses appréciations sur Danton. Son élève et son
ami, l'universitaire Arsène Danton, n'avait pas
manqué de l'intéresser à la cause qui lui tenait à
cœur ; mais il y réussit assez mal. Michelet reçut
communication du plaidoyer des fils de Danton
puisqu'on peut lire dans son tome IV : « La fortune de Danton, dont j'ai sous les yeux un détail
authentique (dont j'userai au temps de son procès), semble avoir peu varié de 1791 à 1794.
Elle consistait en une maison et quelques mor-
ceaux de terre qu'il avait à Arcis, qu'il agrandit

un peu et que son honorable famille possède encore aujourd'hui[1] ». Il est visible que même sur la question de fortune Michelet n'affirme pas. Il lui semble ! Cette hésitation se comprend puisqu'il reste convaincu des relations de Danton avec la Cour et avec le duc d'Orléans.

Racontant la fameuse scène du 21 juin 1791 aux Jacobins, dans laquelle Danton accusa Lafayette d'avoir favorisé la fuite du roi, Michelet s'exprime ainsi : « Lafayette connaissait Danton ; il savait que, trop docile aux exemples du maître, aux leçons de Mirabeau, il était en rapports avec la Cour. Il n'avait pas vendu sa parole qui, évidemment, ne cessa jamais d'être libre ; mais, ce qui est plus vraisemblable, c'est qu'il s'était engagé comme *bravo* de l'émeute, pour une protection personnelle contre les tentatives d'assassinat, une protection analogue à celle des brigands d'Italie. Qu'avait-il reçu ? On l'ignore ; la seule chose qui semble établie (sur un témoignage croyable, quoique celui d'un ennemi [Lafayette]), c'est qu'il venait de vendre sa charge d'avocat au Conseil et qu'il avait reçu du ministère bien plus qu'elle ne valait. Ce secret était entre Danton, Montmorin et Lafayette ; celui-ci avait sur lui cette prise ; il pouvait l'arrêter court entre deux périodes, lui lancer le trait mortel. Ce danger n'arrêta pas Danton. Il vit du

---

1. Édition définitive, t. IV, p. 489.

premier coup d'œil que Lafayette n'oserait ; que,
ne pouvant blesser Danton sans blesser aussi le
ministre Montmorin, il ne dirait rien du tout. »
Michelet croit donc à la vénalité du tribun. Il dit
ailleurs qu'avant 1789 celui-ci ne possédait guère
que des dettes[1]. Il repousse l'apologie de Villiaumé qui rejette le témoignage de Lafayette.

En vain Arsène Danton a-t-il vanté à Michelet
l'humanité, la générosité de Danton, en vain lui
a-t-il communiqué les pièces qu'il a réunies sur
l'affaire d'Adrien Duport, sauvé des fureurs de
Marat en septembre 1792 par une vigoureuse
intervention de Danton[2]; Michelet n'est pas convaincu. A l'apologie familiale, il oppose une
explication plus rationnelle : « Danton pouvait
bien avoir aussi quelque raison personnelle de
craindre qu'un homme qui savait tant de choses
[Duport] ne fût jugé, interrogé, qu'il ne fît sa
confession publique. Dans la primitive organisation des Jacobins et plus tard peut-être, même
dans quelqu'une de ses intrigues avec la Cour,
Duport avait très probablement employé Danton !
Intérêt ? Générosité ? Ces deux motifs plutôt
ensemble lui faisaient désirer passionnément de

---

1. T. IV, p. 490.
2. « Je dois la communication des nombreuses pièces qui
éclaircissent cette affaire à l'obligeance de M. Danton, l'un de
nos professeurs de philosophie les plus distingués, aujourd'hui
inspecteur de l'Université » (t. IV, p. 226 de l'édition Chamerot).

sauver Duport... Si Danton livrait Duport, il était perdu très probablement. Duport eût parlé sans doute avant de mourir, emporté avec lui Danton[1]. » Voilà un Danton bien différent de celui de Villiaumé, de Robinet ou de M. Aulard.

Michelet a bien vu que, sous ses airs de « taureau qui rugit le meurtre », Danton était« prudent dans l'audace même », « instinctif et calculé[2] ». Il voit que, dans la crise qui suivit Varennes, ce finaud vénal prônait la solution orléaniste. Il voit qu'il sut se ménager habilement sous la Législative, qu'il évita de se compromettre dans toutes les questions brûlantes. Il note son attitude équivoque dans le procès du roi. Il le montre « hésitant misérablement » au 2 juin 1793. Il avoue que Danton « n'inspirait aucune confiance[3] ». Il dit de lui qu' « il n'était pas assez pur pour haïr le mal[4] ». Bref, sa sympathie ne lui a pas voilé les ombres du personnage.

Les réserves graves de Michelet gênaient les positivistes religieux pour qui le Précurseur ne pouvait être qu'un agneau sans tache. Le docteur Robinet se mit en rapports avec le grand histo-

---

1. T. IV, p. 215-218 (édition Chamerot). L'hypothèse de Michelet est vérifiée par la publication des mémoires de Théodore Lameth.
2. T. III, p. 55.
3. T. VI, p. 124.
4. T. VI, p. 238.

rien et s'efforça de tenter sa conversion. Il lui envoya sa notice sur Auguste Comte. Michelet le remercia par ce court billet :

10 novembre 1860.

Monsieur le docteur Robinet, rue Cherche-Midi, 57.

Monsieur,

Je vous remercie infiniment. Malgré nos différences d'opinion[1], j'avais une sorte de culte pour ce grand esprit encyclopédique et ce vrai stoïcien. Je vous lirai avec un intérêt très sérieux.

Recevez mes salutations de gratitude sympathique,

J. Michelet.

Le docteur Robinet envoya de même son *Mémoire sur la vie privée de Danton* qui parut en 1865. Michelet remercia de nouveau par un billet plus court encore :

24 juin 65.

M. Michelet remercie M. le docteur Robinet de son important travail sur Danton. Il lui adresse ses salutations sympathiques.

Michelet réimprima sa *Révolution* en 1868. Le docteur Robinet crut l'occasion bonne pour essayer d'obtenir quelques adoucissements à ses jugements sur Danton. Il lui écrivit. Nous n'avons pas ses lettres, mais nous possédons les réponses de Michelet :

---

1. Michelet marquait par là qu'il se rattachait à Littré.

Monsieur,

Je lis votre important ouvrage, si curieux, capital en tant de points. Je vous remercie infiniment. Je vais réimprimer et je m'appuyerai de vous. Recevez mes salutations les plus sympathiques.

J. Michelet [1].

Le billet est suivi de ce post-scriptum :

Mon ami et élève M. Danton, l'inspecteur général, y prendra un vif intérêt, j'en suis sûr, et en sera reconnaissant. Je vais vous rendre les journaux.

Le docteur Robinet était tenace comme le sont les apôtres. Il revint à la charge et Michelet lui répondit encore :

im. 12 j. 68 [2].

Je vous remercie infiniment, Monsieur. Je reconnaîtrai certainement dans ma Révolution tout ce que je vous dois pour ce point essentiel.

Croyez à ma gratitude et recevez mes salutations les plus sympathiques.

J. Michelet.

Le jour de l'an 1869 fut l'occasion d'un nouvel échange de correspondances. Robinet offrit ses vœux. Michelet le remercia :

1. Cette lettre n'est pas datée. Elle porte le timbre de la poste Paris, 15 décembre (sans doute 15 décembre 67).

2. Dimanche 12 juillet 68.

2 janvier 69.

Mille vœux, cher Monsieur, mille vœux pour le pauvre genre humain ! Unissons-nous dans notre pensée commune, la vraie, vraie communion.

Je fais quelques études sur les premiers socialistes qui sans doute vous auront préoccupés (*sic*), mais spécialement ceux de Lyon — et Paris.

= *avant 1800.*

C'est Ange [1], Chalier, Fourrier, etc.

C'est Babeuf, Saint-Simon, le pauvre Chaumette...

Avez-vous des notions ou des amis au courant de ces choses ?

Tout à vous.

J. MICHELET.

Robinet était l'homme du monde le moins en état de documenter l'historien sur Chaumette et Babeuf. Il ne connaissait qu'Auguste Comte et le Précurseur. Il crut être agréable à Michelet en lui envoyant un document sur la grande querelle entre Auguste Comte et Littré. Michelet lui accusa réception en daubant quelque peu sur la femme d'Auguste Comte qui était soupçonnée d'inspirer la polémique de Littré :

22 j. 69 [2].

Mille remerciements, Monsieur, de cette curieuse

1. L'Ange, communiste lyonnais, auquel M. Jaurès a consacré une étude dans l'*Histoire socialiste. Convention,* p. 328-347.

2. 22 janvier 1869.

communication. Je ne connais point le testament [d'A. Comte] et ne puis le juger. Je ne suis pas disciple — tant s'en faut — de ce puissant et singulier esprit. Mais il me semble énorme et téméraire de dire :

1° il a eu à 25 ans une fièvre chaude,

2° à 60 il est amoureux,

= *donc* il est fou.

Cela me semble fou, audacieux, injurieux.

Qu'une dame soutienne que l'amour est le signe certain de la folie, cela étonne, cela semble exorbitant.

Je vous serre la main.

J. MICHELET.

Je crains que mes très chers et très honorables amis, Littré et autres, ne soyent en tout cela les dupes d'une personne très passionnée.

La surprise de l'historien dut être assez vive quand il reçut de son correspondant, peu de jours après, l'excommunication en forme que voici :

Paris le 28 Moyse 81 (28 janvier 1869).

MONSIEUR,

Je manquerais à mon devoir si je ne vous disais l'étonnement profond, la désillusion pénible que m'a causés votre refus d'accorder à la mémoire de Danton la réparation que vous lui deviez.

J'ai prouvé, par des documents décisifs, indiscutables, que les dires de ses ennemis sur sa pénurie, ses dettes, son ignorance, sa paresse, sa générosité, sa vénalité et ses dilapidations n'étaient que des mensonges, et néanmoins vous maintenez ces dires, vous les soutenez à nouveau de tout le poids de votre notoriété, vous ne prévenez même point vos lecteurs qu'il existe un ensemble de pièces authentiques qui infirment toutes ces calomnies.

Je l'avoue. Je reste navré et confondu.

Mais, je protesterai, croyez-le, et, si faible et si obscur que je sois, je parviendrai à rétablir la vérité, ne fût-ce que chez des générations à venir, plus honnêtes, plus fermes et plus intelligentes que la nôtre.

Veuillez agréez mes salutations.

ROBINET,
auteur d'un mémoire sur la vie privée de Danton [1].

Rue Saint-Placide, 35.

Entre le 22 et le 28 janvier 1869, le pieux disciple d'Auguste Comte avait lu la seconde édition de l'œuvre de Michelet et il avait constaté que l'historien n'avait pas modifié un seul de ses jugements sur le grand Danton ! Il avait cru s'acquitter suffisamment à l'égard de l'auteur du *Mémoire sur la vie privée de Danton* en citant son nom en passant dans son introduction [2]. Les croyants ne se satisfont pas à si bon marché. Il leur faut tout ou rien.

Michelet aurait pu dédaigner l'épître du docteur Robinet et s'abstenir de lui répondre. Il lui écrivit une réponse polie et prévenante où il s'excusait presque, faisait des promesses, se confondait en compliments :

[1]. Cette lettre est la seule du docteur Robinet qui figure dans le dossier. Il avait pris soin d'en garder la minute.

[2]. « Nos Robespierristes mettaient la Montagne même en jugement. Ils poursuivaient Danton. Villiaumé, Esquiros (dans son livre éloquent) le défendirent et les actes encore mieux. Publiés récemment par Bougeart, Robinet, ils le couvrent aujourd'hui, absolvent sa grande mémoire. » Édition définitive, t. I, p. 9.

29 j. 69 [29 janvier 1869].

Monsieur,

Dans la préface de mon premier volume, j'ai dit que vous aviez lavé la mémoire de Danton. Je le redirai mieux encore dans la prochaine (3ᵉ) édition qui paraîtra bientôt et j'expliquerai surtout qu'il s'agit de la prétendue vénalité.

Ceci n'a nul rapport avec ce que j'ai dit dans la préface de la dernière (t. V) sur la faiblesse déplorable avec laquelle il appuya Robespierre contre la Montagne, contre la Commune, fin novembre 93, pour *rétablir l'ancien culte* dans sa liberté, pour établir le décret du 18 qui proscrit l'unité et qui fit *l'anarchie au profit des robespierristes* [1] ; ils deviennent maîtres de la France, n'ayant ni la responsabilité d'argent que demandait Cambon, ni la responsabilité que demandait Chaumette pour les arrestations, etc. En 94 encore, il se montra très faible. Voilà, Monsieur, ce que j'ai dit.

Je vous suis très uni et vous êtes la personne du monde avec laquelle je suis le plus chagrin d'être en dissentiment. Je m'expliquerai mieux et vous prouverai l'estime affectueuse que je vous ai vouée.

J. Michelet.

Michelet en fut pour son amabilité. Le docteur Robinet n'était pas de ces hommes qu'on amadoue par des phrases. Sa piété ombrageuse s'était hérissée. Il ne daigna plus correspondre avec l'historien qui avait trompé ses espérances en refusant de voir la vérité qu'il lui révélait.

Chose curieuse, c'est le docteur Robinet qui

---

1. Il s'agit du décret du 18 frimaire qui fut un frein à la déchristianisation violente.

eut gain de cause en définitive, comme il l'avait prédit. Danton eut sa statue en plein Paris. Les lecteurs sont simplistes. Ils retinrent de l'œuvre de Michelet les attaques contre Robespierre. Les réserves graves par lesquelles il tempérait son éloge de Danton leur échappèrent. Bon gré mal gré, Michelet contribua à l'édification de la statue et de la légende.

Cette légende, les documents, que nous venons de publier, nous font voir comment elle s'est formée peu à peu sous la double influence de la famille et de la chapelle positiviste. Partout, dans l'œuvre de Villiaumé, de Bougeart, de Robinet, de Michelet lui-même, s'est révélée à nous l'action de l'universitaire Danton. Le plaidoyer des fils de Danton est le fonds commun où ils puisent leurs arguments. Ils se le passent de mains en mains. Mais il faut ajouter que les circonstances politiques favorables, le lamentable échec de la République de 48, l'oppression cléricale du second Empire, ont singulièrement facilité la tâche des apologistes, tant il est vrai que ce que les générations recherchent et admirent dans le passé, c'est elles-mêmes.

CHAPITRE V

UN FOURNISSEUR SOUS LA TERREUR: L'ABBÉ D'ESPAGNAC[1]

De tout temps la finance et la politique ont fait bon ménage. Les hommes d'affaires savent quel secours indispensable peuvent leur procurer les hommes au pouvoir. Plus l'époque est troublée, plus les circonstances sont favorables pour leurs opérations. Le scandale Rochette, le scandale Duez sont d'hier. Petits scandales auprès de ceux que vit éclore l'ancien régime finissant et la grande Révolution ! Mais les historiens semblent avoir négligé ce côté, non le moins intéressant et le moins suggestif, des crises qu'ils étudient. Les programmes, les principes les retiennent plus que les intérêts, et ils ont une tendance fâcheuse à rétrécir leurs explications des événements à la mesure de simples combats d'idées. Les pages qui suivent montreront peut-

[1] Cette étude a d'abord paru dans *La Grande Revue* du 10 avril 1914.

être que l'histoire politique, l'histoire des choses qui se voient, a tout à gagner à s'éclairer par l'histoire financière; par l'histoire des choses qui ne se voient pas, mais qui se soupçonnent.

La carrière de l'abbé d'Espagnac mériterait d'être plus connue. C'est celle d'un financier de haute envergure, le plus extraordinaire peut-être de la fin du xviii° siècle, tout à fait digne d'être comparé ~~ son audace et son savoir-faire à ces capitaines d'industrie qui surgissent aujourd'hui dans notre monde capitalisé. Il ne lui a manqué que de réussir jusqu'au bout, ce qu'il aurait fait infailliblement à une époque plus tranquille.

Marc-René Sahuguet d'Espagnac était né à Brives-la-Gaillarde, comme cet autre aventurier d'Église, le célèbre abbé Dubois, qui fut le précepteur puis le ministre du Régent. Mais alors que Dubois sortait de la roture — son père était apothicaire — d'Espagnac, lui, appartenait à la noblesse d'épée. Quand il fut baptisé, le 26 septembre 1752, toutes les illustrations de la province signèrent l'acte de baptême : le marquis d'Escars, Lasteyrie du Saillant, Davès du Bois, Armand des Brulys, de Fayolle, Saint-Lambert, etc. Son père, le baron d'Espagnac, était brigadier des armées du roi. Il avait figuré avec honneur à Fontenoy. Son cousin germain choisira la carrière militaire et deviendra général. Il commandera, sous la Révolution, une division de l'armée des Alpes. Marc-René entra dans les ordres, sans vocation, ce qui ne l'empêcha pas d'y faire un chemin rapide. Il devint en peu de temps chanoine de Paris et vicaire général de Sens. Son *Eloge de Catinat* obtint le second accessit au concours de l'Académie de 1775 où La Harpe fut couronné. En 1777, on l'avait chargé de faire l'éloge de Saint Louis. Il fut très éloquent. Les plus hautes charges de l'Eglise lui semblaient réservées. Il avait vingt-cinq ans. Deux ans plus tard, l'Académie française ayant mis au concours l'éloge de Suger, d'Espagnac concourut, mais ses *Réflexions sur l'abbé Suger et son siècle,* loin d'être un éloge, renfermaient une critique ironique du célèbre abbé de Saint-Denis et [une satire à peine déguisée de la vie monastique. « Dans un couvent de treize religieux, lisait-on à la page 13, où la bibliothèque n'était composée que de trois volumes, Suger a soin qu'il y ait quatre pressoirs et assez de vigne pour qu'on y recueille trois cents muids de vin. » L'ouvrage d'ailleurs anonyme[1], fut interdit et son auteur menacé de la Bastille. Il n'en fut pas plus sage. On lui avait vite pardonné ce péché de jeunesse. Il fut chargé de prêcher à Versailles, devant la Cour, le mercredi saint 1780. Il rédigea un sermon si hardi qu'au dernier moment on lui fit défense de le prononcer. Il n'alla pas à Versailles.

---

1. Une seconde édition, parue « à Londres » en 1780, porte le nom de d'Espagnac.

Dès lors il ne s'entêta plus à composer des sermons qui ne lui attiraient que des désagréments. Il s'ennuya bientôt « de la décence, de la circonspection, du travail qu'exigeait son état ». Il devint « libertin, bouffon, intrigant et agioteur ». On le vit « chez les filles, chez les ministres, chez les femmes de la Cour »[1]. Du temple du vrai Dieu, d'Espagnac, abbé moderne[2], était passé allègrement au temple du veau d'or.

Le brillant Calonne venait d'être appelé au Contrôle général et la valse des millions commençait. D'Espagnac, en peu de temps, devint le collaborateur et le familier du ministre. Il rencontra auprès de lui cet autre homme d'Église qui devait acquérir plus tard, sous le nom de Talleyrand, une célébrité si suspecte et qui s'appelait alors l'abbé de Périgord. L'abbé de Périgord, que le clergé de France avait choisi pour son agent financier, s'entraînait aux opérations de bourse en gérant la fortune mobilière des églises françaises. Il aidait Calonne à rédiger les statuts de la Caisse d'escompte réorganisée. D'Espagnac était à bonne école.

---

1. *Correspondance secrète*, éditée par Lescure, t. II, p. 49; 28 juin 1780.

2. Tout moderne qu'il fut, d'Espagnac entendait jouir de toutes ses prérogatives d'homme d'Église. On trouve dans ses papiers aux archives nationales (T. 363[4-5]) la procédure d'un procès qu'il soutint contre un certain Bermonville à propos des honneurs à l'Église qu'on devait lui rendre dans une paroisse voisine de Rouen.

Ses progrès furent dignes de ses modèles. Le marché des valeurs était encore réduit à un très petit nombre de titres. En outre des rentes sur l'État, il y avait les actions de la Caisse d'escompte, les actions de la Compagnie des eaux, celles d'une Compagnie d'assurances sur la vie, et enfin les actions de la Compagnie des Indes. D'Espagnac jeta son dévolu sur ces dernières et médita une colossale opération qui réussit.

La Compagnie des Indes, réorganisée par Law, avait joui, pendant tout le xviiie siècle, du privilège exclusif du commerce de l'Inde en France. Nos défaites pendant la guerre de Sept ans, la perte de nos colonies n'avaient pas entraîné sa disparition, mais elle végétait. En 1769, six ans après le traité de Paris, un arrêt du Conseil suspendit son privilège mais l'indemnisa de cette suspension. Le gouvernement lui racheta ses magasins, ses ateliers, ses effets, ses créances, ses établissements de toute nature. Son actif fut évalué à 264 551 665 livres, son passif à 248 434 387 livres [1]. Mais il fallut liquider cet actif et ce passif. Ce ne fut pas chose facile, car les propriétés de la Compagnie et ses intérêts étaient dispersés sur le globe entier. On établit trois bureaux de liquidation, l'un à Paris au siège de la Compagnie, l'autre à Lorient qui était son port en France,

1. D'après le rapport de Lebrun du 14 août 1790 et le rapport de Delaunay du 8 octobre 1793.

le troisième à Pondichéry qui était son port en Asie. Le travail dura si longtemps qu'il continuait encore en pleine Terreur. En attendant, les actionnaires touchaient 200 000 livres de rentes viagères et les liquidateurs recevaient, outre de bon traitements, des rentes viagères respectables.

Cependant Calonne, qui rêvait de ranimer notre commerce, eut l'idée de fonder une nouvelle Compagnie des Indes au moment même où s'opérait la liquidation de l'ancienne. Tous les établissements que le roi venait de racheter à celle-ci furent rendus gratis à celle-là et on lui restitua aussi le privilège, c'est-à-dire le monopole exclusif du commerce asiatique. La nouvelle Compagnie n'était qu'une seconde édition de l'ancienne. Son capital comprenait 20 000 actions émises en 1785 au prix de 1 000 francs. Les actions s'élevèrent, au mois de mai 1786, à 1 200 francs.

C'est alors que d'Espagnac, certainement poussé par Calonne, entre en scène. Il achète toutes les actions qu'il trouve à vendre et, en trois semaines, il porte les cours de 1 200 francs à 1 800. Il a lui-même avoué, dans un mémoire qu'il produira en justice, en 1793, que cette spéculation lui assura, au moment de la revente, « un gain très net de près de deux millions, indépendamment de celui de ses amis ».

Encouragée par cette hausse, la Compagnie

avait doublé son capital qui fut porté à 40 000 actions. Sur ce nombre, 37 000 avaient été lancées dans la circulation, le reste était en dépôt dans les caisses de la Compagnie.

D'Espagnac recommença sur une plus large échelle le coup de bourse qui lui avait réussi une première fois. Avec plusieurs prête-noms il forma une société pour accaparer toutes les actions de la Compagnie. Dans le courant d'octobre et de novembre 1786, il en acheta 25 000. Mais une autre société d'agioteurs, dont les sieurs Pyron et Seneff étaient les chefs, spéculait elle aussi à la hausse et achetait en concurrence avec la société d'Espagnac. D'Espagnac a prétendu — et son affirmation, contrôlée par les juges, s'est trouvée exacte — que Pyron et Seneff avaient reçu du Trésor public une avance de 6 900 000 francs pour faire monter les cours. Pyron et Seneff avaient intérêt à s'entendre avec d'Espagnac. Ils lui offrirent de s'associer à leur affaire ou de lui acheter ses actions. D'Espagnac leur en vendit 18 000, le 21 décembre 1786, à 1 450 francs. Seneff et Pyron, qui en possédaient déjà 24 000, se trouvaient ainsi avoir acheté en tout 42 000 actions, soit 2 000 de plus qu'il n'en existait réellement. Le prix des actions monta à 1 700 francs. D'Espagnac vendit alors une partie des actions qui lui restaient encore sur les 25 000 qu'il avait achetées à l'origine.

Ayant ainsi réalisé de beaux bénéfices par ces

achats et ces ventes à terme, il forma une société
nouvelle avec un sieur Baroud[1] pour recommen-
cer d'accaparer toutes les actions de la Compagnie, que Pyron et Seneff avaient commencé à
revendre à son exemple. Il acheta d'abord 6 000
actions à livrer d'un sieur Duplain de Saint-Albin,
Le sieur Baroud, son co-associé, en possédait
déjà 4 950. Le 21 janvier 1787, Pyron et Seneff
lui revendirent, à raison de 1 500 francs, 15 000
actions qu'ils lui avaient achetées à lui-même,
précédemment, à raison de 1 450 francs. Duplain
de Saint-Albin entra à son tour dans la société
d'Espagnac. D'Espagnac achetait, douze jours
plus tard, à Seneff et Pyron, au même prix de
1 500 fr., les 17 500 actions qui leur restaient,
Duplain, effrayé, se retirait de l'association en
emportant 4 950 actions. D'Espagnac et Baroud ne
s'en trouvaient pas moins détenteurs, par leurs
marchés à livrer, de 38 000 actions environ. Dix
jours plus tard, l'agent de change Coindre, qui
faisait la contre-partie, demandait à d'Espagnac
de lui livrer 16 000 actions des Indes au prix de
1 650 francs. D'Espagnac aurait pu, en acceptant,
gagner 150 fr. par action, en tout 2 400 000 francs.
Il refusa, estimant ce gain insuffisant.

Deux négociants acheteurs de 14 500 actions
vinrent lui dire que les actions qu'ils venaient

1. Autrefois notaire à Lyon. On lui fit l'affront de rejeter sa
candidature au Salon des Arts où il avait demandé à être admis.
Correspondance secrète, 11 octobre 1786.

d'acheter et qu'on devait leur livrer portaient les mêmes numéros que celles que d'Espagnac avaient achetées de son côté. D'Espagnac achète aux deux négociants leurs 14 500 actions afin d'être complètement maître du marché du titre.

Il a résumé lui-même, dans le mémoire qu'il présenta en justice, en 1793, les différentes phases de son coup de bourse : « Depuis le mois d'octobre 1786 jusqu'au 16 mars 1787, j'ai fait trois opérations différentes sur les actions de la nouvelle Compagnie des Indes :

La première où j'ai acheté et revendu les deux tiers de ce qu'il y avait de ces sortes d'actions sur la place ;

La deuxième où j'en ai acheté la totalité ;

Et la troisième où j'ai acquis 14 503 de plus qu'il n'y en avait. »

Cette fois, d'Espagnac avait trop bien réussi. Son succès faisait trop de victimes. Les baissiers écorchés cherchèrent une bonne plume pour les défendre et les venger. Mirabeau, alors dans une misère noire, s'offrit et fut accepté. Sa *Dénonciation contre l'agiotage* fut un vertueux réquisitoire contre d'Espagnac et contre Calonne. Il demanda avec quel argent l'abbé avait pu accaparer toutes les actions des Indes. Il évoqua le souvenir de Law. Il s'en prit aux banques que Calonne protégeait, à la Caisse d'escompte, à la Compagnie des Indes, dont il combattit le privilège, à la Compagnie des assurances sur la vie, plus tard à la Compagnie des eaux, sa filiale. Il somma les Notables alors réunis d'intervenir dans l'intérêt du public.

D'Espagnac fit à Mirabeau une terrible réponse[1], dont il emprunta les éléments à un ancien secrétaire de Mirabeau, Hardy, qui lui livra une correspondance des plus compromettantes. Mirabeau n'était qu'un scélérat, renié par son père, vagabond, dénaturé, filou, époux féroce, corrupteur, adultère, fripon, etc. Il avait abandonné Sophie de Monnier dès que l'argent, qu'elle avait volé à son vieux mari pour le suivre, fut épuisé. Mirabeau était un monstre d'ingratitude. Il ne se souvenait plus que le baron d'Espagnac, père de l'abbé, qu'il traînait dans la boue, avait « coopéré à le sauver de la mort et de l'extrême honte, à force de pas, de sollicitations et de protection particulière ». Mirabeau avait escroqué à son ancien secrétaire Hardy six louis qu'il lui avait empruntés et qu'il avait refusé de rendre. Il avait fait arrêter Hardy à Londres, lui avait intenté un procès scandaleux qui s'était retourné contre lui. Sa dénonciation contre l'agiotage n'était que « la démarche de quelques agioteurs à la baisse », de quels agioteurs encore ! d'un Cla-

----

1. *Considérations sur la dénonciation de l'agiotage. Lettre au comte de Mirabeau*, le 17 mars 1787. Voir aussi le *Précis pour les actionnaires de la nouvelle compagnie des Indes*. Les doux brochures sont anonymes, toutes deux écrites ou inspirées par d'Espagnac.

vière, un ex-Génevois plein d'esprit à la vérité, bien fin, bien rusé, porteur d'une tête mieux organisée que celle du politique Mirabeau, mais d'un cœur également pervers. « Clavière est le chat qui voudrait tirer les marrons du feu avec la patte de Mirabeau ». Et le pamphlet se terminait par toute une correspondance qui eût écrasé tout autre que Mirabeau, lettres de son père, lettres de sa femme, lettres de Mirabeau lui-même.

Pour faire cesser la polémique, Calonne employa un moyen radical. Il fit enfermer Mirabeau au château de Ham, le 18 mars 1787.

Qu'il y eût une entente entre Calonne et d'Espagnac, ce n'est pas seulement la *Correspondance secrète* qui l'affirme au moment même et qui s'en scandalise : l'économiste Léon Say a montré, avec sa grande autorité en la matière, que Calonne s'efforçait de faire monter le cours des rentes et des principales valeurs en prévision de l'Assemblée des Notables qu'il avait dû convoquer. Mirabeau avait demandé où d'Espagnac avait pris les fonds nécessaires à sa spéculation. Il les avait puisés dans le Trésor avec le consentement du ministre[1].

Calonne n'était pas seulement en rapports d'affaires avec l'abbé d'Espagnac, mais encore avec son frère cadet, Jean-Frédéric. Ce Jean-Frédéric

___

1, Article paru dans les *Annales des Sciences politiques* de 1886.

avait réussi à échanger le comté de Sancerre qu'il avait acquis de la maison de Béthune contre d'autres terres et forêts appartenant au roi. Pour le dédommager, le roi lui avait remis, à différentes époques, en immeubles et en argent liquide, la valeur d'un capital de 5 738 281 livres, alors que le revenu du comté de Sancerre, qu'il avait vendu au roi, ne se montait qu'à 72 000 livres par an environ[1]. Calonne avait été personnellement intéressé aux échanges du comte Jean-Frédéric. La preuve en sera apportée à la Constituante qui cassera, le 27 juillet 1791, les contrats qu'il avait passés, ordonnera la restitution des sommes touchées en trop se montant à un million et rendra Calonne solidairement responsable des restitutions[2].

Calonne avait enfermé Mirabeau pour le faire taire. Il ne put fermer la bouche aux Notables qui s'étaient réunis le 22 février 1787. Emus par les réclamations des banquiers, ils consacrèrent de leur autorité les dénonciations de Mirabeau et sommèrent le ministre de se disculper et d'agir. Calonne s'exécuta. Il demanda à d'Espagnac un mémoire justificatif de sa conduite. Le Conseil

---

1. D'après le rapport de Fricot à la Constituante, le 26 juillet 1791.

2. Voir dans Douarche, *Les Tribunaux civils de Paris pendant la Révolution*, un jugement rendu, le 1er août 1793, par le tribunal du premier arrondissement sur l'interprétation du décret de la Constituante.

du roi qui l'examina fut d'avis que les spéculations de l'abbé étaient incorrectes, car elles
avaient porté sur des valeurs en partie inexis-
tantes. En conséquence, une lettre de cachet
exila d'Espagnac à Montargis[1] et la mission fut
confiée à deux banquiers, Haller et Le Coulteux
de la Noraye, de liquider les suites du coup de
bourse. D'Espagnac accepta la nomination des
deux commissaires liquidateurs dans l'espoir de
faire révoquer la lettre de cachet qui le frap-
pait.

Il ne resta guère à Montargis que six semaines.
Le 18 mai il put revenir à Saint-Denis et, le
15 juillet de la même année, rentrer à Paris.
Très vite, il reprit son aplomb. Moins d'un an
plus tard il poursuivait en diffamation le maire
de Pont-à-Mousson qui l'avait attaqué dans un
mémoire[2].

1. De par le Roy, il est ordonné au sieur abbé d'Espagnac
de se retirer à Montargis aussitôt que le présent ordre lui aura
été notifié, S. M. lui faisant défense d'habiter tout autre lieu,
sous quelque prétexte que ce puisse être, à peine de désobeis-
sance. Fait à Versailles, le 1er avril 1787. Signé Louis, contre-
signé baron de Breteuil, *Arch. nat.* T. 716-717. L'original qui
est aux archives porte cette annotation de la main de d'Espagnac :
« *Hodie mihi, cras tibi,* inscription mise sur la porte d'un cime-
tière, le 3 avril 1787, l'abbé d'Espagnac. »

2. La liquidation de son coup de bourse dura presque autant
que celle de l'ancienne Compagnie des Indes. En 1793 encore,
on voit d'Espagnac engager un procès contre l'État en répétition
d'une somme de 4 045 500 francs qu'il prétendait lui être due
d'après les comptes de Haller et La Noraye. Il gagne d'abord
son procès grâce aux appuis politiques qu'il s'est ménagés. Le

*_**

Tel il était avant 1789, tel d'Espagnac va nous apparaître après cette date qui n'eut pour lui rien de magique.

La Révolution offrait aux spéculateurs un champ d'opérations admirable, des occasions inespérées. La vente des cinq milliards de biens du clergé, la création des assignats accompagnée de l'émission de billets de confiance de toute valeur et de toute couleur, les fournitures des gardes nationales, puis, après la déclaration de guerre, les fournitures et les approvisionnements des armées, la vente enfin des trois milliards de biens d'émigrés, tout cela donnait lieu à un énorme courant d'affaires. Tous les chercheurs de fortune se pressaient pour prendre part au riche festin qui s'offrait. L'abbé d'Espagnac ne fut pas le dernier à s'y précipiter. Il comprit à merveille que la première condition du succès était de s'emparer des pouvoirs nouveaux qui s'annonçaient. Comme il avait flatté Calonne, il se mit à flatter l'opinion. Cela lui coûtait peu.

---

21 février 1793, le tribunal du premier arrondissement ordonne à l'État de lui restituer cette grosse somme. Mais Cambon veillait. Le Trésor interjette appel et le tribunal du premier arrondissement, après des débats qui durèrent sept audiences, réforme la sentence en déboutant d'Espagnac, le 6 brumaire an II (26 octobre 1793). Dans l'intervalle du premier au second jugement, le vent avait tourné dans les sphères officielles.

N'ayant aucunes convictions, il n'avait rien à renier.

Il essaya d'abord de se faire élire aux États Généraux. Il se présenta à Montfort-l'Amaury, se fit charger de la rédaction du cahier du bailliage, « un des plus hardis qui aient paru », dira-t-il lui-même, mais finalement il échoua au scrutin contre Sieys[1].

Il ne tint pas rigueur de cet échec à Sieys et à la Révolution.

Le jour de la fameuse séance royale du 23 juin 1789, il avait à dîner quatorze patriotes quand on lui apporta la nouvelle que le roi venait d'annuler les délibérations du Tiers-État : « J'enfonçai sur-le-champ, dit-il, mon couteau dans la table et leur fis faire serment de l'enfoncer dans le cœur du premier de nous qui reconnaîtrait la déclaration que la Cour donnait comme un ultimatum[2]. » Il prit les armes le 12 juillet 1789, en même temps que Camille Desmoulins. L'un des premiers, il se fit recevoir au club des Jacobins, quand l'Assemblée fut transférée de Versailles à Paris. Il donna l'exemple, lui prêtre, d'endosser la redingote bleue des gardes nationaux et de monter la garde un fusil sous le bras. Un tel zèle méritait récompense. Les Jacobins choisirent d'Espagnac au nombre de leurs secrétaires le

---

1. *Correspondance secrète*, II, 340, 27 mars 1789. *Lettre de* d'Espagnac en date du 4 avril 1793.
2. *Lettre citée.*

3 juin 1790. S'étant ainsi pourvu d'une bonne couverture patriotique, il pouvait aller de l'avant.

Nul n'applaudit d'un meilleur cœur au décret qui mit les biens du clergé à la disposition de la nation. Dès le mois de décembre 1789 il soumettait au Comité des finances de la Constituante un projet de banque nationale dont le but était de tirer parti de cette immense fortune immobilière[1]. Il perdait à la réforme 25 000 livres de rentes et de dîmes, mais il espérait bien se rattraper au décuple. Au moment où la vente des biens du clergé allait commencer, il se multipliait pour se rendre utile et dressait des tableaux d'estimation de ces biens[2].

Du premier coup et sans effort l'abbé d'Espagnac était monté sur les cimes du patriotisme. Quand Mirabeau mourut, il montra une grandeur d'âme admirable. Il offrit 1 200 livres aux Jacobins pour le buste en marbre de son ancien ennemi. Les *Sabbats jacobites* donnèrent du geste cette plaisante explication :

> Jugez mieux du motif qui l'anime,
> En donnant son sac
> Le D'Espagnac
> N'est pas sublime.
> Du mortel dont il fut victime
> Est-ce trop offrir
> Pour payer son dernier soupir ?

1. *Moniteur*, réimp., t. II, p. 374.
2. Discours de Batbedat aux Jacobins, le 3 juin 1790.

D'Espagnac fréquentait dès lors les révolutionnaires les plus ardents. Il était le compagnon de plaisirs d'Hérault de Séchelles. Il héritait de ses maîtresses. L'une d'elles, la Morency, qui raconte sur son compte une aventure assez scabreuse, a laissé du galant abbé ce portrait séduisant : « C'est un homme fort aimable, ô Lise ! Tu lui trouverais bien des charmes ! De la taille de Séchelles, des grands yeux voilés et superbes, l'air sentimental, quoiqu'il soit le plus grand roué de la terre, il plait sans qu'on y pense et joint aux charmes extérieurs beaucoup d'esprit. J'aurais raffolé de lui si jamais Séchelles n'avait fixé mon cœur »[1]. Il traitait Danton en ami. Il rencontrait Camille Desmoulins dans la maison de jeu de la belle de Sainte-Amaranthe, au 50 du Palais-Royal. Camille Desmoulins prenait en mains les intérêts de son frère dans l'affaire de l'échange du comté de Sancerre et consacrait à les défendre tout un supplément des *Révolutions de France et de Brabant*[2].

L'agioteur menait grand train. Les parlementaires affamés trouvaient plaisir et profit à le fréquenter.

La guerre déclarée, l'abbé patriote se fit fournisseur aux armées. Quand Danton, son ami, fut entré au ministère après le 10 août, il passa des marchés fructueux.

1. *Illyrine*, an VIII, t. III, p. 284.
2. Voir l'article Camille Desmoulins et d'Espagnac dans les *Annales révolutionnaires* d'oct-déc. 1916.

Ce fut d'abord une fourniture de fusils, puis l'entreprise des chevaux et voitures nécessaires aux charrois des armées. Par le traité passé le 31 août 1792 avec Servan, il s'engageait à fournir pour l'armée du Nord 2 000 voitures à deux roues attelées de deux chevaux chacune. L'argent pour acheter chevaux, harnais et voitures était avancé par la République à raison de 530 livres en espèces par cheval, 75 livres par harnais, 620 livres par voiture. La somme ainsi avancée se montait, pour ce seul marché, à 3 660 000 livres. Les rations des voituriers, le fourrage des chevaux était fourni par l'État. D'Espagnac touchait 7 livres 10 sols en argent pour chaque voiture, 600 livres pour ses conducteurs, etc. Il déposait un cautionnement de 640 000 livres chez le notaire Chaudot. Le cautionnement était formé par 400 actions de la Compagnie d'assurances sur la vie que lui avait délivrées Clavière le 10 septembre 1791 [1].

Dès la fin de septembre 1792, la Compagnie Masson-d'Espagnac (Masson était le valet de chambre de l'abbé) avait à fournir aux armées 19 650 chevaux. Au début de 1793, ses engagements montèrent à 33 000 chevaux, 10 000 chariots ou charrettes, 25 000 harnais.

Le député Dornier, qui sera chargé plus tard

---

1. *Arch. nat.* W 515 et W 327. Ce n'est pas d'aujourd'hui que les ministres des Finances président des Conseils d'administration. Le girondin Clavière était déjà dans ce cas.

d'un rapport sur les marchés d'Espagnac, les appréciera sévèrement et émettra l'avis que le ministre de la guerre Servan n'avait pu les signer que moyennant pot-de-vin. « Voilà donc, dira-t-il, des effets immenses appartenant à la nation, puisqu'ils sont payés de son argent, remis entre les mains de la Compagnie Masson, non pour les régir et gouverner, mais pour les louer à la nation à un prix plus fort encore que si les effets eux-mêmes eussent été la propriété de cette compagnie. A-t-on jamais fait un marché aussi absurde ? » Avec une précision irréfutable, Dornier montre que les prix payés à d'Espagnac étaient doubles ou triples des prix acceptés par les autres fournisseurs : « Il est prouvé que les prix des charrettes à deux roues attelées à deux chevaux est porté, par la Compagnie Masson, à 620 livres en *espèces* et n'était portée par la Compagnie Jaume qu'à 242 livres 10 sols en *assignats* et que les chevaux payés à d'Espagnac à raison de 500 à 530 livres en numéraire, n'étaient payés à la même compagnie qu'à raison de 390 livres en assignats, d'où il résulte que, soit que l'on considère les fournitures, soit que l'on considère le prix de l'entretien, il y a près de 50 millions de perte pour la République sur ces trois marchés seulement (les marchés du 31 août et du 27 septembre 1792 avec Servan et celui du 19 février 1793 avec Beurnonville). » Une armée que Jaume servait avec 2 000 chevaux en exigeait 4 470 avec d'Espagnac. Là où Jaume touchait par an 2 463 750 livres en assignats, d'Espagnac encaissait 12 357 275 livres en numéraire.

C'étaient des profits licites. D'Espagnac en avait d'autres. Il se dérobait aux revues et ses effectifs n'étaient jamais complets. Au 31 décembre 1792, il aurait dû avoir 13 305 chevaux aux armées, il n'en avait que 6 538. Dornier calculait qu'en supposant ses effectifs au complet, d'Espagnac ne pouvait pas dépenser, pour les entretenir, plus de 1 502 050 livres par mois en assignats, tandis qu'il recevait de la République, pour ce même objet, 5 443 504 livres en argent. Le député Rivière renchérira sur Dornier et prouvera que la Compagnie Jaume, qui fournissait l'armée du Midi, coûtait six fois moins que la Compagnie d'Espagnac[1].

D'Espagnac fournissait l'armée de Belgique qui venait de remporter la grande victoire de Jemappes. L'aventurier Dumouriez, qui la commandait, reconnut tout de suite dans l'entreprenant abbé un homme digne de sympathie, capable de le comprendre. Au lendemain même de Jemappes, il lui empruntait 300 000 livres métalliques pour les besoins de l'armée et il lui remettait en paiement des traites sur la Trésorerie nationale. D'Espagnac, ayant ainsi obligé le

---

1. Le rapport de Dornier a été publié dans les *Archives parlementaires*. Le rapport de Rivière est aux annexes des procès verbaux de la Convention, Le 38487 (*Bib. nat.*).

tout-puissant général, pouvait dormir sur les deux oreilles. Des revues inopportunes ne viendraient pas faire le compte de ses chevaux et voitures.

Mais il y avait à la Convention un homme qui veillait avec probité et désintéressement sur les finances de la République menacées de combien d'assauts ! Le grand argentier Cambon commença l'attaque à la fois contre Dumouriez et contre d'Espagnac son protégé.

On était au mois de novembre 1792. De toutes parts affluaient les plaintes et les dénonciations contre les fournisseurs. Prieur de la Marne, de retour d'une mission à l'armée de l'Argonne, dénonçait, le 1er novembre, les souliers de carton qui ne duraient pas 24 heures. Cambon faisait chorus : « La Révolution, disait-il, a atteint tout le monde, excepté les financiers et les partisans. Cette race dévorante est pire encore que sous l'ancien régime. Nous avons des commissaires ordonnateurs, des commissaires des guerres, dont les brigandages sont épouvantables. J'ai frémi d'horreur lorsque j'ai vu, pour l'armée du Midi, des marchés de lard à 34 sous la livre. » Le grand journal démocratique, *Les Révolutions de Paris*, appuyaient ces campagnes de salubrité. Dans son n° 176 (17-24 novembre 1792), il attaquait sans ménagement d'Espagnac et ses pareils et dénonçait leurs protecteurs qui étaient des députés : « N'a-t-on pas vu, disait le journal, Fabre d'Eglantine, quatre jours après son entrée à la Convention, faire le fonds de 30 000 livres pour une fourniture de souliers ? »

Le 20 novembre, l'honnête Pache, qui avait succédé au ministère de la Guerre à Servan, présenta à la Convention plusieurs paires de souliers, des chemises et des bas livrés aux magasins de Strasbourg par le juif Jacob Benjamin. Les souliers étaient de la plus mauvaise qualité, les chemises aussi grossières que la toile d'emballage, les bas n'étaient qu'à deux grains au lieu de trois. La Convention, indignée, nomma une commission d'enquête pour examiner tous les marchés.

Dumouriez avait réclamé le privilège de passer lui seul et directement tous les marchés pour l'approvisionnement en tous genres des armées placées sous ses ordres. Il prétendait ne plus dépendre de la Trésorerie nationale. Il voulait avoir sa caisse à lui qu'il administrerait à sa guise. En attendant il invitait Pache à faire payer à d'Espagnac les 300 000 livres, montant des traites qu'il lui avait signées. Il l'avertissait qu'il venait de passer de sa propre autorité un marché de fournitures avec le banquier bruxellois Simon[1], prête-nom de d'Espagnac.

Cambon se fâcha. Le 22 novembre il dénonça les irrégularités commises par Dumouriez, les bénéfices scandaleux de d'Espagnac qui volait sur les fournitures et jouait à la bourse : « Il faut

1. Sur ce personnage voir notre ouvrage *Autour de Danton*.

que le maniement des deniers publics ne soit confié
ni à cet abbé d'Espagnac, ni même au général ;
car plus un général a de succès et plus il est important qu'il n'ait point de maniement de finances et
qu'il soit assujetti à des règles strictes. »

Lecointe-Puyraveau déclara que les marchés
d'Espagnac portaient un caractère évident de
lésion et de fraude. Jeanbon Saint-André s'étonna
que la République employât « un être aussi profondément immoral que cet abbé d'Espagnac, un
homme dont la mauvaise réputation a couru dans
toute l'Europe, un homme contre lequel le ci-
devant parlement de Paris a été sur le point de
faire exécuter un décret de prise de corps, un
homme qui a participé aux dilapidations de son
protecteur Calonne ; enfin celui que trois dépu-
tations de la Convention avaient dénoncé au
ministre Servan pour des faits très graves ».
L'évêque constitutionnel Thibaut, député du Cantal, ajouta cette anecdote : « Il y a sept à huit
jours que j'ai rencontré, à Paris, l'abbé d'Espagnac se promenant dans un très brillant cabrio-
let. Il était vêtu en uniforme. Il se donna la peine
de me parler. Je lui demandai quel nouveau
métier il faisait ? — J'ai une commission pour le
roulage de l'armée du Nord, me dit-il, et il
ajouta que c'était une très grande spéculation à
laquelle il comptait bien faire sa fortune. » Après
un nouveau réquisitoire de Cambon qui insista
sur la nécessité de débarrasser Dumouriez « des

agioteurs intrigants qui le circonviennent », la
Convention décréta que Malus, commissaire
ordonnateur en chef, Petit-Jean, payeur général
de l'armée, et d'Espagnac seraient tous les trois
arrêtés et traduits à la barre pour répondre aux
accusations portées contre eux. Le même jour,
22 novembre, la Commission des Marchés, insti-
tuée l'avant-veille, se réunissait et décidait d'examiner immédiatement les marchés d'Espagnac.
Le député Quirot lui soumettait, le 30 novembre,
le texte des questions qui seraient posées au
fournisseur par le président de la Convention[1].

Tout autre que d'Espagnac ne se serait pas
senti très rassuré dans une pareille conjoncture.
Mais l'abbé était un audacieux. Il savait Dumouriez derrière lui. Il pouvait compter sur des concours aux Jacobins et jusque dans la Montagne de
la Convention. Il n'éprouva aucun trouble.

Dès le 25 novembre, Dumouriez dénonça
comme « un crime contre la loyauté française »
l'arrestation de ses agents ordonnée par la Convention et le refus de la Trésorerie d'acquitter les
traites de d'Espagnac : « Quand j'arrivai à
Bruxelles, la caisse de l'armée ne contenait pas
plus de 10000 livres. La Compagnie Masson et
d'Espagnac m'a fait des avances dont j'avais
grand besoin et l'on fait mettre en état d'arres-

tation ceux qui ont été si utiles ! On me peint comme entouré de fripons et d'intrigants ; on déshonore sans les entendre des hommes qui ont sauvé l'armée ! »

Cambon et ses amis ne relevèrent pas le défi qui leur était lancé. Ils craignirent sans doute, s'ils poussaient le conflit à fond, de priver la République d'un général indispensable.

Dumouriez envoyait Westermann à Paris à la tête d'une députation de patriotes brabançons qui allaient appuyer ses demandes auprès de la Convention. Westermann écrivait que si Dumouriez, après Jemappes, n'avait pas manqué de numéraire, l'armée autrichienne aurait été complètement défaite. Sa lettre, lue le 30 novembre, fit une impression telle que la Convention décida séance tenante d'envoyer en Belgique cinq commissaires : Camus, Delacroix, Gossuin, Dubois-Crancé et Danton, pour faire une enquête.

Westermann se présenta le lendemain avec d'Espagnac à la barre de l'Assemblée. Il commença par annoncer une victoire que Dumouriez venait de remporter devant Liège. Le côté droit applaudit. Kersaint proposa de féliciter Dumouriez. Sur la protestation du côté gauche, on décida seulement de féliciter l'armée. Mais comment, après une victoire, frapper les agents de Dumouriez ?

Interrogé par Barère qui présidait, d'Espagnac fit moins figure d'accusé que d'accusateur. Barère lui reprocha le prix des fusils qu'il avait livrés. Il répondit qu'après le 10 août, le Conseil exécutif lui avait demandé des fusils à n'importe quel prix et qu'il s'en était procuré difficilement en Angleterre. Il invoqua à cet égard le témoignage de Danton qui ne dit mot[1]. Il prit à son tour l'offensive, exposa les services qu'il avait rendus à la patrie dans le besoin. Il avait prêté du numéraire à Dumouriez. Il avait révolutionné la Belgique, fondé à Mons le comité révolutionnaire belge avec Walkiers, Balsa, de Rael et Digneffe, organisé le club de Bruxelles : « J'ai présidé les clubs des sociétés de la liberté dans un pays où le fanatisme des prêtres et le parti de Van der Noot les menaçaient, mais mes pistolets dans ma poche et mon nouveau bréviaire à mes côtés... » et, ce disant, il montrait son épée. Barère n'insista pas. La cause était gagnée. Tallien s'écriera, le surlendemain aux Jacobins, que « si l'on eût cédé au premier enthousiasme que d'Espagnac avait produit, on lui aurait accordé les honneurs de la séance ». Tout ce que Cambon put obtenir, c'est qu' d'Espagnac et Malus seraient maintenus en arrestation jusqu'à ce qu'une solution définitive intervînt sur leur marchés. En attendant la Convention ordonnait le paiement des traites tirées par Dumouriez.

---

1. Danton était présent. Il ne partit pour la Belgique qu'après la déposition de d'Espagnac.

Malgré qu'il fût théoriquement en état d'arrestation[1], d'Espagnac parut le lendemain, 2 décembre, aux Jacobins et y prononça non seulement sa justification, mais un réquisitoire violent contre Pache et le Conseil exécutif qui, à l'en croire, accaparaient les blés de Belgique. Il menaça de prendre la plume pour dévoiler l'intrigue des ministres. Des applaudissements très vifs accueillirent cette menace et les applaudissements recommencèrent quand d'Espagnac eut ajouté qu'il expliquerait tous les mystères : « et moi-même j'ai passé dix ans de ma vie à expliquer des mystères que je n'entendais pas ! » Il avait fort adroitement reproché à Roland de répandre en Belgique des brochures antimontagnardes et il avait pris soin de déclarer qu'il réservait de l'occupation dans son entreprise aux bons Jacobins.

La cause pourtant n'était pas encore complètement gagnée. Le lendemain Hassenfratz, qui faisait partie du directoire des achats que d'Espagnac avait accusé la veille, lui répondit aux Jacobins avec virulence : « Je me crois honoré d'être calomnié par d'Espagnac... » Hassenfratz révéla que Malus avait fait payer 2 millions des approvisionnements que lui, Hassenfratz, aurait achetés pour 1 200 000 livres. Bentabole et Tallien

---

1. On ne mit les scellés sur ses papiers à son domicile, rue Danjou Ville l'Évêque, que le 6 décembre 1792, à 3 h. 1/2. (Archives de la Préfecture de police, section du Roule.)

appuyèrent Hassenfratz et les Jacobins applaudi-
rent, ayant l'air ainsi de se déjuger.

Cependant Dumouriez, plus que jamais, cou-
vrait ses agents. Dans une lettre du 2 décembre,
lue à la tribune le 5, il menaçait de donner sa
démission : « S'ils sont coupables, écrivait-il,
c'est par mes ordres. Je demande à partager leur
sort... Le départ de Malus, la perte de cet administrateur actif et intègre a produit sur l'armée
des effets pires que la perte d'une bataille... »

Les Girondins prenaient hautement parti pour
le général factieux. Barbaroux et Buzot rejetaient
toutes les fautes sur Pache qu'ils traitaient d'incapable et de désorganisateur. Un membre, qui
n'est pas désigné par son nom dans le *Moniteur*,
comparait la conduite de Pache envers Dumouriez à celle de Louvois envers Turenne !

Dès lors, la cause était entendue. Le 15 décembre, la Convention décidait, sur la proposition
de son comité militaire, que Malus sortirait de
l'abbaye et serait simplement gardé à son domicile par deux soldats-citoyens. Le 18 décembre,
la même faveur était accordée à d'Espagnac. Le
20 janvier 1793, Lecointre, au nom du comité de
la guerre, proposait de remettre Malus en liberté
et de le rendre à ses fonctions. Cambon avait
encore le courage de protester. Malus, disait-il, a
passé des marchés exorbitants. Il a payé le mou-
ton 11 sous 1 liard la livre en numéraire. Il a
acheté la farine à 45 livres le quintal quand elle

se vendait 3o. Cambon enfin montrait la menace de la dictature militaire : « J'ai vu avec peine Dumouriez dire : ou Malus sera mon commissaire ou je ne servirai plus. » Mais l'Assemblée ne voulait pas se priver des services du vainqueur de Valmy et de Jemappes ! Camus, qui revenait de Belgique, excusa Malus qui fut remis définitivement en liberté.

D'Espagnac restait soumis à l'enquête. Dumouriez ne lui manqua pas. Pendant le séjour qu'il fit à Paris du 1er au 26 janvier 1793, il intervint à plusieurs reprises en faveur du fournisseur, aux affaires duquel on disait qu'il était personnellement intéressé. Il eut avec Cambon une entrevue à la table de d'Espagnac[1]. Cambon déposera plus tard que Dumouriez n'avait pas seulement essayé de le gagner à ses plans financiers mais à ses projets politiques : « Dumouriez lui dit qu'on avait trop fait le 10 août, qu'il voulait une constitution par laquelle la tête et la queue ne commandassent pas[2] », autrement dit, qu'il fallait rétablir la monarchie constitutionnelle. Cambon resta intraitable. Une seconde conférence qui dura six heures dégénéra en dispute.

Mais Dumouriez fut plus heureux auprès du Comité de défense générale où dominaient les

---

1. *Mémoires* de Doumouriez, éd. Barrière, t. II, p. 4o-44.
2. Notes de Topino-Lebrun sur le procès du ministre des Affaires étrangères Lebrun. (Archives de la Préfecture de police).

Girondins. Le 9 janvier il se rendit à ce Comité et prit, une fois de plus, la défense de Malus et de d'Espagnac. Dans une lettre à la Convention, écrite l'avant-veille, il avait dénoncé le ministère de la Guerre, dont Pache avait fait un club : il offrait sa démission si l'Assemblée ne prenait pas un « parti décidé » sur les moyens qu'il lui proposait pour mettre fin « au système désorganisateur suivi dans les armées depuis deux mois ». Dumouriez avait des conférences avec les principaux chefs jacobins, avec Anacharsis Cloots, avec Proly, avec Desfieux que lui présentait d'Espagnac. Il entretenait avec Danton une correspondance suivie. Il lui écrivait, le 20 janvier : « Vous venez de Belgique, mon cher Danton. Les importantes fonctions dont vous y avez été chargé vous rendent un témoin irrécusable. Dites ce que vous avez vu avec cette impartialité et cette énergie qui vous caractérisent. Soyez mon avocat, si vous me croyez bon citoyen et vertueux[1]. » Danton avait bien des raisons d'être agréable à Dumouriez qui avait pris pour secrétaire son parent Mergez et pour aide-de-camp son ami Westermann. Dumouriez obtint satisfaction. A peine eut-il repris le chemin de la Belgique que son ennemi Pache quitta le portefeuille, le 4 février, et fut remplacé par Beurnonville en qui le général avait toute confiance.

---

1. *Arch nat.*, F⁷ 459².

D'Espagnac n'allait pas tarder à être mis définitivement hors de cause. Le comité des marchés fut renouvelé et il désigna pour examiner son affaire un nouveau rapporteur, Julien de Toulouse[1]. Cet ancien pasteur protestant n'était désigné par rien pour remplir ce rôle, sinon parce qu'on le savait en relations d'amitié avec l'accusé. Il prit séance au comité des marchés le 28 janvier et, dès le 31, il lui présentait un rapport très élogieux pour d'Espagnac. Le comité des marchés, après une résistance qui dura quinze jours, finit par se rallier aux conclusions de Julien.

La Convention entendit le rapport de Julien le 17 février 1793. Ce fut un blanchiment complet. De tous les marchés du même genre, ceux de d'Espagnac « étaient les moins onéreux à la République », « on ne saurait trop se hâter d'en assurer la prompte exécution ». D'Espagnac, non seulement n'avait pas profité des circonstances « pour avoir un plus bas prix, il en a donné un plus avantageux ». « Loin que d'Espagnac ait livré moins de voitures et de chevaux qu'il s'était engagé d'en fournir, il en a déja livré deux fois plus. » Julien se gardait bien de faire connaître à la Convention les clauses précises des marchés du fournisseur, il se répandait en considérations vagues. Son seul argument consistait à dire

---

1. Voir la séance du 14 février sur le registre du Comité des marchés. Julien fut aidé par Châteauneuf-Randon.

que d'Espagnac s'était engagé à faire traîner à ses chevaux et à ses voitures un poids plus lourd que celui que les autres fournisseurs avaient porté dans leurs traités, comme si, dans la réalité, la limite de charge se trouvait toujours atteinte. Mais Julien réservait pour la fin une considération qu'il jugeait infaillible. Il contestait le droit de la Convention à casser les marchés d'Espagnac, même si ces marchés étaient frauduleux. « La Convention ne peut être juge et partie, elle ne peut que renvoyer l'affaire devant les tribunaux. » Châteauneuf-Randon soutint les conclusions de Julien de Toulouse, puis Thuriot, un ami de Danton, proposa de décréter qu'il n'y avait pas lieu à accusation contre d'Espagnac. La motion fut votée sans débat. Quatre jours plus tard, l'abbé, décidément en veine, gagnait un procès en répétition de 4 millions contre l'État[1]. Mais ce triomphe aurait-il un lendemain ?

La liaison de d'Espagnac avec Dumouriez était si notoire qu'au lendemain de la trahison de celui-ci, le 1er avril 1793, le comité de Salut public décida de le mettre en arrestation comme complice. Ceci devenait sérieux. D'Espagnac se tint caché, placarda sur les murs une *Lettre* ouverte qui contenait sa justification et s'efforça d'intéresser de nouveau à sa cause l'aimable rapporteur qui l'avait blanchi six semaines auparavant.

1. Voir plus haut la note de la page 147.

Julien de Toulouse était alors à Orléans en mission. L'abbé lui écrivit, le 9 avril, pour lui exposer ses alarmes. Il lui demanda de revenir à Paris prendre sa défense et il fit valoir, pour le décider, des raisons d'importance. Il le coucherait sur son testament ! Sa lettre, qui figure maintenant au dossier du procès des dantonistes[1], est trop curieuse pour qu'on ne la publie pas :

Je vous l'avais bien dit ! Dès que j'aurais le malheur de vous perdre, on en profiterait pour me tourmenter.

A peine la nouvelle de la trahison de Dumouriez est-elle parvenue icy, que le Comité de deffence (*sic*) générale a donné ordre de mettre les scellés sur les papiers de plusieurs individus, dont j'étais un.

Cette démarche ne m'a point surpris. Je vous avoue même qu'elle m'a fait en quelque sorte plaisir. Je me suis dit : tout le public croit que j'étais trop lié avec Dumouriez pour que je ne fusse pas son complice. La levée des scellés justifiera que je n'avais aucunes relations avec le scélérat et mon innocence sera hautement reconnue.

Les scellés ont été en effet levés. L'on n'y a rien trouvé qui pût fournir même prétexte à une inculpation. J'ai cru dès lors que tout était terminé ; point du tout, le Comité de surveillance a donné un mandat d'arrêt pour me transférer à l'abbaye.

Je me suis tenu caché, espérant qu'un génie tutélaire vous ramènerait en cette ville et que je pourrais faire entendre raison au Comité. Je lui ai adressé une lettre à laquelle je défie qu'on réponde. Sur ces entrefaites est arrivée une dénonciation au Comité portant que la

---

1. *Arch. nat.* W 342. La lettre est inédite.

citoyenne d'Estat, chez laquelle je demeurais, rue Cau-
martin, avait fait brûler beaucoup de papiers pendant la
nuit. On l'a sur le champ arrestée et, après un interrogatoire de cinq heures, où elle a déclaré que ce qu'elle
avait brûlé était une lettre de Dumouriez qui était
imprimée, on lui a rendu la liberté. Cet imprimé était
vraisemblablement une des lettres que Dumouriez a
écrites au sujet de ma compagnie, qui a servi à ma
justification, et que j'avais livrée à l'impression parce
qu'elle contenait les détails techniques de ce qu'il fallait
de voitures pour chaque bataillon et que nous pouvions
avoir souvent besoin de produire cette lettre.

Au reste, cela importe fort peu. Je saurai ce que c'est
quand je serai libre, mais ce ne peut être que cela, si
c'est de Dumouriez, ou quelque chose de très indifférent,
si ce n'est pas de lui.

Mais ce qu'il importe beaucoup que vous sachiez, c'est
que Marat était l'âme du Comité, quoiqu'il n'en soit
pas ; que l'interrogatoire a manifesté un acharnement
horrible contre moi et le désir extrême que l'on a de me
confiner à l'abbaye ; c'est qu'un des membres, que la
citoyenne d'Estat ne connaît pas, mais qui s'est intéressé à sa jolie figure, lui a dit en propres termes :
*Savez-vous que, dans ce moment, il est affreux d'aller à
l'abbaye ?*

J'étais sur le point de m'aller constituer moi-même
prisonnier pour terminer plus promptement cette affaire,
lorsque j'ai appris ce que je vous marque ici.

Vous concevez que je n'ai plus été aussi empressé de
me découvrir. Il m'a paru évident que, reconnaissant mon
innocence, on trouve plus simple de me faire massacrer.

Voilà donc le prix des sacrifices sans nombre que j'ai
faits à la Révolution ! N'est-il pas étrange que je ne sache
pas où reposer ma tête dans ma patrie, lorqu'il n'y a pas
un coin de l'Europe où je puisse la porter en sûreté, à
cause de mes opinions révolutionnaires ?

Mais ce n'est pas le moment de vous fatiguer de mes dolentes réflexions.

Allons au fait.

J'ai fait placarder ma justification. Je vous y cite avec confiance sur un fait dont vous devés vous rappeller, c'est que, lorsque Dumouriez quitta ce pays, j'étais si éloigné de le croire tramant contre nous que j'étais persuadé que, s'il ne trouvait pas jour à tenter l'entreprise de Hollande, il enverrait sa démission.

Quoique mon innocence soit démontrée dans mon placard justificatif, j'ai écrit au Comité de salut public que je ne demandais pas mieux que d'être gardé à vue ; qu'ainsi l'on constitua (sic) près de moi des gardes qui fussent chargés de se transporter avec moi partout où j'aurais besoin de me transporter ; mais que je demandais en grâce de ne pas être confiné dans une prison où il me serait impossible de suivre mon immense entreprise ; ce qui serait autant de tort à la république qu'à moi. Je n'ai pas encore reçu de réponse.

Est-il possible qu'on me refuse? Je ne puis le croire. Des mesures de salut public attentatoires à la liberté des citoyens ne sont tolérables qu'en tant qu'elles sont indispensables. Ce principe ne peut être contesté. Or, dès que la mesure que je propose équivaut à celle que l'on veut employer, celle qu'on veut employer n'est plus indispensable. La prison est un châtiment, et la prison où l'on médite de vous assassiner est sûrement quelque chose de pis. On aurait donc eu tout au plus le droit de me faire subir cette peine, avant que la levée des scellés eut fait connaître mon innocence.

En un mot, il est certain que je ne puis rester en prison que si je suis destiné à être livré à un tribunal ; mais, pour être livré à un tribunal, il faut qu'il y ait au moins prétexte à un décret d'accusation, qu'on le produise ce prétexte ! j'en défie, mais si j'ai tant de droits comme simple citoyen, j'en ai de particuliers comme fournisseur. Comment peut-on laisser à ma charge tous les événements d'une entreprise aussi considérable que la mienne, lorsque l'on m'aura rélégué dans une prison où je n'aurai de communication qu'avec les réflexions sinistres qu'elle m'inspirera !

Au reste, je ne sais pourquoi je fournis des motifs de me deffendre à un cœur et un esprit tel que le vôtre.

Je ne sais si je me suis trompé, mais je vous avoue que ma confiance en vous est sans bornes ; jamais homme ne m'a subjugué plus rapidement que vous et s'il est vrai qu'il ait jamais dû exister de ces attachemens simpathiques que le premier moment décide, assurément celui que nous avons conçu l'un pour l'autre est de ce genre. La franchise de vos procédés, la perspicacité de votre esprit et la chaleur de vos sentiments m'ont frappé, du premier jour que je vous ai connu, à un tel point que j'ai désiré, sur le champ, devenir votre ami, *ce que vous avez fait depuis pour moy* [1] ne m'a plus permis de douter que je n'eusse pour vous autant d'attraits que vous en aviez pour moy et que je vous avoue que je vous ai, dès ce moment, *buriné dans mon cœur,* comme l'homme sur lequel je devais le plus compter !

Oui, j'y compte, et c'est au point que si je vous savais arrivé ce soir, je me présenterais demain au Comité, et, *quoique je n'aye pas encore été assez heureux pour être à même de vous obliger, comme beaucoup de lâches qui siègent près de vous et restent muets à mon égard, je suis convaincu que, sans avoir vu ma deffense, je suis déjà justifié à vos yeux,* vous ne me croyez pas capable d'une trahison ; au reste, je ne vous demande qu'une grâce, c'est que, si j'ai le malheur d'être arrêté avant que vous soyez de retour et que notre septembrisure soit ordonnée, vous vouliez bien accepter d'être l'exécuteur

---

1. Souligné sur l'original au crayon rouge, sans doute par Fouquier-Tinville, ainsi que les phrases suivantes en italique.

testamentaire de quelques dispositions que je vais faire
et qui vous seront remises par quelqu'un qui m'est très
affidé. Adieu, je fais copier cette lettre pour que le double
vous soit envoyé à Orléans si vous y êtes encore. Justi-
fiez ma mission et rappelez-vous quelquefois d'un homme
dont l'âme était digne de la vôtre. Adieu.

MARC-RENÉ SAHUGUET D'ESPAGNAC.

Si vous ne pouvez pas revenir, envoyez-moi une lettre
par quelqu'un de vos amis et adressez le tout sous le
couvert de la citoyenne Bouilhet.

La confiance que d'Espagnac avait mise en son
digne ami le Montagnard Julien de Toulouse ne
fut pas trompée. Julien accourut d'Orléans[1].

D'Espagnac, peu après la lettre qu'il avait écrite,
put sortir de sa cachette sans être inquiété et
vaquer de nouveau à ses affaires. Dès le mois de
mai il avait reconquis la faveur du Comité de Salut public, à supposer qu'il l'eût jamais réellement perdue. Non seulement on ne parle plus
de l'arrêter, mais on le protège officiellement
contre les dénonciations répétées dont il continue
d'être l'objet.

Le citoyen Merian, colonel des hussards noirs
du département du Nord, avait fait cesser le service des charrois de la Compagnie d'Espagnac.
Le comité des marchés transmit la plainte de
d'Espagnac au Comité du Salut public qui donna

---

1. Il ne fut rappelé de mission que par le décret du 2 juin
1793.

tort au colonel et lui fit porter, le 8 mai, par un courrier extraordinaire l'ordre d'exécuter les marchés.

D'Espagnac était alors si bien en cour qu'il proposait de nouveaux marchés au Conseil exécutif provisoire. Il s'associait avec le Vénitien Nicolish et tous deux s'offraient de procurer à la République une quantité considérable de grains tirés de l'Archipel et apportés de là à Cette et à Toulon. Ils demandaient seulement une petite avance de un million. Le Conseil exécutif accepta l'offre, le 18 mai, et autorisa le ministre de l'Intérieur à accorder l'avance demandée, sous réserve de l'approbation du Comité de Salut public[1].

Le terrible Cambon avait beau épancher ses plaintes à la tribune de la Convention et exiger du Comité des marchés des explications sur les dilapidations des fournisseurs, ce comité ne se pressait pas. Birotteau se lamentait après Cambon, le 25 mai, qu'on ne punissait aucun coupable, que les fournisseurs « élevaient des hôtels garnis avec les gains énormes qu'ils ont faits sur la République ». Marat rejetait la faute sur les Girondins, sur les « hommes d'Etat » comme il les appelait. Il accusait ceux-ci d'avoir fait innocenter Malus et d'Espagnac. Mais il s'attirait du Girondin La Source une vive réponse.

---

[1]. Voir pourtant l'arrêté du Comité de Salut public en date du 11 février 1794 où il est question de la modification de ce traité en faveur de d'Espagnac aîné dit Dammarzit.

C'était un girondin, rappelait Lasource, c'était Defermon qui avait accusé d'Espagnac en février, et c'était deux Montagnards qui siégeaient auprès de Marat, Châteauneuf-Randon et Julien, qui l'avaient fait absoudre ! Pelet de la Lozère constatait mélancoliquement que les ministres et les bureaux étaient environnés « d'intrigants sans pudeur et ... connaissance qui, entourés eux-mêmes par de .. trigants subalternes, écartent la concurrence des gens de bien et deviennent les fournisseurs universels et privilégiés de la République ».

Un nouvel orage cependant se préparait contre d'Espagnac. Il avait des concurrents jaloux. La Compagnie Maubert-Jaume, qui n'avait pas passé des marchés aussi avantageux, se chargea d'ouvrir les yeux des membres honnêtes de la commission des marchés. Cambon en sous-main reprenait l'offensive. Le Comité des marchés lui étant suspect, il saisissait de l'affaire le Comité des charrois et, le 18 mai, les quatre comités réunis de Salut public, des finances, des subsistances militaires et des charrois décidaient de choisir comme rapporteur l'honnête Dornier, député de la Haute-Saône, un maître de forges qui se connaissait en affaires. On allait enfin savoir la vérité !

En même temps Cambon agissait sur la Trésorerie placée sous son contrôle. Le 15 avril, il faisait suspendre les paiements par acomptes

faits chaque mois à d'Espagnac, sous prétexte
que ces paiements étaient subordonnés à des
revues trimestrielles. D'Espagnac protestait,
demandait une audience, montrait ses livres et
obtenait enfin, par mesure provisoire, qu'on lui
consentirait une avance de 4 millions. On était
au lendemain de l'insurrection des 31 mai et
2 juin 1793. Les départements girondins se soulevaient. Il était à craindre que la désorganisation
ne se mît aussi dans les armées. Cambon fléchit
un moment son intransigeance. Le 4 juin il fit
voter le décret qui accordait à d'Espagnac les
4 millions demandés, mais avec des considérants
très sévères et des conditions assez dures. La Trésorerie nommerait un préposé qui paierait les
agents de la Compagnie d'Espagnac, mais sur
justification des états de dépense.

Cette obligation de fournir des pièces justificatives avant tout paiement parut à d'Espagnac
une tyrannie contre laquelle il protesta aussitôt.
A son appel, Julien de Toulouse, son ami et
exécuteur testamentaire, quitta sa mission de
l'armée des côtes de la Rochelle et revint à Paris
en toute hâte. Le jeudi 6 juin, à la séance du
matin, profitant de ce que l'Assemblée était peu
nombreuse, il se mit à faire l'éloge de la Compagnie d'Espagnac, sous couleur d'une rectification
au procès-verbal. Cette Compagnie était très utile
à la République. Elle avait expédié en poste
12 000 hommes en Vendée. Pourquoi donc lui

marquer une défiance injustifiée, l'assujettir à des conditions draconniennes? « Je le déclare si je n'étais aussi intimement persuadé que je le suis de la bonne intention de mes collègues pour la chose publique, je les soupçonnerais de la désorganisation des armées. » Il proposa de supprimer ces conditions gênantes qui paralysaient d'Espagnac et, séance tenante, la chose fut votée sans débat devant des banquettes vides. En même temps Julien faisait dessaisir le Comité des charrois du rapport sur le fond de l'affaire qui était confié au Comité de Salut public.

Chose curieuse, le Comité de Salut public, qui était alors le Comité Danton, accepta sans se faire prier la mission dont Julien venait de le faire investir par un véritable tour d'escamotage. Ce Comité n'ignorait rien des friponneries de d'Espagnac. Le représentant du Bois du Bais venait de lui adresser de Maubeuge tout un mémoire sur ses faits et gestes : « Je vous recommande de ne pas perdre de vue cette Compagnie Masson et d'Espagnac qui ne tend rien moins qu'à ruiner à elle seule la République. S'il vous était possible de mettre au jour toutes ces énormes friponneries, vous reconnaîtriez qu'il ne fut pas de plus grands coupables; il eût été impossible de suffire à nous approvisionner ici si nous n'avions pas chassé cette horde dévorante. Elle a été se placer ailleurs, mais au moins elle n'affame pas une ville qui a essentiellement besoin d'être pourvue pour plusieurs mois. Elle a bien jeté les hauts cris, mais je me serais déterminé à la faire charger comme les Autrichiens si elle n'avait pas voulu céder et nous sommes heureusement défaits et de ces rosses qui ne tiraient rien et de ces mauvais chariots qui ne contenaient presque rien. » Dès le 7 juin, le Comité de Salut public communiquait à d'Espagnac le mémoire de Du Bois du Bais en l'invitant à se disculper[1]. D'Espagnac, qui avait retrouvé son assurance, se présentait au comité trois jours après et lui observait « qu'il importait de statuer sur son affaire si l'on veut que le service des armées se fasse ». Cambon, malheureusement, s'interposait. Il exigeait l'audition des commissaires de la Trésorerie. La discussion contradictoire tournait mal pour d'Espagnac. Le Comité de Salut public arrêtait que les livres de la Compagnie Masson seraient cotés et paraphés, que les ordonnances expédiées par le ministre de la Guerre cesseraient d'être payées en masse, mais qu'elles seraient acquittées sur des états détaillés de distribution, tant aux armées qu'à Paris, et que les pièces justificatives et l'emploi des sommes seraient surveillées par des curateurs qui viseraient les états. La thèse de Cambon triomphait.

---

1. *Actes du Comité de Salut public*, séance du 7 juin. C'est à tort que la lettre de du Bais que nous avons citée est datée, dans ce recueil, du 12 juin. Elle est forcément antérieure au 7 juin.

Cambon réussissait, peu de jours après, à maintenir à Dornier le rapport général sur l'affaire des marchés d'Espagnac. Dornier faisait adopter par le Comité des charrois les 28 et 30 juin[1], ses conclusions visant à l'annulation de ces marchés. En vain d'Espagnac et Julien tentaient de faire revenir ce Comité sur sa décision. Il s'y présentait le 4 juillet, se plaignait de manquer de fonds et terminait en menaçant d'abandonner son service. Un membre, qui n'est pas nommé au procès-verbal, mais qui doit être Julien, l'appuyait vivement. Le comité refusait de revenir sur son vote du 30 juin et se bornait à consentir à d'Espagnac une nouvelle avance provisoire de 2 millions et demi, aux conditions du décret du 4 juin. Delacroix, l'ami de Danton, et Ramel se rendirent au Comité des charrois, « au nom du Comité de Salut public », dit d'Espagnac[2], et firent décider que le rapport de Dornier serait communiqué à Julien de Toulouse.

Chose curieuse, le rapport de Dornier ne vint à la tribune de la Convention qu'après la chute du Comité Danton. C'est le 10 juillet que le Comité de Salut public fut renouvelé et que Danton et ses amis en furent exclus. C'est le 20 juillet que Dornier fit lecture de son réquisitoire. Il prouva clair comme le jour que les

---

1. *Arch. nat.* AF¹¹ 19.
2. D'après l'adresse de d'Espagnac en réponse à Dornier.

marchés d'Espagnac faisaient perdre à la République des sommes formidables. D'Espagnac recevait 5.443 504 livres par mois en numéraire pour un service pour lequel il ne pouvait dépenser au maximum que 1 502 050 livres en assignats qui perdaient déjà 50 o/o! Ce fut une stupeur.

En vain d'Espagnac deux jours plus tard, le 22 juillet, demanda à être entendu par la Convention pour répondre à Dornier. Le dantoniste Thuriot appuya sa demande sous prétexte qu'on ne pouvait s'environner de trop de lumières. Mais Billaud-Varenne fit une charge à fond contre d'Espagnac, « ce conspirateur, ce confident le plus intime de Dumouriez », qui déjà avait séduit une fois la Convention par son éloquence. L'Assemblée se rendit aux raisons de Billaud et refusa d'entendre la trompeuse sirène.

Julien de Toulouse essaya bien encore, le 25 juillet, de prononcer une défense timide de son protégé. La Convention, après quelques mots de Cambon, décida, le jour même, de résilier, à dater du 1er août, non seulement les marchés d'Espagnac, mais tous les marchés analogues, par des considérants très durs qui retombaient directement sur les ministres qui les avaient consentis. La Convention remplaçait toutes les entreprises particulières existantes par une régie qu'elle organisait selon des règles précises et minutieuses.

L'heure devenait mauvaise pour les hommes

d'affaires et pour leurs complices. Le 29 juillet, Villetard faisait, au Comité des marchés renouvelé, un rapport foudroyant contre Servan qu'il accusait de concussion, à propos des marchés qu'il avait passés avec l'entreprise Lenchère et Choiseau. Servan était mis en arrestation [1].

Le 1er août, le citoyen Cohendet, commissaire de police de la section du faubourg Montmartre, dénonçait les prévarications des agents de la Compagnie Masson-d'Espagnac qui fabriquaient des chariots à double fond pour transporter le numéraire en pays étranger et faisaient payer deux fois leurs chariots à la République. La dénonciation était confirmée le lendemain par de nombreux témoins devant le Comité des charrois [2].

Dès la veille, d'Espagnac était de nouveau décrété d'arrestation [3]. Cette fois l'habile abbé ne parvint pas à se tirer d'affaire. En vain Delacroix, qu'il avait connu avec Danton en Belgique, fit renvoyer le 18 août l'examen de son dossier à la commission de l'agiotage dite des Cinq où siégaient Julien, Delaunay et Chabot, tous ardents Montagnards pleins de tendresse pour les capitalistes

---

1. Il fut enfermé à l'abbaye où on l'oublia pendant la Terreur. En 1795, on lui rendit ses biens, sa liberté et son grade. Sur Servan et sur Choiseau, qui fut condamné à mort par le tribunal révolutionnaire, voir mon livre *Autour de Danton*.

2. *Arch. nat.* AFII 19.

3. Le 5 août 1793 D'Espagnac obtint la liberté de sortir accompagné d'un garde (*Arch. nat.* DXLIII).

qui savaient les prendre. La commission de l'agiotage fit traîner les choses en longueur. D'Espagnac n'en demandait pas plus. Il espérait qu'un revirement politique le sauverait, que les Dantonistes triompheraient des Hébertistes et reprendraient le pouvoir. Mais le crédit des Dantonistes s'usait tous les jours. Julien, Chabot, Basire, attaqués violemment aux Jacobins, étaient chassés du Comité de Sûreté générale le 14 septembre. Le 18 septembre, Julien était perquisitionné. On trouvait dans ses papiers, au milieu de lettres très compromettantes que lui avaient écrites des ci-devant, la fameuse missive par laquelle d'Espagnac l'avait appelé, le 9 avril, à son secours et l'avait constitué son exécuteur testamentaire. Le scandale fut grand. Quand Chabot et Basire furent arrêtés à leur tour, le 28 brumaire, et que Julien, menacé du même sort, fut réduit à se cacher, d'Espagnac perdit tout espoir. Clauzel fit décréter enfin, le 1er frimaire, l'apurement immédiat de ses comptes. On l'accusa d'avoir fourni à Chabot, à Basire, à Delaunay l'aîné, à Fabre d'Eglantine, les fonds avec lesquels ils avaient agioté sur la Compagnie des Indes qu'ils menaçaient d'une campagne de chantage[1]. D'Espagnac avait d'abord été consigné à son domicile sous la garde de deux gendarmes[2].

---

1. Ces fonds étaient les quatre millions dont le jugement du 4 février 1793 avait ordonné la restitution à d'Espagnac sur la liquidation de son coup de bourse de 1787.

2. Voir la séance de la Commune du 7 août 1793 dans le *Moniteur*, XVII, p. 338.

Détenu à la Force, il essaya de s'évader. Il offrit au policier d'Ossonville, agent du Comité de Sûreté générale, un million et demi pour l'aider à passer en Suisse. D'Ossonville, nous le savons par ses propres confidences [1], « le fit mettre dans une maison de santé où il fut tellement à l'aise qu'il n'eut qu'à faire un petit tour pour être dans la campagne ». D'Espagnac s'évada, mais, pris de la nostalgie de la capitale, il rentra à Paris, se cacha mal et se fit reprendre.

On l'engloba assez naturellement dans le procès des dantonistes, qui fut essentiellement le procès des députés d'affaires. Sa place était indiquée au milieu de ses protecteurs et de ses complices.

Au tribunal révolutionnaire, Cambon l'accusa d'avoir fourni à Julien, à Chabot et à leur bande les capitaux avec lesquels ils jouaient à la bourse. Avec beaucoup de cynisme, d'Espagnac essaya de nier, il jeta par dessus bord son ami Julien, qui était en fuite, et s'attira cette réponse du président Herman : « Vous blessez tout à la fois la vérité et la vraisemblance. » Pour le confondre, Herman fit lire la lettre qu'il avait écrite à Julien le 9 avril 1793. Cambon l'acheva par une seconde déposition.

M. de Seilhac, qui est apparenté à la famille d'Espagnac et qui a consacré au célèbre agioteur une indulgente biographie, a tenté de l'excuser

1. *Mémoires* de d'Ossonville dans la *Revue de la Révolution*, 1884. Documents.

en lui prêtant des calculs politiques. D'Espagnac, à l'imitation du baron de Batz, son émule et son ami, n'aurait coiffé le bonnet rouge et raflé l'argent de la République que pour mieux rétablir la monarchie. Il aurait voulu mettre sur le trône, à un moment donné, le duc d'Orléans. Il avait pour complices Dumouriez, Danton, tous les pourris de la Montagne.

M. de Seilhac raconte qu'au début de février 1794, quand l'abbé allait passer en jugement avec les dantonistes, son cousin le général, alors en congé dans le Limousin, reçut un billet par lequel d'Espagnac et le général Arthur Dillon, tous les deux en prison, l'invitaient à revenir en toute hâte à Paris pour coopérer à un mouvement contre Robespierre. « Ce billet, dit M. de Seilhac, a été conservé pendant de longues années par Mme de Sahuguet, ma grand'mère. Je l'ai eu sous les yeux. Malheureusement je n'ai pu le retrouver dans les papiers de famille [1]. »

Que des gens d'une moralité aussi suspecte que l'abbé d'Espagnac ou que le baron de Batz aient été capables d'aider au renversement de la Convention pour dissimuler leurs escroqueries et échapper au châtiment, c'est très possible. Mais qu'au début ils aient eu des visées politiques ? On me permettra d'en douter. La politique n'a jamais été pour eux qu'un moyen.

1. P. 172 de son étude.

D'Espagnac faisait montre du jacobinisme le plus écarlate pour endormir les soupçons et pour gagner l'opinion. Quand sa ruse fut éventée, quand les Robespierristes l'accablèrent, il est bien possible qu'il ait essayé de se venger en secondant l'intrigue dantoniste. C'est dans cette mesure et sous ces réserves qu'on peut admettre l'hypothèse de M. de Seilhac.

Il est certain que les députés ses complices, les Julien de Toulouse, les Chabot, les Basire, furent accusés et convaincus de protéger les émigrés et les suspects et de violer en leur faveur les lois mêmes qu'ils avaient forgées contre eux. Il est certain encore que très souvent les compagnies, chargées des charrois des armées, abritèrent dans leur personnel des royalistes déterminés [1].

Nous admettons bien volontiers que le républicanisme d'un d'Espagnac ou d'un Julien de Toulouse n'était rien moins que bon teint, mais mais de là à leur prêter des manœuvres contre-révolutionnaires, des projets de contre-révolution, à croire à la réalité de leur « conspiration », il y

---

1. Voir aux archives le dossier de l'affaire Pressac W⁴. L'émigré Tessière était devenu conducteur d'artillerie dans la compagnie Winter, sous le nom de Pressac. Il recevait des lettres par la femme du député de la Haute-Vienne, Bordas, amie de sa femme. Il se préparait à partir pour la Vendée quand il fut découvert et arrêté avec d'autres ci-devant, employés comme lui dans les charrois.

a un abîme que seul Fouquier-Tinville pouvait
franchir.

Le rôle d'un d'Espagnac comme financier est
assez considérable pour qu'il soit inutile de le
grandir encore. Il a été le bras droit de Calonne.
Il a joué de la spéculation avec une ampleur
encore inconnue. Il a compris que la finance
pouvait s'accommoder de tous les régimes. Sous le
bonnet rouge il a travaillé à sa fortune avec la
même aisance que sur les talons rouges. Il a
tenu tête à Cambon. Il fut le bras droit de
Dumouriez. Il a conquis et groupé autour de ses
affaires les Montagnards de proie. Il a eu la
gloire de mourir avec Danton, si c'est une gloire.
Son nom vaut de ne pas périr. Il est l'ancêtre
d'une lignée qui n'est pas prête de s'éteindre.

CHAPITRE VI

UN DÉPUTÉ D'AFFAIRES SOUS LA TERREUR : JULIEN (DE TOULOUSE)[1]

Ce n'est pas par un pur hasard, par une rencontre fortuite, que les deux hommes qui s'offrent à nous au seuil de ces études sont tous les deux des hommes d'Église : un abbé catholique qui venait du Limousin, pays des hobereaux, Marc-René Sahuguet d'Espagnac, un pasteur protestant qui venait de Toulouse, patrie des ténors, Jean Julien.

Quiconque a un peu approfondi l'histoire du xviii⁰ siècle n'ignore pas que toutes les hardiesses de la pensée et des mœurs eurent d'abord pour initiateurs et pour propagateurs des représentants du clergé. L'incrédulité a rayonné de haut en bas. Elle a fait les délices des évêques et des cardinaux avant de gagner comme la tache d'huile les grands seigneurs et la haute bourgeoisie.

1. Cette étude a d'abord paru dans *La Grande Revue* de novembre 1915.

Nos deux ministres de Dieu étaient de leur
siècle, voilà tout. Ils considéraient la religion
comme une profession comme une autre. C'est
cette profession qui, loin de les diviser, les avait
rapprochés. Quand il sera mis en accusation devant les Jacobins pour ses relations avec le fournisseur d'Espagnac, le pasteur Julien expliquera
tout naturellement qu'il avait appris que l'abbé
d'Espagnac avait été un bon prédicateur. « Cette
identité de métier », ainsi qu'une identité d'opinions philosophiques, lui avait fait rechercher sa
société.

Julien ne voulut pas avouer qu'autre chose encore l'avait attiré auprès de d'Espagnac : un même
amour du gain, un même sens des affaires.

Le personnage n'a pas encore eu d'historien
même local : j'ignore si une rue de Toulouse porte
son nom. Tout ce que je sais de lui, les documents d'archives, les journaux du temps, les mémoires qu'il a rédigés plus tard pour sa défense
me l'ont appris. A en juger par son signalement[1],
c'était un bel homme : « Le nommé Julien est
d'une taile avantageuse de cinq pieds six à sept
pouces, se tenant fort droit, les épaules quarrées
et bien sur ses jambes, le visage assez rond, les
yeux bleus et plutôt petits, les cheveux châtains,
la voix vacillante et le ton flatteur et d'un prédicateur, l'abbord d'un hypocrite fort compli-

---

1. *Archives nationales.* W. 76.

menteur. » Il avait de quoi plaire aux dames et nous verons qu'il ne s'en fit pas faute.

Il n'était pas riche, mais il possédait une honnête aisance. Avant la Révolution, il nous le dit lui-même[1], toute sa fortune consistait en un revenu annuel de 2400 livres. Les bijoux de sa femme valaient 2000 livres. Il avait une belle bibliothèque « nombreuse et bien choisie en littératurature et en livres d'état », entendez en ouvrages de théologie. « Elle était le fruit de vingt années de soins, de recherches, d'économie et des bienfaits de l'amitié de la citoyenne Baschi-Turenne, six ans au moins avant la Révolution. » Quand il fut condamné avec les dantonistes, la vente de son mobilier et de la garde-robe de sa femme se monta à 57900 livres en assignats, somme dont il réduit la valeur à 6 000 livres en numéraire. On peut déduire de ces données qu'avant 89, Julien vivait assez bien de son métier de pasteur et qu'il trouvait le moyen de faire quelques économies.

Il était membre du directoire de la Haute-Garonne quand les électeurs l'envoyèrent représenter le département à la Convention. Pendant les premiers mois il observe, il hésite à choisir sa place dans la mêlée des partis. Il ne veut pas se compromettre. Il semble d'abord pencher pour

---

2. Dans le *Compte rendu de sa fortune en 1791 et depuis cette époque* en conformité du décret du 4 vendémaire an IV de la République.

la Gironde. Quand s'ouvre le procès du roi, il démontre longuement, le 3 décembre 1792, que la Convention aurait tort de s'ériger en tribunal. Il lui conseille de déléguer le jugement à une cour qu'elle choisirait. Mais il s'aperçoit vite qu'il fait fausse route. Il rejoint en hâte la Montagne et, du coup, il monte sur son plus haut sommet. Quand Fabre d'Églantine, le 12 décembre, veut faire lever la suspension du capitaine Caffarelli-Dufalga, qui avait manifesté des sentiments royalistes après le 10 août, Julien s'indigne, fait rejeter la proposition de Fabre et propose même que celui-ci soit censuré.

Est-ce par Chabot, qui avait été longtemps père gardien du couvent des Capucins de Toulouse, que Julien vint à la Montagne? C'est très possible, car nous verrons bientôt le capucin en grande intimité avec le pasteur.

Dans le procès du roi, Julien ne s'embarrassa plus des scrupules qu'il avait exprimés quand il avait conseillé à la Convention de se dessaisir; il vota la mort, contre l'appel au peuple, contre le sursis. Dès lors, il avait donné des gages. Il fut porté successivement aux commissions importantes; dès le 25 janvier, à la commission de l'examen des fournitures des armées. plus tard au Comité des finances, au Comité de sûreté générale. Il était dans son élément. Il allait pouvoir montrer son savoir-faire.

Nous avons vu comment il se constitua le protecteur actif et impudent du fournisseur d'Espagnac, comment d'Espagnac le récompensa en lui promettant de le désigner pour son exécuteur testamentaire.

Pour cacher son jeu et pour dérouter les soupçons, il affichait un patriotisme de plus en plus exalté. Quand Danton, à la nouvelle des premiers désastres de Belgique, fit décréter l'institution du tribunal révolutionnaire, Julien proposa, par voie d'amendement, que le nouveau tribunal jugeât sans appel et sans recours au tribunal de cassation et l'amendement fut voté le 9 mars 1793. Quelques jours plus tard, le 18 mars, il demandait que le tribunal révolutionnaire entrât en activité dans les 24 heures !

Envoyé avec Bourbotte, au début de mai 1793, en mission à Orléans, il préludait aux mesures terroristes en supprimant d'un trait de plume dans tout le département du Loiret, les journaux girondins, *Le Patriote Français*, *Le Courrier des Départements*, *Le Journal des Amis de la Vérité*, *La Chronique du Mois*, *La Chronique de Paris*, *Le Courrier Français*, *Le Thermomètre du Jour*, *Le Courrier de l'Égalité*, *Le Mercure Universel*, etc., jusqu'aux *Révolutions de Paris* ! Il faisait défense expresse, dans son arrêté daté du 15 mai, à tous les directeurs des postes de recevoir et de faire distribuer ces journaux : « comme subversifs des vrais principes en matière politique, comme marqués au coin d'une partialité révoltante dans le rapport des différentes opinions émises à la Convention nationale, comme tendant à corrompre l'esprit public, comme attentatoires à l'Égalité, qui est la seule base fondamentale de la liberté publique et individuelle! » Et il ne se bornait pas à supprimer les mauvais journaux, il recommandait officiellement dans le même arrêté la bonne presse, *Le Journal Universel* d'Audoin, *Le Républicain ou Journal des Hommes libres de tous les pays*, *Le Batave*, *Le Courrier Universel*, *Le Mensonge et la Vérité*, *L'Ami des Citoyens*, *l'Ami du Peuple*, etc. L'opinion n'était pas encore préparée à recevoir une telle médecine. Le département du Loiret protesta et demanda à la Convention de venger la liberté outragée. Le 25 mai, sur la proposition de Barère parlant au nom du Comité de Salut public, l'arrêté révolutionnaire de Julien fut cassé à l'unanimité. Personne, pas même Marat, ne se leva sur la Montagne pour soutenir Julien.

Mais celui-ci allait avoir son jour. L'insurrection du 31 mai, organisée par ses amis de la Commune, anéantit le parti girondin. Julien accourt en hâte d'Orléans. Il monte à la tribune le 2 juin, quand l'émeute gronde encore autour de l'Assemblée, et il dénonce ses collègues en mission dans le Loiret comme des aristocrates déguisés qui organisent la contre-révolution[1]. Ainsi Julien se ven-

1. La Convention décrète le 2 juin que ses Commissaires à Orléans seront rappelés dans son sein sous trois jours.

geait de l'humiliation subie huit jours auparavant.

C'est le moment où il engage pour d'Espagnac contre Cambon et Dornier le suprême combat. Plus que jamais, il a besoin de faire blanc de son civisme. Aussi, au lendemain du jour où Marat tombait sous le poignard de Charlotte Corday, Julien se montrait-il, avec Chabot son ami, ivre de venger l'Ami du peuple dans le sang des aristocrates. Tandis que Chabot, à la séance du 14 juillet, dénonçait l'abbé Fauchet, évêque du Calvados, comme le complice de la meurtrière, Julien s'efforçait d'empêcher Fauchet de prendre la parole pour répondre : « Si Fauchet veut parler, qu'il descende à la barre ! » Et, sous les applaudissements des tribunes, Fauchet, condamné au silence avant d'être condamné à l'échafaud, descendait à la barre devant la Convention muette. Et, quelques minutes plus tard, Deperret, un autre « complice » de Charlotte, ayant demandé la parole à son tour, Julien encore une fois s'y opposait : « A présent, disait-il en parlant de l'accusé, il ne doit plus paraître que devant les juges que vous lui donnerez ! »

Le rigide justicier laissait cependant tomber son courroux vertueux devant les fournisseurs et pas seulement devant d'Espagnac son ami. Quand les fournisseurs ne semblaient pas comprendre, il savait leur expliquer ses désirs. L'un d'eux, Thabaud, entrepreneur de charrois comme d'Espagnac, lui écrivait le 3 juillet :

CITOYEN,

Je me prêterai avec le plus grand plaisir aux demandes que vous pourrez me faire et je vous prie même, à titre de faveur, d'en user avec moi comme avec Despagnac, rien ne m'étant plus agréable que de vous témoigner le plaisir que j'aurai à faire quelque chose qui vous soit utile.

THABAUD[1].

C'est court et c'est galamment tourné. Quelle heureuse époque que celle où les fournisseurs savaient écrire de cette encre?

Si Julien s'enhardissait à étendre ses opérations, c'est qu'il n'était pas seul. Il avait trouvé au Comité de sûreté générale des collègues dignes de le comprendre et de le seconder : Chabot, Basire, Alquier, Osselin, Delaunay d'Angers, Guffroy, pour ne nommer que les principaux, tous plus ou moins amis de Danton.

Que Chabot, qui jouissait à la Montagne d'une autorité presque égale à celle de Robespierre, fût lié avec Julien et s'entendît avec lui, c'est ce que nous montre la curieuse affaire Rocin, que Chabot lui-même a racontée en l'embellissant bien entendu[2]. L'affaire prouve les liaisons intimes de

---

1. *Arch. nat.* Dossier des Dantonistes, W 342. La lettre porte cette adresse : « Au citoyen Julien, député à la convention nationale, Paris. »

2. Lettre écrite par Chabot au Comité de sûreté générale, le troisième jour de la troisième décade du premier mois, 14 octobre 1793. C'est une sorte de plaidoyer en réponse à des demandes d'explication antérieures. *Arch. nat.*, F 7/4637.

Julien et de Chabot avec le fameux d'Espagnac.

Un certain Rocin, originaire de Lunel, était venu à Paris à la veille du 10 août en qualité de fédéré. Il s'adressa à Chabot « comme ancien ami d'un de ses oncles capucin pour lui faire obtenir quelque place dans l'armée ». Chabot complaisant le recommanda au ministre de la guerre Servan, « en certifiant qu'il appartenait à une famille dont la réputation était intacte, qu'il était patriote et père de quinze enfants quoiqu'il n'eût alors que 32 ou 33 ans ». Servan, qui semble bien avoir été la providence des dantonistes, accueillit la recommandation de Chabot. Ne pouvant placer Rocin dans les services de son ministère, il le casa dans le service des charrois dont il avait donné l'entreprise à d'Espagnac par les marchés que nous connaissons. Un peu plus tard, comme Chabot était en mission dans le Midi et de passage à Toulouse, vers les premiers jours de mai 1793, Rocin vint trouver Chabot, son protecteur, pour se plaindre qu'il n'était pas payé. Il ajouta « qu'il avait dénoncé d'Espagnac pour avoir donné six cent mille livres à Servan et qu'on lui avait donné une meilleure place sans la demander, mais qu'on lui refusait son traitement ». Il avait fait procès et obtenu « une sentence de défaut contre le payeur ou autre agent de l'administration des charrois », dont d'Espagnac avait l'entreprise.

Ainsi mis au courant des ennuis de son protégé, Chabot s'interposa et obtint que le payeur de d'Espagnac lui remettrait un acompte. Rocin, confiant et joyeux, communiquait à Chabot, pour lui marquer sa reconnaissance, la dénonciation qu'il avait préparée contre Servan et contre d'Espagnac. Chabot nous dit qu'après sa lecture, il lança un mandat d'arrêt contre Servan, alors général en chef de l'armée des Pyrénées, mais il ajoute que ce mandat ne fut pas exécuté « par la faiblesse des représentants à l'armée des Pyrénées ». De retour à Paris, Chabot remit toutes les pièces concernant l'affaire Rocin au Comité de Sûreté générale dont il faisait partie. Il n'explique pas pourquoi il n'insista pas pour que la mesure qu'il avait voulu prendre contre Servan fut exécutée. Mais nous devinons ses motifs.

Rocin, dit-il, n'étant toujours pas payé, fit le voyage de Paris et s'adressa de nouveau à Chabot. Il vit aussi d'Espagnac, il menaça d'Espagnac du montagnard Chabot. Rocin était un naïf! Comme par enchantement, d'Espagnac, au seul nom de Chabot, lui déclara qu'il prenait le capucin comme arbitre du litige. Chabot accepta en effet de servir d'arbitre. Il condamna d'Espagnac à exécuter le jugement par défaut déjà rendu, c'est-à-dire à payer à Rocin une somme de 6000 livres. Mais d'Espagnac ne voulut s'acquitter qu'autant que Rocin retirerait ses dénonciations. Rocin se retourna vers Chabot, l'avertit que son arbitrage restait sans effet. Chose curieuse, Chabot cessa de soutenir Rocin. Il comprit, c'est Chabot qui le déclare dans le récit entortillé qu'il fit au Comité de Sûreté générale, il comprit qu'il y avait « du tripotage dans cette affaire ». « Je dis à Rocin que je ne voulais y entrer pour rien et que je gardais les pièces sur lesquelles j'avais arbitré jusqu'à ce qu'on me rendît mon jugement d'arbitrage que je voulais retirer après tout ce tripotage, qu'il n'avait qu'à s'arranger avec d'Espagnac, dont son affaire m'avait procuré trop de visites. » L'honnête Chabot s'apercevait un peu tard qu'il s'était compromis. Au moment où il exprimait ces scrupules, d'Espagnac était en prison et lui Chabot fortement soupçonné d'être son complice.

Mais continuons. Chabot se défend ensuite, et ceci est significatif, « d'avoir jamais dit à personne et moins encore à Rocin rien qui tendît à disculper d'Espagnac », qu'il ne connaissait que « d'après l'opinion publique », mais dont il arbitrait cependant les différends. Il se défend encore et surtout d'avoir demandé à Rocin de se désister de sa dénonciation contre d'Espagnac — preuve qu'il en avait été accusé, sans doute par Rocin lui-même furieux de voir que les 6 000 livres que lui allouait la sentence arbitrale lui échappaient ! preuve aussi que le Comité de Sûreté générale, où Chabot ne siégeait plus alors, avait fait attention à la dénonciation et regardait Chabot au même titre que Julien, comme un des protecteurs du trop fameux fournisseur. Chabot avoue que Rocin ne fut pas content de son refus de faire exécuter sa sentence arbitrale : « Et je dis même à Rocin qui me parlait des propositions à lui faites par un agent de d'Espagnac : Si votre dénonciation est bonne, vous ne devés vous en désister ni pour 6 mille ni pour 6 millions de livres. Si elle ne l'est pas, votre conduite me paraît louche et vous me paraissés crier fort haut pour faire acheter votre silence, ce qui est une friponnerie. Depuis cette époque, je n'ai pas vu Rocin qui, dit-on, m'a dénoncé au Comité pour cette affaire. »

Sous cette défense embarrassée la vérité se devine. En acceptant d'arbitrer le différend Rocin-d'Espagnac, Chabot aura reçu mandat d'étouffer une affaire qui menaçait d'aggraver la position déjà critique de d'Espagnac, dénoncé à ce moment, à la veille du 10 août, par Cambon et par Dornier. Chabot, en se faisant remettre le dossier de Rocin, désarma celui-ci et, quand il l'eut désarmé, il le joua. Rocin, privé de ses pièces, n'eut que la ressource de s'épancher en menaces vaines.

Au moment de l'instruction du procès, Delaunay, l'ami devenu l'ennemi et la victime de Chabot, déclarera que Julien de Toulouse avait offert à celui-ci de la part de d'Espagnac, une fortune[1]. Un peu plus tard, la maîtresse de Julien de Toulouse, Mme de Beaufort, reconnaîtra qu'elle re-

---

1. Lettre de Chabot à Danton du 29 frimaire. Chabot résume la déposition de Delaunay.

cevait d'Espagnac à sa table, et le portier Gerentel ajoutera que la citoyenne Beaufort « donnait
des dîners soupatoires à des députés, notamment à Julien de Toulouse, Chabot, Delaunay et
d'Espagnac ». Et le même Gérentel, dans une
seconde déposition, précisera que « le citoyen
Beaufort-Pompignan, Julien de Toulouse, d'Espagnac, Hostin ne fesaient qu'un entre cinq et
restaient tout le jour jusqu'à deux heures du matin
pour se communiquer leur secret... » [1].

Nous retrouverons Chabot, Delaunay et con-
sorts. Retenons seulement pour l'instant que ces
hommes sont très unis au mois de juillet 1793 et
qu'ils appuient de toutes leurs forces leur ami et
complice d'Espagnac.

Mais Danton tombe du Comité de Salut public.
D'Espagnac, écrasé par Dornier, est mis en arrestation. Les marchés sont cassés. Les Enragés,
puis les Hébertistes commencent leurs attaques
contre les Endormeurs et contre les Pourris.
Danton est obligé, le 26 août, de défendre sa vie
privée devant les Jacobins. Dès le 18 août le
député Maure, honnête homme et ardent Montagnard, a dénoncé aux Jacobins le Comité de
Sûreté générale où dominent Julien de Toulouse,
Chabot et leurs amis : « Peu de comités, dit
Maure, ont autant de besogne et peu travaillent
moins que celui-là. Des femmes assiègent toute la

---

1. Interrogation de Gerentel du 29 ventôse. *Arch. nat.*
BB³ 67.

journée ses antichambres comme chez les ci-devant
grands ». La dénonciation de Maure est appuyée.
Basire est accusé de protéger les émigrés. Le
8 septembre, Julien de Toulouse est à son tour
sur la sellette. Drouet et Sentex le jugent incapable de s'acquitter convenablement du rapport
dont le Comité l'a chargé sur le mouvement fédéraliste. Drouet et Maure déclarent que les membres du Comité de Sûreté générale sont usés,
qu'il faut les remplacer par d'autres « bien sûrs,
inaccessibles aux corruptions et surtout aux
dîners ». Robespierre engage Maure à porter sa
dénonciation à la Convention sans délai.

Or, justement le lendemain, 9 septembre, Chabot, au nom du Comité de Sûreté générale, venait
proposer une mesure qui justifiait toutes les
défiances. Il demandait que les scellés apposés
l'avant-veille sur les papiers des banquiers étrangers fussent immédiatement levés. Le capucin
avait déjà si mauvaise réputation qu'on soupçonna que le décret qu'il proposait lui avait été
payé d'avance, et on dira plus tard qu'il avait
reçu 200000 livres du banquier anglais Boyd,
qui passait à juste titre pour un agent de Pitt.
Drouet prit prétexte de l'intervention de Chabot
pour demander la réorganisation du Comité de
Sûreté générale. Maure l'appuya. « Le Comité
de Sûreté générale est trop vieux, il est sans cesse
environné de corruption, il faut l'en défendre... »
Mais Julien de Toulouse, plaidant *pro domo*,

observa : « ce ne sont point ceux qui ont constamment la main à la charrue qui viennent à l'assemblée dénoncer leurs collègues ». On ne l'écouta pas. La Convention décréta la proposition de Drouet et de Maure. Chose curieuse, le scrutin du lendemain donna un résultat inattendu. Le Comité de Sûreté générale fut réélu presque sans changement. Chabot, Basire, Julien, les trois hommes qui menaient le Comité, avait dit Dartigoyte aux Jacobins le 25 août, restaient à leurs postes, ainsi qu'Alquier et que Guffroy leurs amis. Mais ce ne fut pas pour longtemps !

Trois jours plus tard, les Montagnards honnêtes reprenaient l'offensive. Dans l'intervalle, le 9 septembre, le Comité de Salut public avait reçu une lettre de Laplanche en mission à Orléans qui lui révélait que Julien était en correspondance galante avec une anglaise nommée Brown et qu'à la prière de celle-ci, il avait surpris à la Convention, le 1er août 1793, un décret qui remettait en fonctions le curé de Saint-Paterne d'Orléans, Charles, révoqué par Collot d'Herbois [1]. Le 13 septembre, Danton demandait le renouvellement du Comité des marchés comme incivique et comme incapable — il ne l'avait pas trouvé tel quand il soutenait d'Espagnac, — il faisait ensuite l'éloge des deux Comités de Sûreté générale et de Salut public et concluait que la mission fût confiée au

---

[1] *Actes du Comité de Salut public* à la date du 9 septembre et *Archives parlementaires.*

Comité de Salut public de proposer la liste des membres qui composeraient dorénavant les comités à renouveler. Un membre inconnu saisit au bond la proposition de Danton et la généralisa. Il demanda que tous les comités sans exception, même ce Comité de Sûreté générale loué par Danton, fussent instantanément renouvelés par les soins du Comité de Salut public. Il en fut ainsi décidé, sans que Danton ni ses amis osassent protester.

Le soir même, aux Jacobins, les membres du Comité de Sûreté générale étaient de nouveau très vivement pris à partie par Billaud-Varenne, par Lullier, par Dufourny qui reprochaient particulièrement à Chabot d'avoir fait lever les scellés chez les banquiers étrangers. Dufourny n'hésitait pas à porter contre la moralité de certains d'entre eux des accusations graves : « Il sait, disait-il, que beaucoup de gens sacrifient par des monopoles abominables les intérêts de leur pays à leur cupidité naturelle. Des membres même de la Convention lui ont été indiqués d'une manière vague comme compromis dans un plan d'agiotage. » Les gens renseignés comprirent l'allusion. Ils savaient que depuis deux mois Julien de Toulouse, Chabot et Delaunay d'Angers s'acharnaient contre la Compagnie des Indes dont ils pressaient la liquidation afin de réussir une manœuvre à la baisse sur ses actions et afin aussi de forcer les administrateurs de la Compagnie à entrer en accommodement[1]. Chabot se sentit si bien visé qu'il monta à la tribune et somma Dufourny de donner des noms. Dufourny lui répondit que sans vouloir nommer Chabot il se promettait bien de ne pas faire grâce aux corrompus, dès qu'il aurait sur eux des renseignements plus sûrs. Chabot n'insista pas.

Après Dufourny, Raisson s'attaqua à Osselin, autre ami de Danton et de Julien, et les jacobins décidèrent qu'Osselin serait invité à fournir ses explications sur les faits qu'on lui imputait.

Osselin était mêlé lui aussi aux affaires d'Espagnac, témoin cette lettre que Clauzel, vice-président du Comité de surveillance des marchés de l'armée, adressera quelques semaines plus tard, le 14 frimaire an II, à Fouquier-Tinville, accusateur public du tribunal révolutionnaire :

Les commissaires occupés à l'inventaire des papiers de la compagnie Masson et d'Espagnac, ont trouvé dans le carton d'Haller[2] un des administrateurs, une lettre de ce dernier datée du 26 mars dernier, qui dit : « Voici une lettre d'Osselin. Je lui répond que vous ferez tout

---

1. Voir mon livre : *Un procès de corruption sous la Terreur : l'affaire de la Compagnie des Indes*. Paris, Félix Alcan.

2. On voit que le banquier Haller, qui avait été chargé avec Le Coulteux de La Noraye de la liquidation du coup de bourse d'Espagnac en 1787, était resté dans les meilleurs termes avec d'Espagnac. Haller sera accusé, en 1796, d'avoir dilapidé les fonds de l'armée d'Italie, ce qui ne l'empêchera pas d'être nommé, l'année suivante, trésorier payeur général de la même armée et ministre des finances de la République cisalpine.

ce qu'il voudra et tout ce que vous pourrez et que de mon côté je concourerai de tout mon cœur ; depuis que j'ai vu *Camus demander son retour de la Belgique, je sens bien plus encore la nécessité de cultiver l'amitié d'Osselin*[1]. On peut induire de là qu'Osselin était le protecteur de la compagnie Masson et d'Espagnac. Salut et fraternité. Clauzel[2].

L'attitude des Jacobins enhardit les membres honnêtes de la Convention. Le lendemain de leur séance, le 14 septembre, un membre qui n'est pas nommé, proposa qu'en exécution du décret rendu la veille, le Comité de Salut public fût tenu de présenter, séance tenante, la liste des membres du Comité de Sûreté générale. La motion fut votée sans débat et le Comité de Salut public s'exécuta sur-le-champ. La liste qu'il proposa et qui fut ratifiée ne comprenait aucun des noms de ceux qui avaient été dénoncés aux Jacobins depuis un mois. Julien de Toulouse, Chabot, Basire, Alquier étaient éliminés. Le nouveau Comité comprenait une majorité de membres acquis à la politique robespierriste ou hébertiste : Le Bon, Le Bas, David, Amar, Rühl, Voulland, Vadier, Panis, M. Bayle, Boucher Saint-Sauveur, Guffroy, La Vicomterie.

La réputation de Julien était si mauvaise que le premier soin du nouveau Comité de Sûreté générale fut de faire mettre les scellés sur ses

1. Souligné dans l'original.
2. *Arch. nat.*, W 81.

papiers. L'opération fut décidée le 17 septembre[1]. Elle eut lieu le lendemain 18, dès 8 heures du matin, et elle fut confiée à David et à Panis, qui se firent accompagner de plusieurs Jacobins de marque, de Dufourny, directeur des poudres et salpêtres, président du département de Paris, Jacques Moënne, secrétaire du Comité de Salut public, Raisson, secrétaire général du département de Paris, J.-B. Sambat, artiste peintre et juré au tribunal révolutionnaire, Annibal Ferrières, négociant, et Didier Jourdeuil, l'un des massacreurs de Septembre, alors adjoint de Bouchotte au ministère de la Guerre.

Julien habitait alors rue Neuve-Saint-Georges, n° 19, dans l'hôtel de la citoyenne Le Franc de Pompignan, nièce du célèbre évêque Christophe de Beaumont et belle-fille de l'ennemi des philosophes, l'appartement occupé par Mme de Beaufort, sa tendre amie. Quoique marié, il menait l'existence d'un célibataire. Il avait laissé à Toulouse sa femme légitime Suzanne Lichère, âgée de 33 ans, et son fils Amédée âgé de 13 ans. Son domicile légal était toujours rue Helvétius, n° 9. C'était là qu'il avait son secrétaire, Vassilière[2], mais il vivait déjà depuis plusieurs mois avec Mme de Beaufort. Il était absent quand les

1. *Arch. nat.*, F⁷ 6713. L'arrêté est signé : Boucher St-Sauveur, Vadier, Guffroy, M. Bayle, Joseph Le Bon, Rühl, Lavicomterie, Amar.

2. *Arch. nat.* F⁷ 4752.

commissaires se présentèrent pour perquisition-
ner. Une femme de chambre de Mme de Beaufort remit la clef de l'appartement de la part
du nommé Michel, son domestique, car Julien
avait un valet de chambre. Les papiers trouvés
sur sa table, dans son secrétaire et dans sa chambre à coucher, furent enfermés dans une malle en
cuir sur laquelle les scellés furent apposés. D'autres papiers furent enfermés dans une petite bibliothèque à rideaux. Les scellés furent apposés
sur les portes de l'appartement et des fusiliers
montèrent la garde.

Julien dans les transes alla se consoler auprès
de Chabot que Delaunay d'Angers avait déjà pré-
venu. Chabot, Basire, Delaunay s'attendaient à
avoir le même sort que Julien. Chabot passa la
nuit, de son propre aveu, à attendre les commissaires du Comité de Sûreté générale[1] : « Julien
vint à une heure après minuit m'annoncer son
aventure en m'assurant qu'il n'y avait rien contre
lui ». Julien voulait se cacher chez Chabot. Chabot, qui ne se souciait pas d'un hôte aussi com-
promettant, l'engagea « à rentrer dans sa maison
s'il était innocent et à sortir de chez lui s'il était
coupable ». Julien objecta qu'on pouvait l'arrêter. « Tant mieux, répliqua Chabot, la Convention te vengera si tu es innocent. — Il se rendit
chez lui où il trouva des gardes qui ne le perdi-

___

1. D'après la déclaration faite par Chabot au Comité de sûreté
générale, le 26 brumaire an II, ainsi que ce qui suit.

rent pas de vue. » Le lendemain, Julien alla trouver Delaunay d'Angers et avec ce dernier revint chez Chabot vers dix heures. « Je lui dis, dit Chabot, qu'il devait attaquer juridiquement ceux qui avaient donné l'ordre de le garder à vue et qu'un homme innocent ne devait jamais plier devant ses ennemis, ni les épargner. Je compris, ajoute bravement Chabot, qu'il n'était pas pur par la résistance qu'il fit à mes propositions de pousser cette affaire. »

Julien avouera plus tard, en l'an III, qu'il s'était rendu effectivement chez Chabot et qu'il n'était pas très rassuré en y allant. « C'est la guerre, lui dit-il, du nouveau Comité contre l'ancien. » Chabot l'aurait réconforté et engagé à retourner chez lui. Le lendemain, Chabot lui aurait « conseillé de porter plainte devant un juge de paix, de faire mille autres extravagances » qui, dit-il, « ont toujours répugné à mon cœur et qui m'eussent perdu »[1].

Les scellés furent levés, le 20 septembre, par Voulland et Moyse Bayle. Julien leur déclara, dès leur arrivée, qu'ils trouveraient sous la table de marbre de son secrétaire un paquet de valeurs qu'il avait reçu « en dépôt de confiance ». Le paquet renfermait des billets de la Caisse d'assurances sur la vie pour une somme de cent mille

---

1. Julien de Toulouse : *Suite de ma réponse aux dénonciateurs*, Bib. nat., Le **/1431.

neuf cents livres[1], plus six ou sept mille livres d'assignats républicains de 400 livres chacun. Sur l'enveloppe ficelée était écrit : *Dépôt de confiance et d'amitié.* Pour expliquer la présence d'une telle fortune entre ses mains, Julien raconta aux commissaires que le paquet lui avait été remis par la citoyenne Gauthier, femme divorcée du ci-devant comte de Beaufort, chez laquelle il logeait. Il avait connu cette citoyenne à Toulouse et il lui avait servi de conseil lors de son divorce.

Voulland et Moyse Bayle enregistrèrent la déclaration qui leur était faite et remirent les papiers et le paquet trouvés chez Julien à leurs collègues Le Bon et Le Bas qui furent chargés de les examiner. Le Bon et Le Bas terminèrent leur besogne le 25 septembre et rendirent à Julien son paquet de valeurs sans l'ouvrir. Ils se contentèrent de son assurance que « le nom de la personne à qui le dépôt devait être remis était inscrit sur son livre de raison »[2]. Mais, quelques jours plus tard, Amar et Vadier, plus défiants, firent de nouveau appeler Julien au Comité et lui demandèrent s'il avait remis à son propriétaire, c'est-à-dire à la comtesse de Beaufort, le dépôt trouvé chez lui. Julien avait prévu la question et préparé sa réponse. Il exhiba le reçu suivant : « Je reconnais avoir reçu

1. C'était également en actions de la Caisse d'assurances sur la vie, dont Clavières avait présidé le Conseil d'administration, que d'Espagnac avait fourni son cautionnement.

2. *Arch. nat.*, W 342, procès-verbal de la levée des scellés.

du citoyen Julien (de Toulouse) le dépôt que je lui confiai lors de mon divorce et pendant mon séjour à Passy, ce présent billet lui servant de décharge en cas de réclamation. A Paris, rue Saint-Georges, 3 octobre 1793. Signé : G. B. »[1].

*
* *

Anne-Marie Gauthier de Montgeroult de Coutances était âgée de 30 ans. Son père était trésorier, son grand-père payeur des rentes. Elle possédait une jolie fortune. Outre son appartement de la rue Saint-Georges où elle vivait avec Julien, elle avait un autre domicile à Passy, rue des Francs-Bourgeois. Elle possédait encore une maison à Versailles, rue Beaurepaire, 28, où elle se réfugia au début d'octobre 1793 quand Julien fut inquiété. Elle était liée avec toute la haute société, avec la citoyenne Lefranc de Pompignan dont le mari, fils du célèbre auteur, habitait Pompignan, près de Toulouse, où sans doute Julien l'avait connu. Elle voyait le comte de Mallet, qui habitait hôtel Ventadour et qui fut compromis dans l'affaire des charrois de l'entreprise Winter. Elle était en relations intimes avec la comtesse d'Abzac, avec la famille de Loménie de Brienne, avec le fameux aventurier Lavalette Au-

1. *Suite de la réponse de Julien, déjà citée.*

guste Montgaillard qui venait d'émigrer[1]. Mariée
à seize ans, le 17 septembre 1781, avec le comte
Brandoin de Beaufort, elle avait quitté Paris en
décembre 1791 et avait séjourné quelques mois à
Bruxelles. Elle revint à Paris de son propre aveu
le 6 mars 1792. Son mari servait dans l'armée
des princes. Il envoya sa démission de colonel,
en mai 1792, de Niederhagenthal, et cette seule
pièce lui permit d'obtenir le divorce. Elle avait
un fils âgé de 11 ans. Peut-être en divorçant
n'avait-elle voulu que sauvegarder sa fortune et
celle de son fils contre les confiscations révolutionnaires ? Ce fut le cas de beaucoup de femmes
de gentilshommes[2]. A propos de son divorce,
elle vit Julien qu'elle trouva beau garçon et
elle lui témoigna sa reconnaissance comme une
femme de 30 ans sait la témoigner. Elle avait
de quoi charmer Julien qui se piquait d'être
un homme d'esprit. Elle s'adonnait elle-même
à la littérature et fréquentait La Harpe, le littérateur à la mode. Elle dînera aux côtés de La
Harpe et de Julien chez le baron de Batz à
Charonne, dans ce fameux dîner où fut concerté
entre le baron, Chabot, Basire, Julien et De-

1. D'après l'interrogatoire de Mme de Beaufort devant le
Comité de surveillance du département de Paris, 5 germinal
an II et les pièces annexes. *Arch. nat.*, BB³ 67.

2. M. de Gélis dit pourtant, dans un récent article de la *Revue
des Pyrénées* (1914, n° 1), qu'elle était séparée d'avec son mari
dès le début de la Révolution.

launay le plan de campagne contre la Compagnie des Indes.

En ce temps de morale facile, personne n'aurait songé à reprocher à Julien sa liaison publique avec Mme de Beaufort. Mais la levée des scellés apposés chez lui n'avait pas fait seulement découvrir le paquet renfermant les cent mille livres de valeurs. Sa correspondance renfermait des pièces très compromettantes, très suspectes.

Outre la lettre que d'Espagnac, dans sa détresse, lui avait écrite d'Orléans le 9 avril, comme « à son génie tutélaire », et que nous avons publiée, outre la lettre du fournisseur Thabaud, qu'on a lue ci-dessus, on avait trouvé sous les scellés d'autres lettres qui révélaient non pas seulement des collusions avec les fournisseurs, mais, chose peut-être plus grave alors, des collusions avec les aristocrates et les suspects. Le terrible Montagnard Julien, le Julien qui coupait la parole à Fauchet et à Deperret, le maratiste Julien qui se plaignait naguère, le 21 août, des lenteurs du tribunal révolutionnaire à juger Custine, le croquemitaine qui avait terrorisé les Orléanais, apparaissait dans sa correspondance privée comme le protecteur attitré des comtes, comtesses et marquises qu'il aidait à violer les lois révolutionnaires.

Il était en commerce amical avec Mme de Bonneval, femme divorcée du comte d'Abzac et avec toute sa famille qui habitait à Villiers-la-Garenne, près de Paris, la maison de la veuve Le Ménager[1]. Il y avait là le ci-devant comte de Bonneval, maréchal de camp, père d'émigré, âgé de 74 ans, la citoyenne Nanthiac, le citoyen Bonneval neveu, la citoyenne Bonneval mère, la citoyenne Marie Bonneval, femme divorcée d'Abzac, le citoyen Segonzac, la citoyenne Segonzac sa sœur. Mme d'Abzac possédait en outre un appartement à Paris, rue du Mont-Blanc, n° 62, tout près du domicile de Julien. Elle était l'amie de Mme de Beaufort. Voilà où les liaisons dangereuses avaient mené le séduisant pasteur.

Mme d'Abzac intercédait auprès de Julien pour ses proches, pour ses amis et amies. Ses lettres montrent qu'elle tenait un véritable bureau de recommandations. Julien se montrait aimable, empressé à satisfaire. Il ne décourageait aucune espérance. Lisons plutôt :

Voicy enfin le papier que le citoyen Osselin[2] m'a remis, Monsieur, et c'est avec une confiance sans bornes que je vous l'envoye. Ah ! je vous oublie, faite rendre justice à ma malheureuse amie et croyez qu'alors ma reconnaissance sera parfaite.

J'espère avoir le plaisir de vous voir vendredi ou samedi.

1. *Arch. nat.*, F⁷ 4608. Arrestation de la famille de Bonneval par le Comité révolutionnaire de Neuilly-sur-Seine par ordre de Trinchard.
2. Collègue de Julien au Comité de sûreté générale.

Je vous demande de recevoir, en attendant, l'assurance de mon attachement.

BONNEVAL D'ABZAC.

Au citoyen Julien, rue Saint-Georges, en fasse de la section du Mont-Blanc, chez Mme de Beaufort, à Paris [1].

Voilà une lettre qui ne compromettait pas seulement Julien, mais Osselin.

La « malheureuse amie », à laquelle Mme d'Abzac essayait d'intéresser Julien était Mme de Rochechouart (Marie-Victoire Boucher veuve Rochechouart-Pontville), un des plus grands noms de France. Elle avait voulu soustraire à la destruction cinq caisses remplies de titres féodaux et de plus elle était accusée de correspondance avec les émigrés. Un de ses fils avait passé la frontière et elle lui envoyait de l'argent [2]. Dans sa détresse, elle avait appelé Mme d'Abzac à son secours et Mme d'Abzac écrivait aussitôt à Julien :

Villiers, ce dimanche.

Je viens de recevoir une lettre de Madame de Rochechouart, Monsieur, qui me met au désespoir. Je vous l'envoye, et vous jugerez du tort que lui a fait le raport

---

1. *Arch. nat.*, W 342, dossier des Dantonistes. Nous avons respecté l'orthographe de l'original comme dans les documents suivants.

2. WALLON : *Histoire du Tribunal révolutionnaire de Paris*, t. III, p. 308.

de l'arrêté du Comité de surveillance. Je serai demain matin chez vous vers 8 heures afin de causer plus librement sur cette affaire qui m'intéresse au-delà de toute expression. Ne serait-il pas possible d'obtenir un ordre qui détruisit cet arrêté? Je vous demande en grâce d'en dire un mot à M. Alquier si vous le voyez dans la journée.

Pardon mille fois de vous donner tant de peines. Mais! je ne peux avoir de parfaite confiance qu'en vous qui savez plaindre les malheureux.

Recevez l'assurance de mon sincère attachement pour vous, Monsieur, et celle de toute ma reconnaissance.

Bonneval d'Abzac[1].

Mme de Rochechouart avait exprimé, à « sa très belle » Mme d'Abzac, son étonnement de voir sortir tous les détenus de sa prison hormis elle-même. Un ordre du Comité de Sûreté générale avait prescrit son maintien sous les verrous. « Cela, disait-elle, est si contraire à ce que vous m'avez mandée (*sic*) le [9 juillet] que je me permets d'en douter... Adieu, votre amitié fait mon espoir, mon innocence fait ma sécurité. Je vous embrasse très tendrement. »[2].

Mme d'Abzac ne compromettait pas seulement

---

1. Lettre non datée, mais postérieure au 22 juillet, date de la lettre de Mme Rochechouart annexée.

2. Mme de Rochechouart fut condamnée le 3 floréal an II. On trouve dans le dossier plusieurs autres lettres de Mme d'Abzac à Julien en sa faveur, une du 24 juin, une du 13 août, une du 16 juillet.

Julien, elle compromettait ausssi Alquier, comme tout à l'heure Osselin.

Si on veut se faire une idée du degré d'intimité des relation de cette belle dame avec Julien, il faut lire encore cette épître qu'elle lui adressait de Villiers-la-Garenne le 9 septembre, huit jours avant la perquisition :

Je voudrais bien aller à Paris, mon cher citoyen. Je comptais pour beaucoup le plaisir de vous y voir. Mais la difficulté des voitures, un peu de dérangement dans les santés de mes mamans me retiennent encore un ou deux jours.

J'espère que vous n'oubliez pas que vous m'avez promis de venir dîner avec nous, puisque le dimanche est le jour où vous êtes le plus libre, je voudrais que ce fut le premier et si vous n'avez pas d'engagement, mandez-le-moi et je vous envoyerai ce jour-là un guide qui sera bien à vos ordres ; je tâcherai d'aller vous voir avant ce tems. J'irai peut-être vous chercher à l'Assemblée, car je deviens timide pour votre logement. J'ay toujours craint de déplaire surtout aux caractères soupçonneux. Cette raison fait que je vous demande de ne point dire que je vous ay écrit, c'est bien le cas de dire *honni soit qui mal y pense*. Mais c'est égal, il faut plaindre jusqu'aux faiblesses.

Vous avez mon adresse à la datte de ma lettre. A Dieu, mon cher citoyen, soyez bien persuadé de mon très sincère attachement pour vous et croyez que je serai toujours reconnaissante de tout ce que vous avez eu la bonté de faire pour moi.

Ainsi, déjà Mme de Beaufort avait pris ombrage de l'intimité de la « très belle » avec Julien de

Toulouse. La « très belle » n'osait déjà plus se hasarder à lui faire visite. Quand elle avait quelque chose d'important à lui dire, elle le priait de venir chez elle comme par ce billet :

> Samedi matin.
>
> Je suis venue hier coucher icy, mon cher Citoyen, je vous supplie, si cela ne vous gêne pas de venir chez moi rue du Mont-Blanc, n° 62, en sortant de chez vous. Il faut absolument que je vous parle et que je vous dirai la raison qui m'empêche d'aller chez vous. J'ay reçu encore une lettre ce soir. J'ay beaucoup de choses à vous dire. Si vous étiez par trop pressé, je prendrais cependant sur moi d'aller vous parler, mais cela me fâcherait. J'espère donc que vous viendrez et je ne sortirai pas avant de vous avoir vu. Bonjour.

Mme d'Abzac trouvait Julien complaisant et elle multipliait auprès de lui les démarches, les demandes de concours.

Voici, Monsieur, lui écrivait-elle le 17 (le nom du mois manque), un mémoire pour mon cousin M. d'Hautefort. J'ay trouvé sa femme bien malheureuse de cette arrestation pour laquelle il n'y a sûrement aucuns motifs fondés ; mais il est bien cruel de savoir son mari à l'abbaye dans ce moment. Je m'en rapporte à votre extrême désir d'obliger pour obtenir la liberté de mon cousin auquel je prend le plus grand intérêt. Le *citoyen Basire a eu la bonté*[1] de promettre qu'il s'en occuperait

---

1. Souligné dans le texte à l'encre rouge, sans doute par les membres du Comité de sûreté générale, Lebon et Le Bas.

aussi. Recevez d'avance tous mes remerciements. Je suis destinée à vous en adresser sans cesse. Je suis bien reconnaissante vous le savez. Je vous prie, Monsieur, [d'agréer] l'assurance de mon très sincère attachement.

Cette gentille lettre pour le cousin ne fut pas écrite en vain. Les efforts combinés de Basire et de Julien aboutirent et Mme d'Abzac remerciait le 25 août 93 :

Je viens d'apprendre, Monsieur, que M. d'Hautefort est sorti de prison[1]. J'aime à penser que c'est à vous à qui j'ay cette nouvelle obligation. Recevez-en mes plus sincères remerciements. Je me flattais un peu que vous viendriez me voir aujourd'hui, il me semble que le dimanche vous avez moins d'occupation, et il serait bien juste que vous prissiez quelques instants de distraction. Peut-être irai-je après-demain à Paris. Je serai charmée de vous y voir et de vous renouveller l'assurance bien vraie de mon attachement pour vous.

Bonneval d'Abzac.

Je vous supplie de ne pas oublier mon passeport. J'ay grande impatience de le tenir.

Ce n'était pas uniquement pour sauver des têtes ou pour faire élargir des prisonniers que Mme d'Abzac écrivait à son cher citoyen Julien. Elle l'occupait d'affaires bien peu sérieuses, dont elle n'aurait pas osé l'entretenir si elle n'avait été très loin dans sa familiarité :

1. Le comte Abraham-Frédéric de Hautfort dut être repris après, car il périt sur l'échafaud, le 19 messidor an II. Sa femme périt avec lui.

> Villiers, ce 30 aoust 93.
>
> Un homme qui a quatre-vingts ans, Monsieur, qui ne possède qu'un cheval, absolument nécessaire pour faire de l'exercice, pourrait-il espérer de trouver quelques moyens de le conserver en payant à la République la valeur dudit cheval ou en [en] fournissant un pour le remplacer ? Je serais trop heureuse de rendre service à un vieillard infirme et auquel je suis très attachée[1]. On dit que la grâce que je sollicite dépend du Comité de Salut public. Je vous supplie de vouloir bien vous en informer et, s'il faut présenter une pétition, on la présentera. J'ay le plus grand désir de rendre ce petit service à mon vieux *(sic)* ami et il m'est impossible d'avoir recour à d'autre qu'à vous. J'irez *(sic)* demain vous chercher à l'Assemblée et vous me direz votre opinion sur ma demande.
>
> J'ai reçu la lettre que vous m'avez annoncé de Mme de B. (Beaufort). Je vous la ferai voir ainsi que ma réponce. A Dieu, mon cher citoyen, soyez bien persuadé de mon très sincère attachement pour vous.

On voit encore, par les pièces du dossier, que Mme d'Abzac sollicita Julien en faveur de Mme De La Vigne, et avec succès, car elle lui écrit de Villiers-la-Garenne, le 16 juillet : « L'affreuse chaleur m'a empêchée de venir à Paris, Monsieur, mais je sais que vous n'avez pas cessé d'avoir la bonté de vous occuper de ce qui intéresse Mme De La Vigne. Je vous en dois des remerciements sans

---

1. Sans doute le comte de Bonneval, maréchal de camp, son grand-père.

nombre et soyez sûr que c'est avec bien de la reconnaissance que je vous les adresse. »

Quand Balzac de Firmy, conseiller au Parlement de Toulouse, fut arrêté, Mme d'Abzac fit passer à Julien un mémoire en sa faveur et l'accompagna d'un billet qui contenait une invitation à dîner :

Ce 13 aoust.

Voicy, mon cher Citoyen, le mémoire pour le citoyen Balzac. Je vous demande avec toute l'instance possible de le lire au Comité demain, afin que vous puissiez me dire quelque chose de consolant dimanche. Je me fais un grand plaisir de vous voir ce jour-là à la campagne. A Dieu. Je vous renouvelle l'assurance de tout mon attachement... [1]

Une autre fois, le 1ᵉʳ septembre, Mme d'Abzac faisait viser les passeports de deux de ses amies, Mmes de Canisy et de Bricqueville, obligées d'aller à Forges-les-Eaux chercher des certificats de résidence. Mme de Canisy, née Charlotte de Loménie, était l'épouse divorcée d'un émigré. Elle se montra reconnaissante, car on trouve sous les scellés de Julien le billet suivant :

Mme de Canisy et Mgr l'évêque de Sens espèrent que le citoyen Julien viendra demain dimanche dîner avec eux. Ils voudraient l'un et l'autre lui persuader qu'il ne peut s'en dispenser ; si cependant et contre leur espoir, il les refusait, l'évêque de Sens irait le matin lui faire ses adieux. Ce samedi soir.

1. La lettre se termine par un *post-scriptum* où Mme d'Abzac priait Julien de s'intéresser à une demande faite par Mme de Montagu, fille de Mme de Rochechouart.

L'évêque de Sens était le cardinal Loménie de Brienne, l'ancien ministre de Louis XVI, qui avait occupé auparavant le siège archiépiscopal de Toulouse où il avait probablement connu le pasteur Julien. Loménie de Brienne avait trouvé le moyen d'intéresser aussi Danton à ses affaires, ce qui ne l'empêcha pas de monter à l'échafaud, un peu plus d'un mois après Danton lui-même.

On conçoit, après avoir lu cette édifiante correspondance, que Mme d'Abzac ait éprouvé un vif chagrin quand elle apprit que Julien de Toulouse, ce Jacobin selon son cœur, était exclu du Comité de Sûreté générale. Elle lui écrivit aussitôt :

Ce mardi matin [1]

Je viens de voir dans un journal, mon cher citoyen, le décret concernant le comité de sûreté. Je suis au désespoir, mais je me presse bien vite de vous écrire pour vous supplier, si cela est possible, sans vous compromettre, de faire signer mon passeport avant de quitter et de viser celui du pauvre M. De La Vigne que je vous ay remis. J'ai écrit au citoyen Alquier pour qu'il signe le mien et je ne crois pas qu'il vous refuse.

J'irai demain vous voir. Ça sera toujours avec plaisir que je vous assurerai, mon cher citoyen, de tout mon attachement.

Bonneval. d'Abzac.

Julien s'empressa de faire droit à cette ultime requête en procurant à la très belle comtesse

---

1. Sans doute le mardi 17 septembre.

le passeport qui la mettrait en sûreté. Elle le remercia par ce billet qui est le dernier du dossier :

Depuis une heure attendant un vilain fiacre pour retourner chez moi et me trouver à celle où Mme de Beaufort m'avait fait espérer que vous vienderiez (*sic*), Monsieur, j'employais tous les moyens pour le faire aller vite et ne point me priver de vous remercier moi-même de votre extrême obligeance à vouloir bien vous occuper de ma sûreté quand j'appris en rentrant que vous étiez venu et même deux fois ce soir. J'en ai tant de regret que je ne veux pas me reposer de ma course avant de vous avoir témoigné tous mes regrets. Je vous demande bien vivement de m'en dédommager en venant dîner avec Mme de Beaufort, le jour que vous choisirez mutuellement. Dites-lui, je vous prie, que j'ai été bien contrarié ce matin de devoir la quitter à 3 heures et que mon guignon m'a continué ce soir pour vous...

Julien s'intéressait davantage aux belles dames, mais il ne faudrait pas croire que les hommes lui trouvaient un cœur de pierre. Il y a sous les scellés une lettre d'effusions reconnaissantes datée de Passy, « ce dimanche », et signée A.-M. Gauthier [1] :

CHER CITOYEN,

La reconnaissance et l'amitié ont souvent exprimé leur sentiment mais rarement ils ont été exprimés comme je les sens. C'est une grande jouissance dans ce malheur même que d'avoir des amis qui s'intéressent autant à

---

1. Sans doute un frère ou cousin de Mme de Beaufort.

nous. Je vous assure que, quoi qu'il puisse m'arriver, ce sera jusqu'au dernier moment une consolation pour moi de penser aux services que vous m'avez rendus.

Voici encore une Mme de Puisieux qui écrit à Julien une lettre d'un lyrisme débordant, datée d'un château de l'Orléanais, le dimanche 28 juillet 1793 :

Il est impossible, citoyen, d'écrire une plus aimable lettre que celle que vous m'avez envoyée. L'esprit dont elle brille m'a cependant moins touché que les charmes de la sensibilité qui y est répandue et, si elle était factice, vous seriez bien coupable ! Mais non, l'homme, je crois, ne peut se manquer à ce point et celui qui a le bonheur de vivre auprès de mon amie ne peut être ni faux ni insensible...

La lettre continue sur ce ton. On voit que Julien a recommandé l'auteur à quelque sans-culotte d'Orléans et l'a chargé de la protéger contre tout danger. Elle n'est cependant pas délivrée de toute inquiétude et elle espère que son « Dieu tutélaire », c'est Julien, continuera de veiller sur elle. Dans sa solitude, elle s'entretient de ses « vertus ». Elle souhaite qu'il jouisse « de la douce récompense qui est due à l'homme de bien, au véritable républicain qui sait, par les grâces de son esprit, faire aimer la République et montre, par ses vertus, qu'il est digne de marcher sur les pas des Romains généreux qui doivent être toujours nos maîtres et nos modèles ».

Tout l'armorial, décidément, se donnait rendez-vous dans le cabinet du pasteur. Voici encore qu'il s'intéresse à deux Normandes : Mmes de Râville et de Théroulde, femmes d'émigrés, dont les biens, écrit leur homme d'affaires Demontaur [1], vont être pillés « administrationnellement », si Julien ne tient pas la promesse qu'il leur à faite d'intervenir en leur faveur, de concert avec les deux députés du Calvados, Philippe Delleville et Fauchet [2].

Ces lettres, dira plus tard Julien, sous la réaction thermidorienne, « faisaient l'éloge de son amour pour la justice dans un temps où il y avait quelque mérite à être juste » ! « Dans mes fonctions au Comité de Sûreté générale, continuera-t-il, je ne distinguois ni aristocrates ni ce qu'on appeloit sans-culottes. Je ne vis jamais que des citoyens et je tâchois d'être juste envers tous. Si je m'occupois du bonheur des hommes lorsqu'ils étoient opprimés, si j'écoutois les réclamations qu'on me fesoit à leur égard, je remplissois un devoir sacré, je faisois alors ce qu'on a fait, ce que vous avez fait vous-mêmes depuis le 9 thermidor, je venois au secours des victimes de la tyrannie. » [3].

1. Lettre du 11 juillet, datée de Bayeux.

2. Trois jours après, Julien demandait l'arrestation de Fauchet.

3. *Encore un mot à mes détracteurs. Julien (de Toulouse), représentant du peuple à la Convention nationale (floréal an III)*, pp. 15-16.

Ainsi d'Espagnac était une victime de la tyrannie et c'était par pure bonté d'âme que Julien lui était venu en aide. Si Julien réclamait et votait des lois terribles contre les émigrés, c'était afin de pouvoir se donner le plaisir de manifester sa bonté en soustrayant à leur application le plus de coupables possible !

A la tribune, Julien fulminait contre les Girondins, dont il trouvait la punition trop tardive [1]. Mais, au Comité de Sûreté générale, Julien était un autre homme. Il s'efforçait de mériter les bénédictions de ces mêmes Girondins qu'il proscrivait en paroles. Dans le moment même où il demandait la tête de Fauchet et de Deperret et où il s'indignait du retard du procès des 22, il entretenait avec l'un d'eux, Lasource, ancien pasteur comme lui, une correspondance intime, il partageait avec lui « le pain de l'amitié », comme il dit, il soulageait sa détresse, et il se vantera plus tard de ces services rendus comme d'un titre à l'indulgence des Thermidoriens.

Un autre Girondin, également très compromis, Boyer-Fonfrède, lui demandait une conférence « pour arranger les articles qui concernaient son département » dans le grand rapport que le Comité l'avait chargé de rédiger sur les administrations rebelles, et, naturellement, Julien accordait la conférence et arrangeait les articles.

---

1. Voir la séance du 9 septembre aux Jacobins

Pour que la besogne fût mieux faite, Julien avait pris pour secrétaire un homme qui lui avait été dénoncé à lui-même comme un partisan de la Gironde, Pierre-Bernard Vazilières, qu'il avait connu à Toulouse quand il faisait ses études de médecine. Vazilières, de l'aveu de Julien, « avait des amis particuliers parmi les députés proscrits »[1], et avait lui-même manifesté son opinion contre le 31 mai.

Rédigés par un tel homme, les rapports de Julien contre les fédéralistes ou contre les suspects devaient être plus terribles en menaces qu'en conclusions effectives. Et, en effet, la plupart des affaires qui lui furent confiées aboutirent à des non-lieu ou à des mesures sans portée.

Chargé de requérir contre Westermann, accusé de trahison après sa défaite de Châtillon-sur-Sèvre, Julien conclut — par la plume de Vazilières — que le général, cher à Danton et odieux à Marat serait déféré non pas au tribunal révolutionnaire, mais à une cour martiale[2]. Il expliquera plus tard ce que signifiait cette tactique : « C'est ainsi que dans le rapport sur Westermann,

1. Voir *Réponse de Julien de Toulouse, député proscrit, à ses dénonciateurs*, an III, p. 43-46. Pierre-Bernard Vazilières, âgé de 28 ans, natif de Graulhet, fut interrogé au Comité de sûreté générale, le 28 brumaire. *Arch. nat.*, F⁷ 4775⁴⁰. Il existe sous ses scellés (*Arch. nat.* F⁷ 6713) un état des rapports qu'il a rédigés pour Julien de Toulouse.

2. Le rapport de Julien sur Westermann est du 30 juillet 1793.

que je regardois comme le vainqueur de la Vendée,
le seul capable de terminer cette guerre désastreuse, j'ai laissé planer quelques soupçons
d'inconduite dans les opérations militaires, pour
détourner de dessus sa tête les fureurs de cette
horde impie, ennemie de la patrie et de ses
défenseurs les plus zélés, le faire renvoyer devant
un tribunal militaire sur les lieux mêmes où
j'étois assuré qu'il seroit acquitté et pour l'éloi-
gner du tribunal assassin. Si j'avois dit la vérité
sur son compte, si j'avois avoué que je le regardois comme un héros, il était perdu, sa mort étoit
jurée. » On sait que le calcul se trouva juste et
que Westermann reprit son commandement,
quitte un peu plus tard à porter sa tête sur l'échafaud avec Chabot et Danton[1].

Un autre général plus compromis encore que
Westermann fut également sauvé, du moins pro-
visoirement, par Julien. Beysser, qui commandait
à Nantes, avait signé un arrêté des autorités
fédéralistes de cette ville qui protestaient contre
le 31 mai. Julien, par la plume de Vazilières,
excusa Beysser et le fit renvoyer à ses fonctions[2].
Beysser le remercia dans une lettre qui se trouve
au dossier[3]. Comme Westermann, il devait un
peu plus tard porter sa tête sur l'échafaud.

---

1. Voir notre étude sur *Westermann et la cour à la veille du
10 août* dans notre ouvrage *Autour de Danton*.
2. Séance du 19 août.
3. Lettre datée de Nantes, le 28 août 1793. *Arch. nat.*, W 342.

Fidèle à la même pensée d'indulgence, qu'il dissimula de son mieux, Julien faisait convertir, le 9 août, en une simple destitution, le décret d'accusation précédemment rendu contre Pipaud, procureur général fédéraliste de la Dordogne.

Déjà, le 22 juillet, il avait fait un rapport très bénin sur les troubles qui avaient éclaté à Beaucaire le 1er avril précédent, et qui avaient abouti à un massacre de patriotes. Danton voulait faire traduire les inculpés au tribunal révolutionnaire. Julien fit écarter cette menace. Le 20 août, il se bornait à proposer la destitution des administrateurs des Landes compromis dans le fédéralisme. Le 24 août, il faisait remettre en liberté le secrétaire du comité central fédéraliste de l'Hérault, Fabreguettes, qu'il représentait comme un bon patriote à qui on avait simplement surpris une signature.

Julien se vantera plus tard [1] d'avoir fait rayer de la liste des inculpés des troubles de Beaucaire le citoyen Rougeville [2], d'avoir protégé la citoyenne Vincent, dont il a empêché la vente du mobilier à Besançon ou près de Besançon, l'évêque de la Haute-Saône Flavigny, qu'il a fait décharger d'une accusation grave portée contre lui, l'accusation

---

1. Dans le *Compte rendu de sa fortune* qu'il publiera en l'an IV.

2. Est-ce l'homme à l'œillet? L'individu qui s'introduisit auprès de Marie-Antoinette dans sa prison et lui remit un billet caché dans son œillet?

d'entraver le mariage des prêtres, l'évêque du Gers accusé de fédéralisme et qu'il fit absoudre, le curé d'Orléans Charles, qu'il a fait réintégrer dans sa cure, quatre curés constitutionnels de Paris qu'il a arrachés au tribunal révolutionnaire, les enfants de La Guyomarais, le conspirateur breton dont la tête venait de tomber sur l'échafaud, le citoyen Villain, Belge « connu par une fortune considérable », le citoyen Jumilhac, à qui il a fait restituer une nombreuse argenterie, la citoyenne Gauthier-Coutance, le citoyen Lafaye [1], les citoyens Canisy [2], Cornulier, Bonneval, Candeille, Van den Yver [3], Boucher-Rochechouart, Duchâtel, etc.

*
* *

On comprend que Julien de Toulouse ait été suspect de bonne heure aux Montagnards sincères, à ceux qui ne fréquentaient pas chez les comtesses et qui n'avaient pas deux attitudes : celle de la tribune et celle des couloirs. Jusqu'au renouvellement du Comité de Sûreté générale, ils manquaient cependant de preuves formelles, ils n'avaient que des présomptions. La perquisition faite chez Julien, le 18 septembre, leur donna des pièces décisives. Où courait la Répu-

1. Banquier.
2. Père d'émigré.
3. Banquier hollandais, ami d'Anacharsis Cloots.

blique si elle était trahie par ceux-là mêmes en qui elle avait placé le plus de confiance, auxquels elle avait remis le soin de la défendre contre ses ennemis, par les membres du Comité de Sûreté générale, chargé de la haute police politique ?

En vain Julien, fidèle à sa tactique, se hâta, au lendemain même de la perquisition, de coiffer de nouveau le bonnet rouge. Le 21 septembre, il proposait que les femmes qui ne porteraient pas la cocarde fussent punies de huit jours de prison, déclarées suspectes en cas de récidive, etc. Le lendemain, 22 septembre, il voulait faire accorder 2 000 livres de pension supplémentaire aux évêques se marieraient. Le 29 septembre, la section des Droits de l'Homme ayant dénoncé des fournisseurs qui fabriquaient de mauvais souliers, Julien saisissait la balle au bond. Il faisait décréter que ces fournisseurs et ceux qui auraient reçu leurs marchandises mal façonnées seraient traduits au tribunal révolutionnaire et traités comme des conspirateurs ! Après cela, on viendrait lui reprocher sa tendresse pour d'Espagnac ! Efforts superflus. Les Jacobins savaient maintenant à quoi s'en tenir.

Le 4 octobre, Julien osa se présenter au club. Le chimiste Hassenfratz dénonçait l'administration des charrois. Il lui reprochait d'employer une foule d'aristocrates et de suspects. Julien, à qui le sujet était familier, demanda la parole. Aussitôt Raisson, qui avait assisté à la perquisition du 10 septembre, s'élança à la tribune et exécuta l'impudent :

Ceux qui font entendre leur voix dans le sanctuaire de la vérité doivent être exempts de tout reproche. Julien était membre du Comité de Sûreté générale, il n'en est plus ; mais la voix publique s'élève contre lui ; mais des observateurs patriotes, des hommes zélés et véridiques lui adressent des reproches peut-être mérités. Je ne sais par quelle fatalité Julien fut le rapporteur de beaucoup de gens justement suspects, et toujours ils sortirent blanchis de ses mains. Avant donc de combattre des intrigants et des traîtres, il faut être soi-même inaccessible à tout soupçon. La représentation nationale doit être composée de manière qu'elle soit exempte de tout reproche. Je demande donc que Julien (de Toulouse) réponde aux bruits qui s'élèvent contre lui et qui déjà ont obligé un des comités de la Convention à prendre contre lui des mesures sévères.

L'ami Chabot se précipita au secours de Julien et voulut écarter par la question préalable la mise en demeure nettement posée par Raisson. Mais son intervention tomba dans un silence glacial. Julien de Toulouse dut s'expliquer. Après un exorde mielleux, il tenta d'esquiver le débat. Il « rendit hommage à la pureté d'intention qui a dicté les observations de Raisson. Il s'étendit sur le but des Sociétés populaires et voulut prouver que son intention ni son ambition n'avaient jamais été d'acquérir une réputation ou de l'influence par des discours, des figures et des déclamations ». A ces mots, David, qui, lui aussi ayant assisté à la perquisition, savait à quoi s'en tenir, le ramena brutalement à la question : « J'invite Julien (de Toulouse) à ne pas faire de belles phrases, mais à s'expliquer sur la liaison qu'on lui reproche avec d'Espagnac et dont nous avons la preuve. » Alors Julien, mélodramatique, en appela à sa vie entière : « Je prends à témoin tous les bons patriotes, tous nos collègues, que je n'ai jamais cessé de me montrer le défenseur des droits du peuple, que j'ai toujours voté avec ses amis les plus ardents, que toutes les actions de ma vie attestent le civisme le plus pur... ». Quelqu'un jeta l'interruption : « Témoin d'Espagnac », et Moenne à son tour réclama des précisions : « J'interpelle Julien (de Toulouse) de répondre au sujet des conciliabules qu'on l'a accusé de tenir avec Thuriot et Barère[1] chez la ci-devant comtesse de Beaufort. » Cette fois, il n'y avait plus moyen de se dérober. Julien expliqua qu'il avait connu la comtesse de Beaufort à Toulouse, « où elle demeurait dans la même rue que lui ». Il avait cultivé sa connaissance à titre de femme de lettres. Il l'avait revue à Paris et « ayant aperçu sur la porte de la chambre qu'il occupait [rue Helvétius] des caractères sinistres (*sic*), et sachant que la témérité n'était pas du courage, il avait cru pouvoir se dispenser de l'occuper pendant quelque temps et, à cette

---

1. Peut-être faut-il lire Basire au lieu de Barère.

époque, un logement s'était trouvé vide dans la maison où demeurait la citoyenne Gauthier, il l'occupa ». Il nia avoir tenu des conciliabules avec Thuriot et Barère. Il justifia péniblement ses rapports sur les marchés d'Espagnac, il invoqua à cet égard le témoignage de Danton et il termina en demandant la nomination d'une commission de six membres qui examinerait toute sa vie politique. « Si un seul nuage peut être élevé sur sa probité, sur son patriotisme, il consent à être retranché, non pas des Jacobins, non pas de la Convention, mais de la terre des vivants. »

Thuriot mis en cause essaya d'une diversion : « Oui, depuis deux mois des hommes se sont dit : Nous perdrons la patrie en calomniant ceux qui ont le plus fait pour elle. Je vais mettre les calomniateurs bien à leur aise... » Mais Raisson violemment : « Il n'y a pas ici de calomniateurs. » Thuriot au milieu des murmures dut demander au président de lui maintenir la parole. Il baissa le ton et, rudement attaqué par Sijas, il dut se défendre. Il nia être allé chez la citoyenne Beaufort. Les Jacobins nommèrent une commission d'enquête et choisirent pour la composer ceux-là même qui avaient perquisitionné chez Julien : Moenne, Raisson, Dufourny, Le Bas. La composition de la commission disait d'avance ses conclusions !

En vain Julien essaya de faire bonne contenance. On le revit encore de temps en temps à la tribune de la Convention et même à celle des Jacobins. Mais sa perte était résolue. Le 11 octobre, Sentex dénonçait aux Jacobins le rapport qu'il avait consacré aux administrations fédéralistes. Julien plaidait les circonstances atténuantes. Il avait pu être trompé par ceux qui l'avaient renseigné. Dufourny ironiquement lui répliquait : « J'appuie la demande que Julien fait à tous ses confrères de lui donner des renseignements sur son travail. Sillery se plaignait aussi qu'on ne lui avait pas donné assez de renseignements pour son rapport et vous savez où il est. » Sillery, auquel Dufourny comparait aimablement Julien, était un des 22 Girondins que le tribunal révolutionnaire venait d'envoyer à l'échafaud !

Trois jours plus tard, le 15 octobre, Robespierre à son tour donnait le coup de grâce à Julien. Il lui reprochait d'avoir fait sur le fédéralisme un rapport feuillantin et même aristocrate. Julien avait représenté Chalier et ses amis, les martyrs lyonnais, comme des anarchistes « et comme des hommes qui avaient provoqué les malheurs qui ont fondu sur leur tête ! » « Du sein de la Montagne, s'écria Robespierre, je vois des hommes qui assassinent les pères de la liberté... »

L'hébertiste Brichet, profitant de l'enthousiasme, que les ardentes paroles de Robespierre avaient soulevé, demanda l'arrestation immédiate de Julien. Mais Robespierre s'y opposa : « Je n'ai dénoncé qu'à regret, dit-il, un ouvrage dont j'ai vu l'auteur marcher longtemps sur la ligne parallèle des meilleurs patriotes. Il ne s'agit donc point ici d'arrestation ni de guillotine, il s'agit de sauver la liberté par des mesures sages. » Julien s'humilia. Il avoua ses erreurs, il avait été trompé. Il n'était pas infaillible. Le lendemain, Collot d'Herbois se rendit à la Commune au nom des Jacobins et lui demanda de retirer l'approbation qu'elle avait donnée au rapport de Julien, évidemment par surprise. La Commune docile décida que la mention civique du rapport de Julien serait biffée de son registre et le rapport brûlé. Quelques jours plus tard, le 21 octobre, la Convention elle-même, sur la motion de Vouland, désavouait le rapport de Julien et rapportait le décret qui en avait ordonné l'impression.

Les affaires décidément allaient mal pour Julien et sa bande. C'est alors qu'ils lancèrent la déchristianisation, surenchère désespérée derrière laquelle ils espéraient trouver un abri[1]. Julien joua son rôle dans la grande scène du 17 brumaire an II. Quand l'évêque de Paris, Gobel, assisté de son conseil épiscopal, eut déposé sur le bureau de la Convention ses lettres

---

1. Voir, dans mon livre *La Révolution et l'Église*, le chapitre intitulé : *Robespierre et la déchristianisation.*

de prêtrise et déclaré qu'il renonçait à ses fonc
tions sacrées, quand les curés Couppé et Villers,
membres de la Convention, quand l'évêque de
l'Eure, Thomas Lindet, ancien constituant et
conventionnel, eurent imité son exemple, le pasteur Julien s'élança à la tribune : « Citoyens, je
n'eus jamais d'autre ambition que de voir régner
sur la terre la raison et la philosophie. Je m'atta-
chai toujours, comme homme et comme ministre
d'un culte longtemps proscrit, à resserrer entre
les hommes les liens de la fraternité et à les porter à ne faire tous qu'une même famille. J'ai
prêché hautement les maximes de la tolérance et
je m'honore de l'avoir fait avec tant de zèle. Les
prêtres catholiques du département de la Haute-
Garonne, d'où j'ai été député à la Convention ;
ceux du département de l'Hérault, où j'ai vécu
pendant quinze ans ; ceux du département du
Gard, où j'ai pris le jour ; tous déclareront que
je professai toujours le tolérantisme le plus
étendu... On sait que les ministres du culte protestant n'étaient guère que des officiers de
morale, mais il faut en convenir, il y a eu dans
tous les cultes, du plus au moins, un peu de
charlatanisme. Il est bon de pouvoir faire cette
déclaration sous les auspices de la raison, de la
philosophie et d'une constitution sublime qui pré-
pare la destruction des tyrans, comme elle a
enseveli sous les décombres des abus les erreurs
superstitieuses du fanatisme et de la royauté. J'ai

exercé pendant vingt ans les fonctions de ministre protestant ; je déclare que je ne les professerai plus, que je n'aurai désormais d'autre temple que le sanctuaire des lois, d'autre divinité que la liberté, d'autre culte que celui de la patrie, d'autre évangile que la Constitution républicaine... »

De vifs applaudissements, qui durent faire luire au cœur de Julien un éclair d'espérance, saluèrent sa péroraison.

Joie brève. Huit jours plus tard Julien était trahi et livré par ses plus chers amis. Chabot et Basire affolés, se voyant pris, recouraient, pour sauver leurs têtes, à un moyen désespéré. Ils dénonçaient leurs complices Julien et Delaunay d'Angers comme les agents du baron de Batz, comme les auteurs du chantage exercé sur la Compagnie des Indes, comme les instruments d'un complot royaliste forgé dans l'ombre par Pitt lui-même !

Plus heureux que Delaunay, qui se laissa prendre à son domicile, Julien de Toulouse parvint à s'enfuir et à échapper à toutes les recherches. Le récit de son odyssée, qu'il a fait en l'an III[1], ne manque pas de pittoresque, et il jette un jour curieux sur la manière dont le gouvernement révolutionnaire était obéi même de ses serviteurs les plus proches. Julien était donc en

----

1. *Encore un mot à ses détracteurs* (floréal an III), pp. 3-6.

mission à la papeterie de Courtalain (Eure-et-
Loir) quand on vint pour l'arrêter. « Le jour lui-
sait à peine ; deux hommes que je ne connais
point entrent dans ma chambre. Je leur demande
le sujet qui les amène, ils me répondent par la
notification du mandat d'arrêt qu'ils sont chargés
de mettre à exécution contre moi, ils me témoi-
gnent leurs regrets... » Julien leur demande la
permission de se retirer dans sa chambre. Il con-
fère un instant avec son collègue Thibaut, évêque
du Cantal, chargé avec lui de la surveillance de
la manufacture d'assignats. « Thibaut fait la
conversation avec les mandataires des décemvirs
qui avoient signé mon arrêt de mort. Je descends
pour faire préparer le déjeuné et je gagne le
large. » Le lendemain, pendant qu'on arrêtait
son secrétaire Vazilières et sa femme Suzanne
Lichère qui arrivait de Toulouse juste à point
pour être incarcérée, Julien rentrait à Paris : « Je
heurte à plusieurs portes. On m'y repousse... Je
savois qu'un de mes collègues avoit une cave à
200 pieds sous terre. Je vais lui demander la permission de m'y enfouir pour une nuit, il refuse
avec dureté à son malheureux ami cette hospitalité bienfaisante... Je suis abandonné sans secours,
au milieu d'une rue fréquentée, où je suis exposé
à tous les regards. Plusieurs heures se passent
dans l'incertitude la plus cruelle. Je trouve enfin
une âme sensible qui me place sous la pente d'un
escalier où mon corps, à demi recourbé sur lui-

même, est dans la position la plus pénible. » [1].
Il resta deux mois dans ce réduit « au milieu des
glaces de l'hiver, n'ayant pour lit que quelques
planches et pour nourriture qu'un pain de douleur ». Mais son hôte est arrêté. Il est obligé de
chercher un nouvel asile. Il y était depuis peu,
quand on l'avertit qu'une perquisition va être
faite dans la maison. Alors « fort de ma conscience, dit-il, je prends le parti de me rendre
au Comité de Sûreté générale. Déjà j'étais dans
l'intérieur du local qu'il occupait lorsque j'apper-
çois un de mes collègues qui en sortait, il s'écrie
en me voyant : « Où vas-tu, malheureux ? Tu
cours au supplice. Va-t'en ! Eloigne-toi de ce
séjour de mort... » Julien suit l'avis charitable.
« Je ne me permettrai pas de nommer celui de
mes collègues qui m'a ainsi sauvé la vie. J'ignore
si je pourrai un jour m'acquitter envers lui de ce
que je lui dois et révéler son nom... » Julien
retourne sous l'escalier où il avait passé l'hiver.
Puis il trouve cette fois un asile définitif, un
asile inviolable : « Je dis aux anciens membres
du Comité de Sûreté générale : C'est chez un
homme que vous aviez journellement dans vos
bureaux que j'ai resté caché ; c'est chez un
homme qui vous parlait à tout instant le jour,
que vous honoriez de quelque bienveillance et
qui était digne d'un nom que vous déshonorez,

<hr>

1. *Réponse de Julien de Toulouse à ses dénonciateurs*, p. 48.

puisqu'il a soustrait un innocent à vos fureurs. Je leur dirai : Souvent vous avez pressé le même plancher que moi ; souvent vous avez déjeûné à mes côtés ; plus souvent encore je vous ai entendu répéter : *Si nous pouvions te trouver...* Je ne vous en dirai pas davantage. Je vous abandonne à vos remords... »

Ces anecdotes ne jettent-elles pas un jour curieux sur les dessous de la Terreur ? Ne justifient-elles pas jusqu'à un certain point, les défiances des terroristes qui voyaient partout des traîtres et qui se demandaient, assis autour de la même table, quel était celui d'entre eux qui trahissait ? Ne montrent-elles pas aussi combien leurs ordres étaient mal exécutés puisque leurs collaborateurs les plus intimes donnaient asile, au siège même de la répression, aux conspirateurs qu'ils étaient chargés d'arrêter ?

De sa cachette où il était bien placé pour être renseigné, Julien assista au procès de ses complices. Un moment, il eut l'idée de sortir de sa retraite et d'aller se présenter devant les juges. C'était au lendemain de l'arrestation de Fabre d'Églantine. Amar avait désigné celui-ci dans son rapport comme le véritable auteur de la falsification du décret de liquidation de la Compagnie des Indes. La Convention avait admis le point de vue d'Amar. Julien put croire que Fabre paierait pour tous. Chabot eut au même instant la même pensée. Le 28 nivôse donc, quatre jours après le rapport d'Amar, Julien écrivit cette lettre au président de la Convention :

Citoyen président,

Pendant deux mois, j'ai pû laisser flotter sur ma tête des soupçons odieux ; j'ai pû attendre, dans les tourmens de l'impatience et le silence de la douleur, de connaître et la nature et la gravité du délit qui m'était imputé. Vainement j'interrogeais ma conscience, elle ne me reprochait aucun crime commis ni contre ma patrie, ni contre l'austérité et la sainteté des principes, mais quelle n'a pas été ma surprise lorsque tout à coup le voile qui cachait à mes yeux cet affreux mistère a été soulevé ! Mon âme a frémi d'horreur en apprenant que mes accusateurs pouvaient me faire envisager comme le complice ou l'auteur de la falsification d'un décret qui tient à la fortune publique, gage et garant de la prospérité nationale, comme vendu à quelque intrigue de corruption. Leur triomphe serait sans doute que, déconcerté par l'exposé de cette accusation grave, je laissais par mon éloignement un libre cours à la calomnie et à eux le droit cruel de me flétrir impunément dans l'opinion publique. Mais, rassuré par mon innocence autant que par la justice et l'impartialité de ceux devant lesquels je serai appellé à la défendre, je n'ai point hésité sur le parti que j'avais à prendre ; l'honneur, ma probité attaquée me l'ont inspiré, et je ne mets point en parallèle ce qu'elles me commandent avec la crainte de l'échafau qui ne fait pâlir que des lâches ou des coupables. Si mes juges trompés par l'audace de la calomnie, prononçaient contre moi l'arrêt fatal, je respecterais leur décision que je croirais puisée dans leur conscience et dans les règles de l'éternelle justice. Mais j'emporterais avec moi des mains pures de tout gain sordide et ma conscience sans reproches.

Cette lettre, citoyen président, me devancera de peu de tems; je me suis mis en marche dès que j'ai lû la séance du 23 au 24, et un surcis à la présentation du rapport, s'il doit être fait prochainement, est la seule grâce que j'invoque et que j'attends de la Convention nationale.

J. JULIEN, député[1].

Cependant Julien se ravisa et, à son point de vue, il eut raison. Si, par le plus grand des hasards, il s'était tiré à son honneur de l'affaire des Indes, — et les déclarations de ses co-accusés qui le chargeaient tous à plaisir rendaient la chose très problématique, — il eût été certainement accablé par la lettre que lui avait écrite d'Espagnac. Il resta donc en repos et attendit patiemment que la roue de la fortune eût tourné.

Après Thermidor, quand il vit les vainqueurs de Robespierre et qu'il reconnut parmi eux tous ses anciens amis, tous ceux pour qui la Révolution avait été une carrière, les Tallien, les Fréron, les Barras, les Rovère, les Thuriot, les Courtois, les Guffroy, etc., Julien commença à respirer. Quand il les vit assurer leur sécurité individuelle par le décret du 8 brumaire qui les mettait à l'abri contre les atteintes futures du tribunal révolutionnaire, Julien se dit qu'il pouvait reprendre

---

1. *Arch. nat.*, F⁷ 6713. La pièce porte cette mention :
  « Renvoyé au Comité de sûreté générale,
      le 6 pluviôse l'an II de la République,
          G. Bouquier. »

la parole. « D'un pays neutre, le 27 frimaire, l'an 3me », il écrivit au président de la Convention une longue lettre grandiloquente et éplorée pour demander justice. Bien entendu il s'y présentait comme une victime des Jacobins et surtout de Robespierre. Les Jacobins ! Il avait abandonné leurs séances « parce que c'était le théâtre d'où partait à chaque instant le signal du pillage et du meurtre, parce que les hommes les plus forcenés et dégoûtant de sang y étaient le plus applaudis, que la représentation nationale y était avilie dans chacun de ses membres et que le moderne *Catilina* y lançait la foudre contre tous les hommes vertueux, dont la présence était la censure de sa profonde scélératesse. » Si Julien avait été inquiété, si on l'avait sali sous « le crime imaginaire de corruption », c'était pour le punir du courage avec lequel il avait combattu « le méprisable charlatan qui avait toujours sur les lèvres les noms sacrés de Patrie, d'Être Suprême, lorsqu'il n'avait dans le cœur que l'athéisme politique et religieux ». Et Julien racontait ainsi l'origine véritable de ses persécutions : « C'est dans un de ces momens où j'entendais le bruit des chaînes dont il voulait vous charger et le voyant s'avancer à grands pas vers le plus horrible de tous les despotismes, vers le pouvoir suprême, que, pour le malheur de mon pays et de l'humanité, dont ce tigre altéré de sang a déchiré les entrailles, que je dits (*sic*) à Lebas,

le satellite du tyran et à Le Bon qui vit encore et
de la bouche duquel on pourra obtenir cet aveu
intéressant pour ma cause [1] : *Si Robespierre arrive
à la dictature, comme on prétend qu'il s'y ache-
mine, il ne demeurera assis sur les débris du thrône
que nous avons renversé que jusqu'au moment où
je pourrai lui plonger le poignard dans le cœur.*
Ce propos fut rendu dans le jour par Lebas et
voilà la source de mes maux et j'en établirai la
coïncidence avec la dénonciation de Chabot quand
il en sera temps. De là ses diatribes, ses déchaî-
nemens et les fureurs de ses satellistes contre
moi qui disaient hautement dans les caffés : *Julien
de Toulouse portera sa tête à l'échafaud.* Pouvait-
il en être autrement, j'avais blasphémé contre
l'idole du jour... »

Julien, victime de Robespierre, demandait
donc des juges. Il se déclarait prêt à se constituer prisonnier dans la ville qu'on lui indique-
rait. Sa lettre fut lue à la séance du 27 frimaire. On réclama l'ordre du jour. Mais les
Thermidoriens insistèrent et la réclamation de
Julien fut renvoyée à l'examen des trois Comités
réunis de Sûreté générale, de Salut public et de
Législation. C'était un premier succès. Chose

1. Le Bas et Le Bon avaient procédé, les 24 et 25 septembre
1793, à la levée des scellés, apposés chez Julien. On a vu plus
haut que Robespierre n'attaqua Julien pour son rapport sur les
administrations rebelles que le 14 octobre, et qu'il s'opposa aux
mesures de rigueur que proposa l'hébertiste Brichet contre
Julien, dont il parla avec quelque indulgence.

significative, le maratiste Julien ne trouva d'appui que parmi les Girondins. L'un d'eux, qui avait voté contre la mort du roi, Marec, s'institua son protecteur. Le 18 ventôse, le jour même où la Convention rappelait dans son sein les derniers Girondins proscrits, Marec faisait l'éloge de Julien qui, dans l'exercice de ses fonctions, au temps de sa toute-puissance, n'avait pas été « inaccessible ». Il faisait décider que les trois Comités feraient enfin un rapport sur son cas. Le rapport fut fait, le 20 germinal, par Marec lui-même.

Marec représenta que le décret par lequel la Convention avait traduit Julien, le 26 ventôse précédent, au tribunal révolutionnaire, avait été rendu au mépris de toutes les formes, quand la Convention était « affaissée sous le poids de la plus odieuse et de la plus tyrannique oppression ». Il conclut qu'il fallait annuler le décret d'accusation porté contre Julien, lui rendre la liberté de sa personne et le libre exercice de ses fonctions, enfin renvoyer aux trois Comités les pièces du procès, afin qu'en conformité de la loi du 8 brumaire, ils examinent s'il y avait lieu à nouvelle accusation.

Des protestations s'élevèrent. On demanda l'ajournement. On rappela que Julien avait été accusé de faits graves comme d'avoir volé une somme de 100 000 livres et d'avoir altéré un décret. En vain Rovère se joignit à Marec pour essayer d'enlever le vote. Rovère prétendit audacieusement qu'il n'y avait pas eu de décret falsifié, mais un simple pro-

jet qu'on avait raturé au crayon. Il présenta Julien
comme une victime de son humanité. C'était parce
qu'il avait voulu, dans son rapport sur le fédéralisme, empêcher les massacres judiciaires qu'on
l'avait chassé des Jacobins! La caution de Rovère
ne dit rien qui vaille à la Convention. Elle se borna
à suspendre et non à rapporter le décret d'accusation voté précédemment contre Julien, elle le mit
en liberté, mais à titre provisoire, elle refusa formellement de lui rendre l'exercice de ses fonctions. L'examen du fond de l'affaire fut renvoyé
encore une fois aux Comités réunis. Le 23 germinal an III les Comités réunis de Salut public,
de Sûreté générale arrêtèrent que les pièces du
procès intenté au tribunal révolutionnaire contre
Chabot, Fabre d'Églantine et Delaunay seraient
retirées du greffe et apportées au secrétariat du
Comité de Salut public pour servir à l'examen
des faits imputés à Julien de Toulouse (Aulard,
Actes du Comité de Salut public, t. XXII, p. 2).

Ce n'était pas ce qu'avait rêvé l'ami de d'Espagnac. Il fut obligé de se défendre autrement qu'en
se posant en victime de Catilina-Robespierre. Il
plaida sa cause devant l'opinion dans une série de
brochures qui parurent coup sur coup en floréal
an III[1], au moment même où les trois Comités se

---

1. *Réponse de Julien de Toulouse*, Bib. nat., Lb⁴¹ 1733; *Suite
de ma réponse*, Bib. nat., Le³⁸ 1431; *Encore un mot à mes détracteurs*, Le³⁸ 1430.

saisissaient de son affaire[1]. Berlier, président du Comité de législation, fut chargé du rapport. Les Comités se réunirent trois fois pour étudier le dossier[2]. Le rapport de Berlier ne vint jamais devant la Convention. Julien se plaignit, réclama auprès du président du Comité de Sûreté générale, auprès du président de la Convention. Il remua ciel et terre. Marec lui-même resta muet désormais. Julien désespéré écrivait en vendémiaire an IV : « Je n'ai cessé de solliciter le rapport à la Convention, et ce rapport si longtemps attendu, si ardemment souhaité par l'honneur outragé, n'est point encore fait : je ne me permettrai point aussi d'interpréter encore les causes et les motifs de ces désespérants retards pour l'homme qu'ils placent depuis deux ans entre l'honneur et l'infamie. »

La Convention se sépara sans que Julien eût pu obtenir une réhabilitation formelle. Il dut se contenter d'un arrêté du 9 fructidor an III par lequel les Comités lui restituèrent l'équivalent de ses biens confisqués et vendus. Il toucha des indemnités en assignats. On l'autorisa à se faire restituer en na-

---

1. Il existe dans le dossier de Julien aux archives (F⁷ 6713) une lettre par laquelle Berlier et Oudot, membres du Comité de Législation, convoquent leurs collègues du Comité de Sûreté générale, le 13 floréal an III, pour entendre le soir même le rapport sur l'affaire de Julien. Dans le même dossier, une lettre de Julien au président du Comité de Sûreté générale, en date du 30 floréal, pour se plaindre de retards apportés à son rapport ; une lettre du même à Guffroy, son ami, pour lui demander de rechercher les pièces de son procès (30 germinal an III).

2. D'après la lettre de Julien du 30 floréal an III.

ture « vingt-deux draps de lit, huit nappes treillis, cinq nappes ouvragées, deux nappes en toile, douze serviettes treillis neuves, douze idem, vingt-quatre idem, quarante-huit essuye-mains ou tabliers de cuisine, quatre sacs de toille, deux salières en argent, avec leurs couvercles, une boëtte à thé avec bouchon, virole et couvert en argent, un assignat de 5o livres, une braisière et son couvercle en cuivre rouge, quatre serviettes avec les salières, une belle nappe fine ouvragée, une idem plus petite, une paillasse, trois matelas, un traversin, un carreau, un moulin à caffé, trois casserolles de cuivre avec leur couvert, un billet de 101 livres, 10 sols, un grand chaudron, six coussins de satin cramoisy pour fauteuils, un lit complet de domestique consistant en bois de lit, paillasse, matela, traversin et couverture de laine, plus une autre couverture de laine pour un grand lit, tous lesquels objets enlevés de chez le citoyen Julien pour le service des armées ou des hospices nationaux lui seront restitués en nature ou autres de la même valleur en remplacement »[1]. Les Comités voulurent bien réparer le préjudice matériel dont Julien avait eu à souffrir. Ils se refusèrent à réparer le préjudice moral.

Julien garda-t-il rancune aux Thermidoriens de la vive déconvenue qu'il éprouva ? Il les avait flattés, il avait renié son passé terroriste, il s'était jeté aux pieds des Girondins. Toutes ces palinodies avaient été en pure perte. La honte

1. *Arch. nat.*, F⁷ 6713

du décret de l'an II était toujours sur son nom !

Sous le Directoire, Julien se retrouva du côté des Jacobins. Il applaudit à la tentative des théophilantropes pour réorganiser la religion civique de l'an II. Il entra dans le comité de la nouvelle secte. Quand le Directoire se brouilla avec les Jacobins, après les élections de l'an VI, Julien se rangea dans l'opposition de gauche. Le Directoire le redoute et le fait surveiller. Des rapports de police le dénoncent, en frimaire an VII, comme un ennemi juré du gouvernement. Ils le peignent comme livré aux affaires louches. Il aurait eu des fonds déposés chez le banquier Perregaux. Il aurait acheté des propriétés en Suisse, dans le canton de Saint-Gall, et spéculé sur les terrains. Au cours d'un voyage qu'il aurait fait à Nîmes, son pays, dans le courant du printemps de l'an VI (1798), il aurait organisé une entreprise de voitures de Limoges à Bordeaux sous un nom supposé et, comme par hasard, au dire du policier, ces voitures étaient pillées régulièrement par des bandits, toutes les fois qu'elles transportaient un envoi d'argent. Le ministre de la police ordonna une enquête sur ces derniers faits. Le commissaire du Directoire du département du Gard répondit, le 27 frimaire an VII, qu'il n'avait pas pu découvrir si Julien de Toulouse était intéressé dans l'entreprise des voitures publiques, mais que cette entreprise n'avait pas été traitée à Nîmes. Le ministre fit surveiller la femme de Julien que le policier représentait comme tenant des « propos anarchiques ». La filature ne donna aucun résultat[1].

Une lettre particulière avait accusé Julien d'être en relations avec les pires terroristes de Nîmes. Aux élections de germinal an VII, il se fit nommer électeur à Paris. L'assemblée primaire de la division du Luxembourg le choisit pour son président[2]. Le Directoire s'alarma de nouveau et, si on en croit Barras[3], Merlin de Douai proposa de le mettre en arrestation « comme professant des principes contraires au Directoire ». Mais La Révellière, qui protégeait les théophilanthropes, s'y opposa. Julien resta en liberté. Il ne fut pas réélu député, comme il l'espérait sans doute. Mais, dans la crise violente que subit la République au moment de la deuxième coalition, il crut les beaux jours de 93 revenus. Il se fit inscrire au club du Manège où se réunissaient les derniers Jacobins. Le club le nomma, avec quatre autres membres, le 25 thermidor an VII, de la commission qui fut chargée de présenter au Corps législatif une pétition pour réclamer la proclamation de la patrie en danger. Julien paraissait encore si redoutable que les vainqueurs de brumaire le firent mettre en arrestation. Il fut relâché presque immédiatement.

Cette fois, il renonça définitivement à la poli-

1. *Arch. nat.*, F⁷ 6713.
2. Tourneux : *Bibliographie*, t. IV, n° 5521.
3. *Mémoires de Barras*, t. III, p. 193.

tique. Il ne songea plus qu'aux affaires qu'il n'avait jamais délaissées du reste. En l'an VIII, il passa en Italie et il y resta pendant toute la durée du Consulat et de l'Empire. Il habita Turin depuis l'année 1800. Il y exerça la profession d'avocat, puis d'avocat-liquidateur. Il liquida notamment l'entreprise Bets qui était chargée des convois militaires dans la péninsule. Son fils devint procureur près le tribunal d'Embrun.

Les Bourbons revinrent. L'ancien régicide allait-il être obligé de partir pour l'exil? Il fit valoir, par une lettre datée de Milan le 12 septembre 1816, que la loi sur l'exil des votants ne lui était pas applicable, puisqu'il n'était pas revenu en France pendant les Cent Jours et qu'il n'avait reçu aucune fonction de l'usurpateur. Il déplora ses erreurs passées, il rendit un solennel hommage aux intentions bienfaisantes de Louis XVIII, son gracieux souverain. Il termina son épitre par le cri de : Vive le Roi!

Le passeport qu'il sollicitait lui fut délivré et il put rentrer en France où il mourut obscurément. Nous ne savons rien de ses dernières années. On peut, sans crainte de se tromper, les imaginer remplies par les exercices de piété auprès du procureur du roi, son fils. Fin édifiante de l'ami de Danton et de d'Espagnac ! La vertu n'est-elle pas toujours récompensée?

CHAPITRE VII

LA POLITIQUE DE ROBESPIERRE
ET LE 9 THERMIDOR
EXPLIQUÉS PAR BUONARROTI[1]

Les socialistes de la première génération, ceux qu'on qualifie sommairement d'utopistes, faute de les bien connaître, ont professé pour Robespierre une admiration sans bornes. Le chef des Chartistes, Bronterre O'Brien se proclamait hautement son disciple et, pour défendre sa mémoire, écrivait tout un livre, dont le titre dit le contenu : *La vie et le caractère de Maximilien Robespierre où l'on prouve par des faits et des arguments que ce personnage si calomnié fut l'un des plus grands hommes et l'un des réformateurs les plus purs et*

1. Sources : Papiers de Buonarroti à la Bibliothèque nationale, Mss. f. fr. nouv. acq. 20804; *Conspiration pour l'Égalité dite de Babeuf* par Ph. Buonarroti. Paris, Baudouin, 1830, 2 vol. 8°; Georges Weill, Philippe Buonarroti, dans la *Revue Historique*, 1901, t. 2 et 1905, t. 2; Paul Robiquet, *Buonarroti*, Hachette, 1910; etc. — Cette étude a d'abord paru dans les *Annales révolutionnaires* d'octobre-décembre 1910.

les plus éclairés qui aient jamais existé dans le monde[1].

Bronterre O'Brien s'efforçait de démontrer dans cet ouvrage que la « seule ambition de la vie de Robespierre fut d'établir en France le règne de la vertu et le bonheur universel et de réformer l'organisation sociale de tous ses membres »[2]. Contre la classe bourgeoise qui avait voulu confisquer la Révolution à son profit par la Constitution censitaire de 1791, Robespierre s'était levé et avait engagé un combat sans merci. « Robespierre et ses amis aspiraient à une vraie démocratie qui garantirait à chaque homme le droit au produit intégral de son travail. S'ils travaillèrent à assurer la Constitution de 1793, ce fut plus dans des visées socialistes que dans des visées politiques[3]. » L'Égalité politique n'était pour eux qu'un moyen, l'Égalité sociale était le but.

Le mouvement chartiste se trouve donc avoir été inspiré directement de la pensée robespierriste.

Bronterre O'Brien était venu à Robespierre par Buonarroti, dont il avait traduit en 1836 la *Conspiration pour l'Égalité*[4].

C'est une chose remarquable à laquelle on n'a

<hr>

1. Londres, Watson, sans date [1837], le premier volume seul a paru.

2. Cité par Ed. Dolléans, *Revue d'histoire des doctrines économiques et sociales*, 1909, n° 4, p. 45.

3. Ed. Dolléans, *ibid.*, p. 46.

4. Cette traduction parut chez Hetherington.

pas fait assez attention, que le socialisme anglais et le socialisme français aient la même origine, qu'ils soient sortis tous deux du babouvisme qui se donnait pour la suite et la résurrection du robespierrisme.

Tous les historiens s'accordent pour faire à Philippe Buonarroti la part la plus importante dans la formation et l'éducation du parti socialiste français à l'époque de 1830. Le vénérable descendant de Michel-Ange, le glorieux réchappé de la Haute Cour de Vendôme, fut vraiment un chef d'école qui continuait à prêcher d'exemple, une sorte de patriarche dont les conseils étaient très écoutés.

Ranc, qui a donné au début de sa carrière politique une édition populaire de la Conspiration pour l'Égalité, a fait remarquer avec raison que Buonarroti fut le lien vivant entre les révolutionnaires du Directoire et ceux de la Restauration et que grâce à lui la tradition socialiste ne fut pas un seul instant interrompue.

On connaît assez mal les détails de sa vie sous le Consulat et sous l'Empire et cela n'est pas étonnant. Un conspirateur laisse le moins possible de traces de son action. On sait cependant que, placé en surveillance à Genève, il y fonda avec l'aide du frère de Marat une loge maçonnique, les *Amis Sincères,* qui étaient affiliés aux Philadelphes. La loge fut dissoute par le préfet[1]. On

____

1. Georges Weill, article cité.

sait aussi qu'après 1815 Buonarroti fonda le groupe des *Sublimes Maîtres Parfaits* qui prolongeait les Philadelphes. Il s'efforçait alors de délivrer l'Italie et la travaillait par un de ses élèves Andryane qui fut arrêté à Milan en 1823. Expulsé de Genève après l'arrestation d'Andryane, il s'établit à Bruxelles et y forma bientôt de nouveaux disciples comme les frères Delhasse et Charles Teste. C'est là qu'il écrivit la *Conspiration pour l'Égalité* dont la première édition parut en 1828. Rentré en France après 1830, il fut mêlé activement à l'agitation révolutionnaire des débuts du règne de Louis-Philippe. Il inspirait la partie la plus ardente de la société des Droits de l'Homme et de la société des Amis du peuple. Les insurgés de Lyon le consultaient et ne suivaient d'ailleurs pas les conseils de calme qu'il leur envoyait. Voyer d'Argenson lui donnait l'hospitalité dans sa maison. Trélat, Hauréau, l'écoutaient avec admiration raconter ses souvenirs. Raspail venait le voir. Louis Blanc, qui lui dut peut-être quelques-unes de ses idées sociales, nous a laissé de lui un portrait apologétique : « La gravité de son « maintien, dit-il, l'autorité de sa parole toujours « onctueuse quoique sévère, son visage noble- « ment altéré par l'habitude des méditations et « une longue pratique de la vie, son vaste front, « son regard plein de pensées, le fier dessin de « ses lèvres accoutumées à la prudence, tout le « rendait semblable aux Sages de l'ancienne

« Grèce. Il en avait la vertu, la pénétration, la
« bonté. Son austérité même était d'une douceur
« infinie[1]. » Louis Blanc, qui se proclame son
élève, explique que s'il était peu connu de la
foule, vivant retiré et inaperçu, « son action était
loin d'être sans puissance ». « Pauvre et réduit
pour vivre à donner quelques leçons de musique,
du fond de sa retraite il gouvernait de généreux
esprits, faisait mouvoir bien des ressorts cachés
et, dans la sphère où s'exerçait son ascendant,
secondé par Voyer d'Argenson et par Teste, tenait
les rênes de la propagande, soit qu'il fallut accé-
lérer le mouvement ou le ralentir »[2]. Il est probable que Louis Blanc lui dut son admiration
pour Robespierre.

M. Fournière a supposé avec vraisemblance
que Blanqui reçut de Buonarroti « la triple empreinte qui caractérise toute sa vie : la démocratie,
le patriotisme et le communisme »[3].

Il n'est donc pas exagéré de dire que le socialisme français de l'époque de 1830 comme le
socialisme chartiste émanent tous deux de Buonarroti et par Buonarroti de Robespierre.

***

1. Georges Weill, article cité, *Revue historique*, 1901-2,
p. 273-274.
2. Louis Blanc, *Histoire de 10 ans*, tome IV, p. 194.
3. *Histoire socialiste*, t. VIII, p. 172.

Jusqu'à son dernier jour, Buonarroti n'a cessé de prendre la défense du chef de la Montagne et de glorifier sa politique. Dans ses lettres intimes, Robespierre est pour lui « le grand homme »[1]. Il signe « Maximilien », la lettre qu'il adresse au Comité lyonnais des Droits de l'Homme à la veille de l'insurrection de 1834. L'année même de sa mort, en 1837, il envoie à son jeune ami, le Saint-Simonien Genevoix, une notice où il réhabilite l'Incorruptible[2]. La même année 1837, le journal *Le Radical* de Bruxelles publie, par les soins des frères Delhasse, des *Observations sur Maximilien Robespierre* dont l'auteur était Buonarroti[3]. Avant de s'éteindre, le vieux conspirateur donnait encore à Buchez et à Roux pour leur *Histoire parlementaire de la Révolution française* quelques détails sur le 9 thermidor[4].

L'admiration de Buonarroti n'a rien d'une admiration aveugle. Elle repose sur l'expérience. Elle donne ses raisons.

1. Par exemple dans la lettre à Lemaire du 7 août 1830 publiée dans Paul Robiquet, p. 178.

2. Voir la lettre de remerciements de Genevoix dans Paul Robiquet, p. 208.

3. Ces *Observations* ne font sans doute qu'un seul et même écrit avec la notice envoyée à Genevoix. Elles ont été tirées à part (in-4° de 4 pages à 2 colonnes). Ernest Hamel les a utilisées dans son *Histoire de Robespierre* (t. III, p. 295, 740, 745). Elles manquent à la Bibliothèque nationale.

4. Cf. le tome 34 de l'*Histoire parlementaire*, p. 3 et 4. Ce tome 34 a paru en 1837.

Buonarroti a connu personnellement Robespierre. Il séjourna à Paris à deux reprises, pendant la Terreur, une première fois au début de 1793, quand il était venu dénoncer Paoli et présenter à la Convention la demande d'annexion à la France des habitants de l'île Saint-Pierre ; une deuxième fois, après son retour de sa mission à Lyon et dans le Midi, d'octobre 1793 à janvier 1794. Ces deux séjours coïncidèrent avec deux crises importantes, le premier avec les journées du 31 mai et du 2 juin qui donnèrent la victoire à la Montagne sur la Gironde, le deuxième avec la déchristianisation et les débuts de la campagne des hébertistes et des dantonistes contre le Comité de Salut public. Louis Blanc, qui était bien informé, nous dit que Buonarroti fréquenta la maison Duplay. Lebas, passionné de musique italienne, « se faisait entendre dans ces réunions intimes ou Buonarroti tenait le piano »[1].

Buonarroti a donc eu la vision directe de Robespierre. Son jugement a la valeur d'un témoignage.

Bien placé pour recevoir les confidences du grand jacobin ou de ses proches ou tout au moins pour connaître ses intentions, il avait été à même aussi d'apprécier par expérience les méthodes

---

1. Louis Blanc, *Histoire de la Révolution*, édition en 2 volumes, t. II, p. 379, 2° colonne. E. Hamel confirme le dire de Louis Blanc, t. III, p. 295. Buonarroti vécut à Genève de leçons de musique.

d'administration de la Terreur, ayant été un des collaborateurs de ce gouvernement.

Au début de 1793, il fut nommé commissaire du Conseil exécutif avec la mission d'éclairer le peuple Corse, de le ramener aux principes de l'Égalité, de « surveiller et dénoncer les malveillants et inspirer aux aristocrates la sainte terreur des lois ». Il ne put pas d'ailleurs accomplir sa mission. Après un séjour à Lyon où il fut un instant arrêté par les meurtriers de Chalier et en Provence, où Ricord et Saliceti l'employèrent à des tâches importantes à Toulon et à Marseille, il revint à Paris. Une nouvelle mission lui fut confiée en 1794. Il administra pendant dix mois, avec le titre d'agent national général et les pouvoirs les plus étendus, le cercle d'Oneille conquis sur le tyran de Sardaigne.

Englobé en l'an III dans la persécution dont furent victimes tous les anciens jacobins restés fidèles à l'idéal de l'an II et à la pensée de Robespierre, il fut destitué et enfermé dans la prison du Plessis d'où il ne sortit qu'après la journée du 13 vendémiaire. On sait qu'au Plessis il se lia avec les futurs organisateurs de la Conspiration des Egaux. Il y retrouva l'hôte de Robespierre, Duplay, qui lui raconta le 9 thermidor et ses causes.

On peut donc dire que par la voix de Buonarroti, c'est Robespierre et son parti qui lancent un suprême appel à la postérité. L'appel a été entendu par les socialistes de 1830. Pourquoi ne le serait-il plus par ceux d'aujourd'hui ?

*
* *

Je ne connais pas de résumé plus impressionnant et plus vrai de l'histoire de la Révolution que les cinquante premières pages qui servent d'introduction à la *Conspiration pour l'Égalité*. Buonarroti y expose avec une simplicité lucide admirable les raisons supérieures qui ont dirigé les événements. Avant que Karl Marx ait formulé la théorie de la lutte des classes, il va chercher dans l'antagonisme des groupes sociaux et dans le conflit des intérêts et aussi dans les éternelles passions humaines, l'explication dernière des crises multiples qui se sont succédées. Aucun historien, même Louis Blanc, n'a atteint à la précision et à la profondeur de ses raccourcis lumineux.

Il y avait, d'après lui, deux groupes parmi les révolutionnaires, ceux qui restaient attachés à l'opulence et aux distinctions et qui ne voulaient que succéder aux nobles et aux prêtres, autrement dit les partisans de *l'ordre d'égoïsme*, presque tous disciples de Voltaire et des encyclopédistes, et, d'autre part, ceux qui voulaient construire une société juste et fraternelle d'après les idées de Rousseau et de Mably, ceux qui plaidèrent pour tous les hommes sans distinction, ceux qui « plaçaient la prospérité de la société dans le bonheur de chacun de ses membres et sa force dans l'attachement aux lois », autrement dit les partisans de l'*ordre d'égalité*, les amis des travailleurs. Ces derniers eurent pour chef Robespierre. Ils combattirent sous la Constituante l'injuste distinction des citoyens actifs et des citoyens passifs, le veto royal, la loi martiale, ils proposèrent l'impôt progressif, ils s'opposèrent au rétablissement du roi après Varennes, dénoncèrent le complot aristocratique machiné par Brissot et Condorcet qui voulaient établir prématurément une république bourgeoise, ils combattirent la déclaration de guerre à l'Autriche, démasquèrent les trahisons de la Cour, les crimes des ministres, la marche tortueuse de la Gironde[1].

La chute de la royauté, qui fut leur œuvre, fit monter le peuple malgré les intrigues des Girondins. Ceux-ci se composaient en grande partie « d'avocats, de procureurs, de médecins, de banquiers, de riches marchands, de bourgeois opulents, d'hommes de lettres faisant de la science un trafic et un moyen de parvenir[2] ». Ils dédaignaient la masse du peuple et se croyaient faits pour le maîtriser. « Ils se prétendaient la partie saine de la nation et ajoutaient la souplesse et la jalousie aux vices des nobles qu'ils aspiraient à remplacer. » Ils haïssaient les auteurs de l'insur-

____

1. *Conspiration pour l'Égalité dite de Babeuf*. Baudouin, 1830, t. I, p. 8-13.

2. P. 19, note.

rection du 10 août, dénonçaient les amis du peuple comme des anarchistes, apeuraient contre eux les possédants, essayaient secrètement de rétablir la royauté et de sauver le roi, « trompaient le peuple en empruntant le langage du patriotisme [1] ».

Le 31 mai fit cesser leurs intrigues mortelles et donna la victoire aux Amis du peuple, mais une victoire précaire. Les difficultés intérieures et extérieures étaient trop formidables, le poids des préjugés trop lourd pour que ceux-ci pussent immédiatement réaliser tout leur idéal. Ils durent déguiser sous un voile leurs projets ultérieurs et procéder par étapes.

Buonarroti admire la Constitution de 1793, mais il ne l'admire pas sans réserves. Il regrette qu'elle consacre les vieilles et désespérantes idées sur le droit de propriété. Mais il se demande aussitôt : « Est-ce à une prudente circonspection commandée par l'attitude hostile des riches ameutés par les Girondins ? Est-ce à la Convention nationale qu'on doit attribuer les ménagements dont elle fit usage et *le voile sous lequel les députés amis de l'Égalité furent obligés de cacher leurs vues ultérieures [2] ?* »

Combien de fois au cours de la Révolution les partis se sont menacés les uns et les autres de « déchirer le voile » ? Qu'à côté de la politique

1. P. 19, note.
2. P. 32. C'est moi qui souligne.

visible ils aient eu une politique occulte, que « le voile » ait réellement existé, la chose n'est pas douteuse. Buonarroti ne s'aventure pas quand il prête aux Montagnards une doctrine ésotérique.

Quelle était cette doctrine? Elle repose sur cette constatation fondamentale que pour fonder une république, il ne suffit pas de supprimer un roi et de substituer l'autorité de plusieurs à celle d'un seul[1].

La république n'est supérieure aux autres gouvernements que si l'intérêt général, le bien public y prédomine sur les égoïsmes. Quand la vertu fait défaut, avait dit Montesquieu, « la république est une dépouille et sa force n'est plus que le le pouvoir de quelques citoyens et la licence de tous[2]. »

Pour Buonarroti, le problème que le Comité de Salut public avait à résoudre n'était pas seulement de repousser l'invasion, de faire vivre le peuple des villes et des quatorze armées, mais encore de préparer l'avènement de la véritable république, de celle qui est fondée sur l'égalité et la vertu. Tâche sublime pour laquelle la Terreur était nécessaire, la Terreur qui seule comprimerait, anéantirait les forces du passé et créerait les institutions capables de faire naître parmi les Français ignorants et égoïstes un esprit républicain, c'est-à-dire la capacité de se gouverner et le goût du dévouement à la patrie et aux lois. « Prétendre ramener

1. Buonarroti, p. 2.
2. Montesquieu, *Esprit des Lois*, III, 3.

à la justice et à l'égalité sans l'emploi de la rigueur, une nation dans laquelle il y a beaucoup d'hommes qui se sont fait des habitudes et des prétentions inconciliables avec le bien être et les droits de tous, est un projet aussi chimérique que séduisant..... Ceux qui oppriment la terre sont-ils avares du sang du peuple souffrant, quand il s'indigne des maux qu'ils lui font endurer ? Les révolutions sont les suites nécessaires des longues injustices ; elles punissent en un instant les forfaits de plusieurs siècles [1]... »

Nécessaire, la Terreur était légitime, mais à une condition, c'est qu'elle fût mise toute entière au service de la justice. Autrement, elle eût été une intolérable tyrannie : « Dès que le gouvernement révolutionnaire fût passé entre les mains des égoïstes, il devint un véritable fléau public. Son action prompte et terrible, que la vertu de ses directeurs et leurs intentions toutes populaires pouvaient seuls rendre légitimes, ne fut plus qu'une affreuse tyrannie par son objet et par sa forme ; elle démoralisa tout, elle rappela le luxe, les mœurs efféminées et le brigandage ; elle dissipa le domaine public, dénatura les principes de la révolution et livra aux poignards de ses ennemis tous ceux qui l'avaient défendue avec sincérité et désintéressement. [2] »

---

1. *Conspiration pour l'Égalité*, I, p. 50, note.
2. *Conspiration pour l'Égalité*, I, p. 48.

Avant le 9 thermidor, l'institution révolutionnaire n'avait pas encore dégénéré. Ses chefs se proposaient d'établir le règne de l'égalité; mais ils savaient que « la réforme des mœurs devait précéder la jouissance de la liberté[1]. « Ils savaient enfin, et l'expérience n'a que trop justifié depuis leur manière de voir qu'établir sans ces préliminaires l'ordre constitutionnel des élections, c'est abandonner le pouvoir aux amis de tous les abus et perdre à jamais l'occasion d'assurer la félicité publique[2]. » Avec une singulière prescience de l'avenir des démocraties, Buonarroti dénonce l'hypocrisie foncière du libéralisme des institutions et des servitudes économiques : « Tant que les choses resteront comme elles sont, la forme politique la plus libre ne sera avantageuse qu'à ceux qui peuvent se passer de travailler. La masse des nations assujettie par le besoin à des travaux pénibles et continuels, ne pouvant ni s'instruire dans les affaires publiques, ni assister aux assemblées où elles se traitent, et dépendant des riches pour son existence, ceux-ci disposent seuls des délibérations que des gouvernements trompeurs ont adroitement l'air de demander au peuple. Est-il à présumer que ces honnêtes gens s'oublient ? Que serait-ce s'il s'agissait de leur demander leur propre abaissement[3] ? »

1. *Ibid.*, I, p. 33.
2. *Ibid.*
3. P. 34, note.

Le Comité de Salut public avait vu l'écueil où vont s'échouer fatalement les républiques fondées sur l'égoïsme. Il voulait amener les Français au point où ils pourraient vraiment jouir de leur constitution libre. A la réforme politique il donnait graduellement comme soubassement une réforme économique et une réforme morale. Il fut sur le point de réussir. L'humanité faillit lui devoir « une rédemption complète[1] ». Il faut entendre Buonarroti célébrer son œuvre : Il comprima les factions, il releva « l'espoir de la classe nombreuse des malheureux » par des mesures destinées à « encourager la vertu et à rétablir l'égalité », telles que l'établissement des greniers d'abondance, les taxes sur les riches, le maximum, le pain de l'Égalité, les lois sur les accapareurs, sur l'assistance, sur le morcellement des biens nationaux, etc. Ainsi s'élaborait une constitution économique fondée sur l'Égalité. En fait « la communauté (nous dirions aujourd'hui le communisme) régnait alors parmi la généralité des Français[2] ». En effet la république disposait alors par les réquisitions de la plus grande partie des richesses nationales. Les subsistances et le commerce confiés à deux commissions administratives « formaient déjà deux grandes branches de l'administration publique[3] ».

1. P. 34.
2. P. 37.
3. P. 41.

Parallèlement, le Comité de Salut public poursuivait une réforme morale destinée à faire accepter son œuvre politique et son œuvre sociale. « Il sut inspirer à la grande majorité de la nation l'abnégation la plus sublime, le mépris des richesses, des plaisirs et de la mort et l'amener à *proclamer que tous les hommes ont un droit égal aux productions de la terre et de l'industrie*[1]. » Il débarrassa les cerveaux des antiques préjugés, détruisit les églises de servitude et mit à leur place une église de liberté, « un culte sublime qui, confondant les lois de la patrie avec les préceptes de la divinité, doublait les forces du législateur et lui donnait les moyens d'éteindre en peu de tems toutes les superstitions et de réaliser tous les prodiges de l'égalité[2] ».

Nul plus que Robespierre ne s'est plus dévoué à l'affranchissement, à « la rédemption » du peuple français. Presque seul avec Marat, il attaqua sous la Constituante les faux patriotes, dirigea le parti montagnard après le 10 août, s'éleva dans le procès du Roi « à la plus haute philosophie », prit la plus grande part à la coalition du 31 mai.

« Avant la chute de la faction girondine, Robespierre croyait que la Convention, dominée

1. P. 35.
2. P. 40. Sur l'objet politique poursuivi par Robespierre par son rapport du 18 floréal, voir mon étude sur Robespierre et le culte de l'Être suprême, dans mon livre *Autour de Robespierre*.

par elle, était dans l'impossibilité d'enfanter de
bonnes lois ; il pensait d'ailleurs que, dans les
circonstances critiques de ce temps-là, le premier
soin des mandataires du peuple devait être
d'anéantir les nombreux ennemis qui, au dedans
et au dehors, menaçaient l'existence de la république ; mais, voyant que les Girondins étaient
pressés de consacrer par la législation leurs principes aristocratiques, il opposa à leurs projets sa
Déclaration des droits, dans laquelle ses intentions populaires paraissent à découvert. En rap-
prochant les doctrines politiques renfermées dans
cet écrit et dans les discours que Robespierre
prononça dans les derniers temps de sa vie, de
la pureté de ses mœurs, de son dévouement, de
son courage, de sa modestie et de son rare désintéressement, on est forcé de rendre un éclatant
hommage à une si haute sagesse, et on ne peut
que détester la perversité ou déplorer l'incom-
préhensible aveuglement de ceux qui ourdirent
et consommèrent son assassinat[1] ».

Robespierre voulait l'avènement de la République de l'Égalité autrement dit du socialisme.
Buonarroti en donne plusieurs preuves. Sa déclaration des droits, dit-il, posait des limites au
droit de propriété, instituait l'impôt progressif,
réclamait « le concours de tous à la formation de
la loi, l'extirpation de la misère, l'instruction

____
1. P. 25.

assurée à tous les citoyens et le droit de résistance à l'oppression déterminé de manière à devenir un obstacle insurmontable à l'arbitraire des agens publics et à la tyrannie même des lois » [1].

Buonarroti invoque encore le rapport de Robespierre du 18 pluviôse an II, d'où il détache des phrases comme celles-ci : « Nous voulons un ordre de choses où toutes les passions basses et cruelles soient enchaînées, toutes les passions bienfaisantes et généreuses éveillées par les lois, où l'ambition soit le désir de mériter la gloire et de servir la patrie ; où les distinctions ne naissent que de l'égalité même ; où le citoyen soit soumis au magistrat, le magistrat au peuple et le peuple à la justice ; où la *patrie assure le bien-être de chaque individu* et où chaque individu jouisse avec orgueil de la prospérité et de la gloire de la patrie, où toutes les âmes s'agrandissent par la communication continuelle des sentimens républicains et par le besoin de mériter l'estime d'un grand peuple, où les arts soient les décorations de la liberté qui les ennoblit, le *commerce, la source de la richesse publique* et non seulement de l'opulence monstrueuse de quelques maisons, etc. [2]. » Buonarroti cite encore les discours de Saint-Just des 8, 13, 23 ventôse an II, le discours de Robespierre du 7 prairial. Il aurait pu en citer d'autres.

1. P. 25, note.
2. P. 37, note.

Les diverses lois révolutionnaires n'étaient donc pas uniquement inspirées par les nécessités du moment. Ce n'étaient pas de purs expédients, dans la pensée des Robespierristes, mais des mesures préparatoires à l'avènement du système de l'Égalité. « La confiscation des biens des contre-révolutionnaires n'était pas une mesure fiscale mais le vaste plan d'un réformateur[1]. » « Encore un jour, s'écrie-t-il douloureusement, et le bonheur et la liberté étaient assurés par les institutions qu'ils [Robespierre et ses amis] ne cessèrent de demander[2]. »

Mais les factions se jetèrent à la traverse, celle des Hébertistes et celle des Dantonistes.

Les Hébertistes furent les moins criminels. C'étaient « des hommes laborieux, droits, fermes, courageux, peu studieux, étrangers aux théories politiques, aimant la liberté par sentiment, enthousiastes de l'égalité et impatiens d'en jouir ». Leurs intentions étaient pures. Mais ils manquaient de maturité politique. « Plus disposés à trancher les difficultés par des coups de mains qu'à peser mûrement l'utilité et les conséquences d'une crise politique, ils avaient en vue le même résultat auquel tendaient les amis sages de l'Égalité ; mais ils ne se formaient pas, comme ceux-ci, une idée bien nette ni des institutions par

1. P. 40.
2. P. 41.

lesquelles on pouvait l'obtenir ni de la route par laquelle il fallait y arriver. » Des hommes influents les trompèrent, les poussèrent à réclamer la fin du gouvernement révolutionnaire et l'établissement prématuré de la Constitution : « Bons citoyens dans une république populaire assise, mauvais pilotes dans les tempêtes qui en précèdent l'établissement, il ne fut pas difficile de les indisposer contre la prolongation de l'institution révolutionnaire, en la leur peignant comme une coupable atteinte portée à la souveraineté du peuple. On n'eut pas non plus beaucoup de peine à leur persuader que, pour tarir à jamais la source des superstitions et du pouvoir des prêtres, il fallait proscrire toutes les idées religieuses[1]. » Bref, ils furent des instruments entre les mains d'intrigants beaucoup moins bien intentionnés.

« Les Dantonistes n'ont pas droit à la même indulgence, parce que le caractère prédominant de cette faction était un mélange de vanité, d'intrigue, d'audace, de fausseté, de vénalité et de corruption. Ceux qu'elle reconnut pour ses chefs professaient publiquement les maximes les plus opposées à la pureté des mœurs, sur laquelle le gouvernement français de cette époque entendait asseoir la république. Serviles imitateurs du débordement qui distinguait avant la révolution la cour et les classes priviligiées, ils combattirent

1. P. 42, note.

les grands d'autrefois pour se mettre à leur place,
et s'élevèrent contre la religion, non pour affranchir les hommes du joug des préjugés et de la
superstition, non pour enlever à la tyrannie son
auxiliaire le plus redoutable, mais pour se débarrasser de l'idée d'un juge incommode, pour se
livrer plus tranquillement à la fougue de leurs
basses passions et pour effacer de l'esprit humain
les idées consolatrices de justice, de probité et
de vertu. Les Dantonistes considéraient la révolution comme un jeu de hasard dans lequel la
victoire demeure au plus rusé et au plus fripon ;
ils souriaient de pitié aux mots de désintéressement, de vertu, d'égalité et prétendaient ouvertement qu'aux révolutionnaires devaient, au bout
du compte, appartenir tous les avantages de fortune et de puissance dont avaient joui les nobles
de l'ancien régime. Aussi beaucoup de ceux qui
grossissaient leurs rangs n'ont-ils pas craint
depuis d'emprunter les couleurs les plus opposées, de flatter toutes les tyrannies et de se livrer
aux plus abjectes menées pour acquérir la fortune
et retenir une ombre de pouvoir. De dangereuses
machinations furent ourdies par les meneurs de
ces factions, et ce ne fut pas sans de graves raisons que le gouvernement révolutionnaire les
accusa d'agir de concert avec les cabinets étrangers ligués contre la république française[1]. »

1. P. 42, note.

Le jugement de Buonarroti sur les Dantonistes est très remarquable. Je crois qu'il renferme une grande part de vérité. Les amis de Danton furent trop souvent des gens douteux, des gens tarés. Lui-même n'est peut-être pas à l'abri de tout soupçon.

En tout cas, le jugement est à retenir, car il explique pourquoi Robespierre consentit à abandonner Danton. Il fut convaincu comme Buonarroti que la faction dantoniste non seulement se confondait avec les *pourris*, avec les parlementaires agioteurs, mais encore qu'elle n'était qu'une branche de la faction de l'étranger, qu'elle renfermait dans son sein des agents stipendiés des puissances.

Le 9 thermidor fut la coalition de la peur, de l'égoïsme et de la corruption. Ses instigateurs furent des proconsuls indélicats que Robespierre avait fait rappeler pour mettre un terme à leurs malversations : « Effrayés par le supplice des conspirateurs [hébertistes et dantonistes] et par les maximes austères du gouvernement, ils alarmèrent aisément leurs pareils et ranimèrent par leurs clameurs la confiance et l'audace des ennemis de l'égalité. » Ils accusèrent Robespierre de tyrannie ! Tyrannie ! Il faut entendre avec quelle éloquence méprisante, quelle argumentation victorieuse Buonarroti répond à la calomnie : « Les vues secrètes de ses proscripteurs étaient déguisées sous l'imputation vague de tyrannie. Mais un tyran sans trésors, sans soldats, sans autres amis que les ennemis des tyrans, un tyran qui, loin de flatter bassement la multitude en secondant ses caprices, eut souvent le courage de la détourner, au risque de lui déplaire, des plans séducteurs que d'autres lui présentaient, n'est-il pas un être de raison ? C'est, disait-on, le tyran de l'opinion... oh ! pour le coup, le procès est jugé... La tyrannie de Robespierre ne fut pas autre chose que le pouvoir de ses sages conseils et l'influence de sa vertu... Il fut le tyran des méchans.

« Et comment prouvâtes-vous sa tyrannie, vous qui, après sa mort, ne sûtes que vous entre-déchirer et nous perdre ? Tandis que les uns l'accusaient d'avoir immolé Danton, d'autres lui reprochaient d'avoir voulu le sauver ; ceux qui, la veille encore, l'appelaient le Caton de la France, ou le comparaient à Orphée civilisant les peuples sauvages[1], dressent son acte d'accusation ; ici on lui impute les fautes de quelques députés en mission, là on se plaint des poursuites qu'il veut diriger contre eux. Vous le disiez riche à plusieurs millions, et la France l'appelle encore l'*Incorruptible*, et il est bien connu que la vente de tout ce qu'on lui trouva, ne produisit pas au-delà de 460 livres en numéraire[2]. Vous le disiez dépourvu de connaissances et de jugements, tout

---

1. Boissy d'Anglas dans son *Essai sur les fêtes nationales*, paru au lendemain de la fête de l'Être suprême.

2. Voir la note sur la succession des frères Robespierre, dans

en prétendant qu'il vous avait soumis pendant quinze mois à sa domination. Tandis que vous l'appeliez cruel, d'autres lui reprochaient d'avoir prolongé les jours des soixante-treize girondins détenus. Vous parlez encore de sa farouche ambition, mais vous ne dites pas à l'Univers abusé par vos récits mensongers que, sans ses trop héroïques conseils, les magistrats de Paris, à la tête de la majorité des sections et des canonniers, vous eussent infligé la correction que vous méritiez. Semblables à des écoliers ameutés contre leur maître, vous l'injuriez sur son lit de mort, et vous souffriez qu'on envenimât à coups de canif ses blessures saignantes[1]. »

La page est belle et mériterait d'être mieux connue. Buonarroti ajoute que pour tromper le peuple de Paris, les thermidoriens durent recourir aux mensonges les plus abjects. Ils racontèrent aux ouvriers du faubourg Antoine que Robespierre voulait délivrer le dauphin et qu'on avait trouvé sur le bureau de la Maison Commune où se tenaient ses partisans un sceau neuf avec l'empreinte d'une fleur de lys !

Un juste, victime des complots des méchants, un des plus grands réformateurs qu'ait connus

les *Annales historiques de la Révolution française* de mars-avril 1925, pp. 172-173.

1. Page 45, note.

l'humanité, l'ancêtre légitime du communisme,
tel apparaît Robespierre dans l'introduction que
Buonarroti a mise en tête de *La Conspiration
pour l'Égalité,* tel il apparaît aussi, avec des précisions nouvelles, dans les notes inédites qu'on
va lire plus loin [1].

Ces notes, conservées dans ses papiers à la
Bibliothèque nationale, forment une dizaine de
feuillets écrits au recto et au verso avec de nombreuses additions en marges, toutes de la même
main et de la même encre, sans beaucoup de
ratures.

Quand Buonarroti a-t-il noirci ces feuillets ?
Dans quel but ? Il est difficile de le dire. On
peut seulement hasarder une conjecture.

Il semble que ces notes aient été comme une
première ébauche plus développée d'une partie
de l'introduction par laquelle s'ouvre *La Conspiration pour l'Égalité.* Les idées essentielles s'y
retrouvent et les mêmes arguments. Mais les
Notes entrent dans des détails circonstanciés,
donnent des noms, racontent des anecdotes,
des conversations qui ont disparu de l'introduction

Ajoutons que les Notes débutent *ex abrupto,*
sans préparation, et qu'elles se terminent par des
mots sans suite qui semblent être des amorces

---

1. M. P. Robiquet s'est borné à donner quelques extraits de
ces notes en y joignant quelques commentaires tendancieux ou
insignifiants. Voir son livre, p. 312 à 318.

d'idées à développer. Elles ont en somme l'aspect d'un brouillon. On y saisit le premier jet de la pensée de l'auteur.

Robespierre jugea que la Convention nationale feroit droit à ses réclamations et qu'il y auroit dans son sein une majorité capable de reconnoître la pureté de ses intentions.

En effet, on est forcé de convenir que telle étoit son opinion lorsqu'on considère qu'étant soutenu par les Jacobins, par la Commune, par l'Etat-Major de la Garde nationale de Paris et par le camp de la plaine des Sablons, il eût pu facilement parer le coup sous lequel il succomba s'il avoit voulu prendre des mesures par lesquelles il lui eût été aisé de le prévenir. Non seulement il ne le fit pas, non seulement il ne conspira pas, comme on l'en a faussement accusé, mais le matin même du 9 thermidor, il se reposait entièrement sur la justice de sa cause et sur la droiture de la majorité de la Convention. En sortant de chez lui pour se rendre à l'Assemblée, il répondit à son hôte qui l'engageait à se tenir sur ses gardes qu'il n'avoit rien à craindre puisqu'il y avoit beaucoup de vertu dans la représentation nationale[1].

Cependant, à la séance du 8, on put remarquer une grande incertitude dans l'esprit des députés. Robespierre se plaignit amèrement des comités de Salut public

---

[1]. Buchez et Roux connaissaient déjà cette tradition. Ils la tenaient, disent-ils, de Buonarroti qui l'avait recueillie de la bouche de Duplay dans les prisons. Mais ils ne l'acceptent pas : « Il nous semble que ce langage n'est guère d'accord avec le sentiment de détresse dont sont empreintes les phrases que Robespierre aurait prononcées, selon quelques historiens, après la lecture de son discours à la tribune des Jacobins. » (*Hist. parlem. de la Rev. fr.*, tome XXXIV, p. 4.)

et de Sûreté générale et d'une faction immorale et conspiratrice dont il ne désigna pas les membres.

Ce discours fut d'abord applaudi et l'impression en fut ordonnée. Mais bientôt la Convention revint sur sa délibération et renvoya le discours de Robespierre à l'examen des comités qu'il avait dénoncés.

Dans la nuit du 8 au 9 thermidor, tous les conspirateurs contre Robespierre se concertèrent et se distribuèrent les rôles qu'ils avoient à jouer. Robespierre ne prit aucune mesure et se fia à sa bonne foi.

Ce qui prouve mieux que toute autre chose qu'il n'y eut de la part de Robespierre et de ses amis aucun complot contre la Convention, c'est le discours commencé le 9 par Saint-Just. Cet orateur soumettoit toute la querelle au jugement de l'Assemblée, il n'attendoit que de ses résolutions le redressement des griefs dont il se plaignoit et le salut de la République.

Robespierre avoit tenu la veille à peu près le même langage. A la vérité, il avoit dénoncé une coalition criminelle qui conspiroit au sein de la Convention nationale et il avoit demandé la punition des traîtres. Ce fut cette dénonciation qui effraya les vrais conspirateurs. Ils prétendirent qu'invoquer contre eux la justice c'étoit conspirer contre la Convention et contre la République.

Ces conspirateurs dénoncés par Robespierre surent mettre en jeu les passions d'un grand nombre de leurs collègues et faire de ceux-ci leurs auxiliaires dans la violence qu'ils méditoient.

Quels étoient ces conspirateurs et ces auxiliaires et comment les uns et les autres parvinrent-ils à combiner leurs forces et à opérer de concert la catastrophe de thermidor [1] ?

---

1. Buonarroti donne en marge la liste suivante : Sieyes, Garnier de l'Aube, Reubell, Thirion, Merlin de Thionville, Panis, Barras, Thuriot, Cambon, Fréron, Bentabolle, Leonard Bourdon, Rovère, Lindet, Merlin de Douai, Brival, Poultier, Echas-

Il faut d'abord se souvenir que les royalistes et les
Girondins avoient été vivement combattus par Robespierre, qu'ils considéroient comme le chef du parti de
l'égalité par eux qualifié de faction anarchique. Ces
gens-là, formant au moins la moitié de la Convention
nationale, avoient été comprimés par l'insurrection du
31 mai, s'étoient condamnés depuis cette époque à une
inaction hostile et aspiroient secrètement à se venger. Ils
en saisirent avidement l'occasion quand ils virent presque
toute l'autre partie de l'Assemblée soulevée contre Robespierre. On ne peut douter que l'animosité et la haine de
la Démocratie ne fussent les véritables causes de leur
coopération aux événements de cette journée. Dès qu'ils
n'eurent plus peur de la Montagne ils se prononcèrent
avec une masse de voix capable à elle seule de faire pencher la balance de leur côté. C'était le poids du royalisme
et de l'aristocratie nobiliaire et bourgeoise.

Cette section subit l'impulsion, mais ne la donna pas.
Pour bien comprendre comment se forma et éclata à la
Montagne l'orage du 9 thermidor, il faut connoître à
fond les élémens dont elle se composoit et les motifs qui
la firent agir. Remontons au tems qui précéda la Révolution. La France asservie étoit comprimée par la noblesse
d'épée et de robe et par les opinions religieuses propagées
et soutenues par un clergé nombreux et puissant. Dans
cette compression générale quelques penchans vicieux

seriaux, Charlier, Bourdon de l'Oise, Dubarran, Tallien, Gou-
pilleau, Féraud, Legendre, Delmas, Lacoste, Guffroy, Lecointre
de Versailles, Fouché, André Dumont, Courtois, Clausel, Dubois-Crancé, Ruamps, Vadier, Amar, Jagot, Carnot, Billaud,
Collot, Barére, Vouland, Charles Duval, Bayle, Granet, Mon-
taut. La même liste, avec de simples différences dans l'ordre
des noms et dans leur ortographe, se retrouve dans B. Hauréau,
La Montagne, p. 256, note 9. *La Montagne* parut en 1834. Il est
donc probable qu'à cette date la liste de Buonarroti circulait déjà
parmi ses amis.

et les sentimens élevés étoient également réprimés et étouffés. Lorsque la pression se relâcha, les uns et les autres prirent l'essor et l'on vit paroître dans la même arène les hommes sages qu'animoit l'amour de l'humanité et de la Patrie et les hommes vils qui couvroient leurs basses passions du vernis de la philosophie.

Les premiers combattirent la superstition et les prêtres pour détruire le prestige qui courboit le peuple sous le joug de ses tirans ; les seconds se déchaînèrent contre toute idée religieuse pour assouvir leurs passions et pour justifier leur immoralité. Ceux-là proscrivirent les distinctions et le pouvoir héréditaire pour ramener le Peuple à l'égalité et à la vertu ; ceux-ci combattirent les grands pour se mettre à leur place. Ceux-là s'efforcèrent d'abolir les grandes fortunes et les grandes richesses pour faire disparaître la misère et les souffrances ; ceux-ci s'élevèrent contre les riches pour les remplacer.

Ces deux espèces d'hommes parurent au commencement de la Révolution au milieu du Peuple et furent par lui portés à la Convention à cause de la chaleur avec laquelle les uns et les autres s'élevèrent contre les abus et contre l'oppression.

Parmi les membres de la Convention qui y étoient arrivés avec des vues intéressées et non populaires, tous n'étoient pas vicieux de la même manière ; les uns vouloient triompher par les sophismes et par la politesse, ils se firent Girondins ; les autres qui prétendoient l'emporter par l'impétuosité et par la grossièreté devinrent Montagnards.

Dix mois avant le 9 thermidor, ceux qui avoient observé attentivement cette assemblée n'y comptoient pas plus de cinquante hommes vraiment justes et amis de l'égalité[1].

1. On lit en marge :

« Membres de la Convention accusés de concussion :

« Perrin de l'Aube, condamné aux travaux forcés ;

Il importe de bien comprendre le rôle que les idées irreligieuses ont joué dans les troubles de la Convention.

Au xviii⁰ siècle, la divinité de la révélation fut publiquement combattue. Tous les dogmes positifs furent rangés au nombre des fables. A la fin on en vint à professer l'athéisme qui eut ses orateurs parmi les savans, à la cour et même parmi les prêtres.

Cependant quelques philosophes firent tête à l'orage et se prononcèrent pour le déisme. Rousseau fut du nombre. Il démontra que les idées de Dieu et de l'immortalité de l'âme sont les fermes appuis de la morale, de la justice, de la liberté et de la Loi.

« Clausel, accusé du même crime, sauvé par Barère ;

« Danton, La Croix, volèrent en Belgique, leurs malles pleines « d'argenterie furent saisies à la frontière ;

« Courtois, vola à l'armée ;

« Reubell, Merlin de Thionville, enlevèrent à Mayence de « l'argenterie et du vermeil appartenant à la République ; leurs « malles furent saisies par le Comité de Sûreté générale ;

« Rovère, Poultier, furent accusés d'avoir simulé un vol con- « sidérable d'assignats appartenant à la Nation ;

« Barras, Ricord, Freron, enlevèrent de Toulon plusieurs four- « gons chargés d'objets précieux ;

« Julien de Toulouse, Fabre d'Églantine, Chabot, Bazire, « reçurent chacun 100000 francs pour avoir falsifié un décret de la Convention nationale ;

« Sieyes reçut du Consul 300000 francs pour avoir trahi la « République ;

« Thibaudau recevoit d'Hambourg et fesoit passer à son beau- « père la correspondance du fils de celui-ci qui distribuoit aux « émigrés l'argent que son père lui envoyoit. » La même liste, dont on a retranché Thibaudeau, alors encore en vie, figure dans *La Montagne* d'Hauréau, p. 255. Hauréau précise le vol attribué à Courtois par Buonarroti : « Courtois, de concert avec Danton, son parent, fit un marché de bœufs avec le Comité de salut public, et toucha, dit-on, de l'argent, sans remplir toutes les conventions. »

Ceux qui étoient capables de porter sur ces graves questions un jugement fondé étoient en petit nombre. Néanmoins le nombre de ceux qui se prononcèrent pour l'athéisme fut fort grand, peu par conviction, quelques-uns par vanité et pour afficher une science supérieure à celle du clergé et des magistrats, la foule pour se débarrasser du frein que la religion impose aux passions.

Il n'est donné qu'à un petit nombre d'hommes éminemment vertueux de prescrire à leurs actions et de suivre la règle la plus conforme à l'intérêt de la Société.

Pour les autres, dès que la sanction divine s'efface de leur esprit, il ne leur reste plus d'autre guide que l'intérêt purement personnel.

Les lois auront beau être sincères, l'éducation aura beau être soignée, il restera toujours un grand nombre de cas où l'homme ne pourra être porté aux sacrifices et au dévouement que par une rare vertu ou par la pensée d'un juge secret et omniscient et d'une vie à venir.

J'ai dit une rare vertu, et ce n'est pas sans raison. Cette vertu consiste à s'immoler tout entier pour le bonheur des autres sans aucune perspective du bien personnel, sans autre jouissance que celle qui résulte de la contemplation de la félicité immédiate ou éloignée de nos assemblées. C'est le sacrifice complet de nos affections, de nos sensations et de nos intérêts qui, dans la perfection, ne peut être le partage que d'un petit nombre d'âmes d'une trempe extraordinaire.

Pour toutes les autres, si vous leur enlevez la crainte ou l'espérance d'une autre vie, il ne leur restera d'autre mobile de leurs actions que l'amour du plaisir et la crainte de la douleur. Elles ne seront capables ni des élans du dévouement, ni des mouvemens qu'inspirent la passion de la vraie gloire. Ce seront des âmes uniquement occupées d'elles-mêmes, cherchant à tirer parti de tout et envisageant en toute circonstance le profit qui peut leur en revenir. Le mépris des idées religieuses

étoit le caractère distinctif des hommes qui favorisèrent
avec connoissance de cause les premiers étincellemens
de la révolution. Depuis ce mépris s'est tellement confondu avec les principes politiques qu'il n'est pas rare
de rencontrer des hommes qui rangent parmi les ennemis de la liberté quiconque croit en Dieu[1].

Telle fut aussi l'opinion dominante parmi les membres
de la Convention Nationale, soit Girondins, soit Montagnards. Chez un grand nombre de ceux-ci, cette
opinion se trouvoit réunie à cette immoralité dont j'ai
dit un mot et il s'en suivit que la plupart de ceux qui la
partageoient, pour empêcher l'établissement de l'égalité
qu'ils haïssoient, ou pour écarter la vertu qui les contra-
rioit, ou pour servir les puissances qui les payoient,
étoient incapables de vues généreuses et d'efforts sou-
tenus.

Cette immoralité fut le caractère distinctif des
hommes, Conventionnels ou non, dans lesquels on vit
une faction d'Orléans et c'est leur grande dépravation qui
a fait croire que celui-ci les soldoit afin qu'ils lui frayas-
sent le chemin du trône.

L'immoralité dont je parle se compose de mauvaise
foi, d'intempérance, de vanité, d'avarice, d'aversion
pour la vertu, de l'habitude de ne juger du mérite des
actions que par les succès et de ne connoître dans ses
déterminations d'autre mobile que le profit qui peut en
résulter.

Si vous retranchez de la Convention ce qui formoit le
parti de la Gironde et ce qui joignoit l'immoralité à la
fougue révolutionnaire, il ne reste qu'un petit nombre

---

1. Ce jugement de Buonarroti reste toujours vrai. Robespierre n'est si mal jugé par certains historiens anticléricaux contemporains que parce qu'il admettait la nécessité sociale de la
croyance en Dieu. Ces historiens lui pardonneraient la Terreur,
ils ne lui pardonnent pas l'Être Suprême.

de sages, vrais amis de l'égalité, non moins ennemis de
la morgue des aristocrates que de la dépravation de ceux
qui visoient à les remplacer.

De ce nombre fut Robespierre qui combattit également
les royalistes, l'aristocratie nobiliaire et bourgeoise, les
athées et les hommes dissolus et avides d'argent et de
pouvoir. Tous virent en lui un ennemi, un tiran, et
quoiqu'il y eut entre eux une haine qui ne tarda pas à
éclater, ils joignirent au 9 thermidor leurs efforts pour se
venger et pour se soustraire à la justice dont ils se
sentaient menacés.

Afin de conserver à la Convention, centre unique de
tous les pouvoirs, la puissance d'opinion qui lui étoit
nécessaire pour accomplir sa haute mission, il falloit
qu'elle prêchât de doctrine et d'exemple, il falloit que sa
morale fût pure et qu'avant d'en imposer les devoirs au
dehors, elle forçât tous ses membres à s'y soumettre[1].

C'est là ce que voulut Robespierre et que parut vouloir le Comité de Salut public. Et tel fut le but de ce
fameux décret qui consacra l'existence de l'Être Suprême
et l'immortalité de l'âme, confirma la liberté des cultes
et institua les fêtes nationales.

Tel fut aussi le motif des décrets lancés contre les pré-
dicateurs de l'athéisme et contre les députés qui s'étoient
deshonorés par des actions infâmes. Ce retour aux idées
religieuses dictées par le simple bon sens et cette guerre
déclarée à l'immoralité effrayèrent les hommes plus
enclins à la licence qu'à la liberté, ceux qui ne deman-

---

1. Autrement dit, le décret du 18 floréal, qui instituait les
fêtes nationales, avait la valeur d'un désaveu des excès des proconsuls et d'un avertissement pour ceux qui seraient tentés de
les imiter. Cette interprétation est intéressante si on se souvient
que Robespierre avait vu dans la déchristianisation violente une
manœuvre des pourris et des agents de l'étranger. Voir notre
étude sur *Robespierre et la déchristianisation* dans notre ouvrage
La Révolution et l'Église.

daient pas franchement l'égalité, ceux dont le patriotisme n'avoit d'autre appui que l'irréligion et ceux qui avoient grossi leur patrimoine par l'abus des pouvoirs qu'ils avoient exercés. Le décret qui mit la vertu et la probité à l'ordre du jour fut pour eux un coup de foudre. La conscience de leurs fautes et leur aversion pour la pureté des principes, dans lesquels on voulait édifier la République, les rendit craintifs, ils se crurent perdus, ils en devinrent furieux, ils appelèrent tirannie ce qui alloit assurer la liberté, ils conspirèrent la perte de Robespierre et de ceux qui partageoient sa manière de voir.

Les deux Comités de Salut public et de Sûreté générale n'étoient pas composés d'élémens homogènes. Je crois que tous leurs membres avoient applaudi à la Révolution et qu'ils aspiroient à un gouvernement républicain. On n'a reproché à aucun d'eux d'avoir trafiqué de l'autorité. S'ils ont fait du mal, c'est par ignorance, par foiblesse, par jalousie ou par défaut de bons principes.

La peur et l'immoralité divisèrent les membres de ces Comités. Au comité de Salut public tous ne partageoient pas les doctrines de Robespierre et plusieurs voyaient avec jalousie l'ascendant que sa vertu lui donnoit sur le peuple.

Plusieurs de ses membres tels que Barère, Collot, Billaud et Carnot, mirent des entraves à l'action révolutionnaire. Après avoir frappé Danton et quelques-uns de ses amis, ils refusèrent de sévir contre une vingtaine de factieux et de prévaricateurs qui s'opposoient dans la Convention nationale à la régénération publique et vouloient venger la mort de leurs chefs dans le sang de ceux qui les avoient dénoncés. Ceux contre qui étaient dirigées les plaintes de Robespierre secondé par Saint-Just et par Couthon en furent prévenus. Syeiés (sic) en fut averti par Barère. Ce furent ces coupables indiscrétions qui exaltèrent la fureur de ceux qui se sentirent menacés et qui mirent tout en œuvre pour renverser la forme du gouvernement. Barère a à se faire ce reproche d'autant plus grave qu'il connoissoit les crimes de ceux qu'il voulut servir et qui depuis l'ont payé de la plus noire ingratitude.

J'ai entendu plusieurs fois Vadier reprocher au Comité de Salut public et surtout à Robespierre d'avoir empiété sur l'autorité du Comité de Sûreté générale [1].

Ing[rand] m'a dit que Vadier étoit fort enclin à élever des conflits, très jaloux de l'autorité et plus porté à aigrir les esprits qu'à les concilier [2].

1. Cette accusation d'empiètement faite par le Comité de Sûreté générale à celui de Salut public est une preuve de la petitesse d'esprit des membres du premier.

Le Comité de Salut public étoit chargé de la pensée du gouvernement tandis que celui de Sûreté générale n'avoit d'autres fonctions que celle de surveiller la conduite des personnes et de les empêcher de nuire et d'entraver.

N'est-il pas clair que par la nature de leurs fonctions le second étoit subordonné au premier?

N'est-il pas évident qu'il devoit y avoir des cas où le Comité de Salut public pouvoit seul juger des obstacles qu'il rencontroit dans l'exécution de ses vues et des personnes dont il falloit s'assurer pour les écarter?

(Note de Buonarroti, en marge du folio 57.)

2. Ingrand, qui n'eut aucune part aux événements du 9 thermidor parce qu'il était en mission, m'a raconté que s'étant rendu au mois de messidor auprès du Comité de salut public, Billaud le prévint qu'il se passoit des choses graves et l'engagea à parler à Ruamps. Ingrand trouva celui-ci entouré de plusieurs montagnards parmi lesquels il y avait Maribon-Montaut. Là il entendit les reproches de tirannie qu'on faisoit à Robespierre; on se plaignoit de l'influence qu'il exerçoit aux Jacobins et à la Convention. On l'accusoit d'avoir fait périr des députés patriotes (Danton, Lacroix, etc.) et on prétendoit que tous les Montagnards étoient menacés du même sort. Ces hommes-là étoient

Dernièrement j'ai eu une nouvelle preuve de l'extrême
irritabilité de Vadier à l'égard de Robespierre. On parloit

effrayés et furieux. Ingrand chercha en vain à les calmer. Il leur
dit que Robespierre ne devoit l'influence dont il jouissoit qu'à
la sagesse de ses conseils, que Barère a dit que Robespierre
ayant demandé au Comité de Salut public l'accusation d'une
vingtaine de députés qui par leurs vices et par leurs intrigues
entravoient la marche de la Convention, le Comité consentit à
l'égard de quelques-uns, mais se refusa à l'égard de quelques
autres parmi lesquels il y avoit Vadier.

Vadier fesoit alors tous ses efforts pour appeler le ridicule sur
le Décret qui reconnoissoit l'existence de l'Être suprême et prétendoit que Robespierre vouloit s'élever au trône à l'aide du
fanatisme religieux.

Celui qui prévint Sieyes n'a-t-il pas averti aussi Vadier? Je n'ai
pas de preuves positives de ce fait; cependant l'étroite amitié
qui règne entre lui et Barère et la persuasion dans laquelle sont
Vadier et sa femme que si Robespierre eût triomphé, celui-ci
eût perdu la vie le rendent à mes yeux infiniment probable (Note
de Buonarroti en marge du folio 57, verso).

L'anecdote était connue de Louis Blanc qui la raconte ainsi
plus sommairement : « Un député en mission, Ingrand, étant
venu un instant à Paris, Billaud-Varenne lui dit : « Il se passe
ici des choses très importantes; va trouver Ruamps, qui t'infor-
mera de tout », Ingrand court chez Ruamps, qui lui fait part du
complot. Lui, recula, saisi de stupeur, et s'écria : « Si on l'attaque, la République est perdue. » Louis Blanc, *Histoire de la
Révolution*, Paris, s. d. docks de la librairie, t. II, p. 531, col. 1).
L. Blanc avait dû emprunter ce récit à l'*Histoire parlementaire*
de Buchez et Roux, car E. Hamel, qui le reproduit, le fait suivre
de cette note : « Ces détails ont été fournis aux auteurs de l'*Histoire parlementaire* par Buonarroti qui les tenait d'Ingrand lui-
même. Membre du conseil des Anciens jusqu'en 1797, Ingrand
entra vers cette époque dans l'administration forestière et cessa
de s'occuper de politique. Proscrit en 1816, comme régicide, il
se retira à Bruxelles, y vécut pauvre, souffrant stoïquement
comme un vieux républicain, et revint mourir en France, après
la Révolution de 1830 fidèle aux convictions de sa jeunesse »,
E. Hamel, III, p. 688, note.

de d'Orléans-Égalité et il fesoit l'éloge de son caractère et de son patriotisme — Pourquoi donc, lui dis-je, le mîtes-vous en accusation ? — Ce fut une intrigue et je sais de qui. — Il fut mis en accusation sur le rapport du Comité de Sûreté générale. — Ce n'est pas vrai ; ce fut Robespierre qui intrigua à Marseille ; il vouloit enlever au comité de Sûreté générale son autorité. Ce comité ignoroit les mesures prises contre d'Orléans et quand on le conduisit au supplice, il ignoroit qu'il fût traduit au tribunal. — J'ai le rapport d'Amar et le décret. — C'est indigne, tu défends Robespierre à nos dépens ; il ne faut pas toucher cette corde, et de s'échauffer et de me dire des injures. Par égard pour son grand âge, je me suis retiré.

Le décret qui proclama l'existence de la Divinité avoit blessé l'amour-propre de ces hommes frivoles, dont tout le patriotisme consistoit à se moquer de toutes les idées religieuses sans faire aucune distinction entre celles que la raison avoue et celles qui doivent leur origine à l'erreur et à l'imposture. Au nombre de ceux-ci étoit Vadier que la Convention avoit placé dans le Comité de Sûreté générale dont il étoit le Président.

Ce Comité partageoit avec celui du Salut public les fonctions du Gouvernement. Chargé de la haute police et investi du droit d'arrêter et d'élargir, il exerçoit une influence d'autant plus grande qu'il étoit souvent appelé à délibérer avec l'autre Comité.

Si on en excepte David, les autres membres du Comité de Sûreté générale paroissent avoir été peu propres à concevoir et seconder les grandes vues de Robespierre ; ils étaient jaloux de sa popularité ; ils rivalisoient d'autorité avec le Comité de Salut public et quand ils poursuivoient des députés prévaricateurs, ils ne voyoient ou ne feignoient de voir dans leurs crimes que des actes de bassesse et de cupidité et ne savoient pas appercevoir cette conspiration qui tendoit à empêcher l'établissement de l'égalité par la corruption et par l'immoralité.

Ceux qui redoutoient la sincérité du gouvernement révolutionnaire profitèrent adroitement des dispositions du Comité de Sûreté générale pour le pousser à contrarier les vues de l'autre Comité et surtout celles de Robespierre et de ses amis. Le décret sur la divinité leur en fournit l'occasion.

Aux uns ce décret fut présenté comme l'avant-coureur d'un nouveau fanatisme religieux, aux autres comme une preuve de l'ambition de Robespierre qui, disoient-ils, s'en est déclaré le grand Pontife[1].

Vadier se fit l'organe de ces iniquités et pour prouver à la France que le décret ci-dessus avoit rallumé l'audace des fanatiques, il se chargea de rendre compte à la Convention nationale de quelques ridicules simagrées d'une vieille folle qu'il peignit sous les couleurs d'une dangereuse conspiration afin que la véritable conspiration contre la vertu et contre la République fût perdue de vue et regardée comme une chimère et afin que nulle confiance ne fût plus ajoutée aux doctrines et aux conseils de Robespierre[2].

Barère et Vadier se mirent dès lors en opposition avec le sistème politique que Robespierre avoit conseillé et auquel la République dut alors ses triomphes. C'est de cette opposition que se sont principalement servis les ennemis de l'égalité et de la vertu pour opérer le 9 thermidor. D'autres membres du Comité de Salut public se joignirent à eux ou par jalousie ou par immoralité ou

1. On sait que cette invention des ennemis de Robespierre a fait fortune de nos jours. Les livres scolaires répètent tous aujourd'hui, que Robespierre fut le Pontife de l'Être suprême.

2. Buonarroti fait ici allusion à l'affaire de Catherine Théot que Vadier et le Comité de Sûreté générale montèrent contre Robespierre pour le discréditer dans l'opinion. J'ai étudié cette manœuvre dénuée de bonne foi dans mes *Contributions à l'histoire religieuse de la Révolution*, Alcan, 1906.

par un esprit anti-républicain; mais ce n'est pas de la totalité de leur conspiration que je m'occupe : j'ai voulu seulement me rendre compte à moi-même de quelle manière Barère et Vadier y jouèrent un rôle principal[1].

Je tiens de Barère le fait suivant :

Dans une séance du Comité de Salut public, Saint-Just et Robespierre reprochèrent à Carnot d'être aristocrate, [celui-ci fut effrayé et versa des larmes; alors Barère dit][2] et le menacèrent de le dénoncer comme tel à la Convention. Alors Barère dit : En ce cas je publierai que vous en voulez à l'homme qui organise la victoire[3].

Je tiens de Baudot que Léonard Bourdon, ayant été

'1. Vadier fut enfermé au Fort-National devant Cherbourg avec cinq condamnés à la déportation par la Haute Cour de Vendôme; j'étois du nombre.

Souvent la conversation rouloit sur ce malheureux 9 thermidor et amenoit de violens débats entre Vadier et Germain qui étoit sincèrement attaché à la Démocratie.

Un jour Germain reprochait à Vadier d'avoir annoncé qu'un cachet à fleur de lys avait été trouvé chez Robespierre ou sur le bureau de la Commune. Vadier s'écria : pour cela c'est une calomnie de l'invention de *Barère*.

Une autre fois, pour montrer à Vadier les intentions toutes populaires de Robespierre et de Saint-Just, je lui rappelai les décrets qui assuroient aux malheureux les biens des ennemis de la Révolution. Vadier m'interrompit en s'écriant : *C'est précisément alors...* (Note de Buonarroti, en marge du folio 59).

2. Phrase barrée dans le manuscrit.

3. Chacun était libre de lui répondre qu'en détruisant Robespierre ils détruisaient la République, qu'il ne pouvoit partager ni leurs craintes ni leurs desseins. Il les quitta sans pouvoir les détromper et ils le congédièrent en lui prédisant qu'il ne tarderoit pas à éprouver lui-même la tirannie de Robespierre (Note de Buonarroti au verso du folio 59). Peut-être cette note serait-elle mieux placée après la conversation rapportée par Ingrand, plus haut, p. 283.

envoyé le 9 thermidor à la section des Gravilliers pour l'engager à marcher contre la Commune, il y rencontra une forte opposition qu'il ne put vaincre qu'en assurant que Robespierre avoit signé un contrat de mariage pour épouser la fille de Louis seize. Baudot m'a assuré que ce fait lui a été raconté par Bourdon lui-même.

Quand Robespierre eût dit au nom du Comité de Salut public : *Dans le sistème de la révolution française ce qui est immoral est impolitique, ce qui est corrupteur est contre-révolutionnaire. La foiblesse, les vices, les préjugés sont le chemin de la royauté*, les faux amis de l'égalité pâlirent.

Quand le même comité eut dit par l'organe de Couthon : *Une révolution comme la nôtre n'est qu'une succession rapide de conspirations parce qu'elle est la guerre de la tirannie contre la liberté, du crime contre la vertu*, les intrigans furent épouvantés.

Quand Saint-Just, rapporteur du même comité, eut dit : *Vous n'avez rien fait en immolant le Tyran si vous n'immolez la corruption par laquelle le parti de l'étranger vous ramène à la royauté*, les fripons se sentirent perdus.

Quand la Convention nationale mit la vertu et la probité à l'ordre du jour, quand Robespierre osa attaquer l'immoralité ; quand il conseilla de reconnoître l'existence de l'Être suprême et l'immortalité de l'âme, les hommes corrompus effrayés conspirèrent contre la vertu, c'est-à-dire contre la République.

Robespierre conseilla fortement l'adoption de la Religion naturelle et s'opposa seul aux efforts de ceux qui vouloient proscrire toute idée religieuse. Il fit paraître à cette occasion une grande fermeté de caractère et des vues politiques très profondes. Le nombre de ceux qui, à cette époque, affichoient le matérialisme, ou par sistème, ou par immoralité, étoit très considérable et on risquait en les combattant d'attirer sur sa tête une dangereuse accusation.

Sous les mauvaises loix des vérités morales se trouvent entourées d'une enveloppe de préjugés et d'erreurs. Les révolutions politiques, en déchirant sans précautions l'enveloppe, entament malgré elles le noyau qu'elle renferme. C'est ce qui arriva dans le cours de la révolution française. En se dépouillant des préjugés religieux, beaucoup de personnes crurent qu'elles pouvoient se dispenser de cette morale naturelle qui est essentielle à toute société. Ainsi, par exemple, dès que l'on ne crut plus à la divinité de l'ancien Testament, on se crut aussi affranchi de cette probité rigoureuse commandée par les préceptes du décalogue et il y eut des gens aux yeux de qui le vol et le libertinage perdirent toute leur difformité dès qu'ils n'eurent plus peur de l'enfer.

Au frein très fragile des préjugés religieux les vrais citoyens avoient substitué dans leur cœur le lien de la bienveillance, les mouvements de la pitié, les attraits de l'égalité, l'amour de la vertu et les charmes de la gloire. Mais d'autres, confondant la dépravation avec la liberté, débarrassés de toute crainte et de toute espérance pour l'avenir n'écoutèrent plus que la voix de l'avarice et de l'ambition. Des hommes investis de l'autorité publique étalèrent un faste asiatique, abusèrent de leur pouvoir pour s'enrichir, insultèrent à la pudeur et traitèrent le peuple avec insolence. Ces désordres furent provoqués et justifiés par la prédication de doctrines relâchées et furent encouragés par les efforts que l'on fit pour ériger l'athéisme en dogme national. Cette malheureuse immoralité alla si loin qu'elle produisit au sein même de la Convention nationale des concussionnaires, des falsificateurs de décret, des protecteurs d'ennemis publics, et des révélateurs de secrets de l'Etat [1].

---

1. Buonarroti fait ici allusion à Perrin de l'Aube condamné pour concussion à douze ans de fers, à Chabot, Basire, Delaunay d'Angers, Julien de Toulouse qui falsifièrent ou laissèrent falsi-

Une telle dégradation étoit effrayante. Que n'avoit-on pas à craindre, que pouvait-on espérer d'hommes dégoûtés de la vertu, énervés par la volupté et ne soupirant qu'après l'or et le pouvoir ? Tout autorisoit à penser que cette faction immorale étoit l'instrument dont se servoit la ligue des rois pour empêcher l'établissement de la République. Robespierre se chargea de la dénoncer et de la déjouer, dans la vue de préserver le peuple de ses funestes conseils et plus particulièrement dans celle de conserver intacte à la Convention nationale l'opinion de pureté qui lui était nécessaire pour achever son entreprise. Ce fut Robespierre qui conseilla à cette auguste assemblée de reconnoître à la face du monde l'existence de l'Être suprême et de l'immortalité de l'âme, de confirmer la liberté des cultes et d'instituer des fêtes nationales. Ce décret, dont la légèreté seule a pu blâmer les dispositions, joint à la sévérité qui fut déployée contre les factieux, déplut aux hommes immoraux et provoqua leurs sarcasmes et ceux de quelques sophistes irréligieux contre celui qui l'avoit proposé. On n'épargna pour le rendre odieux ni les insinuations malicieuses, ni les plaisanteries déplacées, ni les manœuvres de la police ; aux uns il fut peint comme un fanatique, aux autres comme un ambitieux qui employoit le prestige de la Religion pour usurper le pouvoir. La guerre fut déclarée au Ciel pour perdre la vertu sur la Terre. Aux intrigues succéda une conspiration criminelle. Robespierre s'en plaignit à ses collègues du Comité de Salut public ; les coupables furent avertis, leur effroi redoubla et leur audace devint

fier moyennant finance le décret de liquidation de la compagnie des Indes, à Hérault de Séchelles, à Osselin, etc., qui donnaient asile à des émigrés. Les collègues d'Hérault au Comité de Salut public ne vouloient plus tenir séance en sa présence dans la persuasion où ils étaient qu'il trahissait le secret des délibérations.

extrême. L'immoralité, la vanité blessée consommèrent enfin la contre-révolution du 9 thermidor[1].

Il faudrait tout un volume pour commenter dignement ces notes si remarquables.

Ce qui frappe de prime abord en les lisant, c'est cette affirmation répétée que Robespierre représentait le parti de l'honnêteté, de la justice, de l'égalité. L'affirmation me paraît dans une

[1]. L'immoralité étoit effrayante.

Les hommes immoraux étoient:

Les intrigans qui mettoient à profit les inquiétudes qu'ils fesoient naître,

Les orgueilleux qui ne songeoient qu'à faire parler d'eux,

Les représentans et les fonctionnaires qui voloient, étaloient le faste, rudoyoient le peuple, insultoient à la pudeur, employoient la justice publique pour venger leurs propres injures, se mocquoient de la foi des sermens, cherchoient les richesses, se mocquoient de la vertu et applaudissoient au vice heureux.

Ces gens-là étoient par leurs vices les ennemis de l'Égalité. Ils devoient craindre le gouvernement révolutionnaire.

Ils prônoient l'athéisme pour énerver les âmes, abattre les courages et dégoûter de la Vertu et de l'Égalité. Ils rendoient le patriotisme odieux, ils indisposoient le peuple contre la révolution. Robespierre vit le danger de l'immoralité; il vit que si elle devenoit dominante, les immoraux livreroient le Peuple à l'aristocratie et à la royauté.

Il jugea que ce système tenoit à une conspiration.

Il pensa que si on ne s'y opposoit pas, la République et la Révolution étoient perdues.

Il lutta contre une partie du peuple égaré.

Il arrêta la prédication athée. La vertu et la probité, Fête de la divinité. Sarcasmes. Plaisanteries. Calomnies. Intrigues. Théot. 9 thermidor. Aux immoraux se joignirent les demi-philosophes, les admirateurs de Voltaire, les matérialistes. (Note de Buonarroti.)

large mesure conforme à la vérité historique. Il
est certain que parmi les ennemis les plus achar-
nés de Robespierre il y eut des individus d'une
moralité très suspecte, des Rovère, des Fréron, des
Barras, des Tallien, des Fouché, des Courtois.
Leur République n'avait que faire de la vertu.

Déjà Louis Blanc constatant les déprédations,
les vols, dont furent l'objet les biens nationaux,
avait écrit : « plus on pénètre dans l'histoire de
la Révolution, plus on est forcé de reconnaître
que le parti qu'y représentèrent Robespierre et
ses amis fut... le parti des honnêtes gens... »[1]
Les notes de Buonarroti apportent au jugement de
Louis Blanc une force nouvelle.

Mais Buonarroti considère aussi Robespierre
comme le précurseur du babouvisme, comme un
socialiste d'action et d'intention. Quand on lit les
réflexions que Robespierre écrivait pour lui-même
au jour le jour sur son calepin, on doit avouer que
Buonarroti a raison. Au reste, n'était-il pas mieux
placé que nous pour savoir à quoi s'en tenir?

« Quel est le but? écrivait Robespierre sur son
calepin, que Courtois qui le publie appelle son
« espèce de catéchisme. » Quel est le but? L'exécution de la Constitution en faveur du peuple.

« Quels seront nos ennemis? Les hommes vicieux et les *riches*[2] » et plus loin : « *Les dangers*

1. Louis Blanc, t. II, p. 482, 2ᵉ col.
2. Rapport de E. B. Courtois de 16 nivôse, p. 180. C'est
Courtois qui souligne.

intérieurs viennent des bourgeois; POUR VAINCRE LES BOURGEOIS, IL FAUT RALLIER LE PEUPLE. Tout était disposé pour mettre le peuple sous le joug des bourgeois et faire périr les défenseurs de la République sur l'échafaud. Ils ont triomphé à Marseille, à Bordeaux, à Lyon, ils auraient triomphé à Paris, sans l'insurrection actuelle[1]. »

Qu'on cherche dans toute l'œuvre de Danton des phrases pareilles, on ne les trouvera pas et remarquez que ces phrases ont été écrites pour Robespierre seul, qu'elles résument ses réflexions intimes, par conséquent qu'elles nous dévoilent le fond de sa pensée.

Qu'importe après cela que Robespierre n'ait pas laissé comme tant de ses contemporains de belles théories, un système ingénieusement échafaudé où le communisme aurait été démontré par A+B? En est-il moins socialiste ? Il l'est infiniment plus à mon sens que ces artistes, si nombreux aujourd'hui, qui mettent constamment leur socialisme dans les mots et dans les affiches pour ne pas avoir à le mettre dans les faits.

Robespierre a personnifié deux choses également essentielles dans une république qui veut vivre : le culte des principes et le dévouement au bien public. Qui pourrait dire que son exemple n'a plus besoin d'être rappelé, qu'il n'y a pas de leçon à tirer ni de sa vie ni de sa politique?

---

1. Même rapport, p. 181, même remarque.

CHAPITRE VIII

ROBESPIERRE ORATEUR[1]

Si être éloquent, c'est persuader et convaincre, enthousiasmer et tirer des larmes, subjuguer les auditoires, entraîner les foules, exercer de toutes les dominations la plus tangible et la plus fragile, la plus noble et la plus dangereuse, la domination de la parole, à coup sûr, il n'y a pas eu beaucoup d'hommes, je ne dis pas dans notre histoire, mais dans l'histoire, qui aient été plus éloquents que Maximilien Robespierre. Danton, son émule, puis son rival, n'était qu'un orateur de carrefour, dont les coups de gueule brutaux ne portaient que sur ses auditeurs immédiats. Il enlevait un vote, il poussait à un acte, mais à ce vote et à cet acte isolés s'arrêtait son action. Sa popularité ne fut jamais qu'intermittente et plus parisienne que nationale. Privés de l'action toute physique qui les animait, des gestes de l'orateur, de l'accent

---

1. Conférence faite à l'École des Hautes Études sociales, le 9 janvier 1912, et publiée dans *Athéna* de février 1912.

de sa voix, ses discours aujourd'hui paraissent informes et sans art, c'est un chaos où brillent quelques éclairs. Danton eut un tempérament oratoire. Il ne fut pas pleinement un orateur. Il lui a manqué l'art, le métier, et peut-être aussi la conscience.

Il ne serait jamais venu aux contemporains l'idée de mettre sur le même rang Robespierre et Danton. Robespierre pour eux c'était l'éloquence personnifiée, l'art de bien dire et de bien penser, le *vir bonus dicendi peritus*, dont parle l'écrivain romain. Robespierre réalisait tellement l'idéal de l'homme d'État selon nos pères qu'ils lui confièrent la dictature pendant l'année la plus tragique qu'aucun peuple ait jamais traversée. Du mois de juillet 1793 au mois de juillet 1794, Robespierre gouverna la France par le seul prestige de sa parole, à peu près comme Périclès gouvernait Athènes dans des temps moins troublés. Quand il tomba, la République fut ébranlée jusqu'à sa base et personne ne prit la place qu'il laissait vide.

Un grand orateur ne se forme pas en un jour. Si l'éloquence est un don, c'est aussi un art. Il y faut un apprentissage. L'apprentissage de Robespierre ne laissa rien à désirer.

Alors que Danton ne passait que quelques années au collège, au collège des Oratoriens de Troyes, et n'y faisait d'ailleurs que de médiocres études, Robespierre parcourait le cycle entier des humanités dans le meilleur des collèges d'alors,

au collège Louis-le-Grand à Paris, et il y mois-
sonnait à chaque pas les couronnes les plus flatteuses. Sous la direction de ses maîtres jésuites
qui n'avaient pas de rivaux pour apprendre à
penser et à écrire, il se nourrit du *Conciones* et
par le *Conciones* il s'assimila la substance de l'éloquence antique. Le *Conciones*, Plutarque, Jean-
Jacques, furent le triple modèle où il forma son
talent, la triple source aussi de son inspiration.
Son professeur de rhétorique, l'abbé Hérivaux,
enthousiasmé par la belle tenue de ses composi-
tions littéraires et par la morale stoïcienne qu'elles
respiraient, l'avait déjà surnommé *Le Romain*.
Quand Louis XVI, au retour de son sacre, vint
visiter le collège, c'est au jeune Robespierre que
fût confié l'honneur envié de le complimenter.
Aux éloges le jeune rhétoricien sut mêler les conseils. Le monarque l'écouta avec intérêt et lui
témoigna sa satisfaction. Quand Robespierre quitta
le collège, le principal lui remit le certificat le
plus flatteur et l'accompagna d'une gratification
de 600 livres; c'était la plus forte gratification
qu'aucun boursier de Louis-le-Grand avait jamais
obtenue.

De la forte éducation qu'il a reçue au collège,
Robespierre a retenu l'art des développements,
l'art de mettre un sujet à la portée du grand
nombre, de l'élever jusqu'aux lieux communs,
c'est-à-dire jusqu'aux grandes vérités de la morale
humaine, de le vivifier et de l'enrichir par les

comparaisons et les souvenirs classiques, l'art de distribuer ses idées en bon ordre, de conduire une discussion, d'argumenter avec souplesse, l'art enfin d'écrire qui n'est que l'art de se faire lire et de se faire écouter. Libre aux grands esprits de nos jours de railler cette gymnastique scolaire à laquelle, les ingrats, ils doivent le meilleur de leur talent : nos pères en jugeaient autrement. Ils n'avaient pas pour les forts en thème, pour les bêtes à concours ce mépris de haut goût. Ils admiraient l'effort, ils aimaient le travail bien fait. Ils n'avaient pas ce pédantisme nouveau jeu de nos parvenus de la troisième République qui voudraient laisser croire qu'ils doivent tout à la nature et à l'improvisation.

Alors qu'au sortir du collège, Danton entrait dans une étude de procureur et n'avait guère l'occasion d'exercer sa faconde que dans le café de l'École, tenu par son futur beau-père, Robespierre, lui, mûrissait sa jeune éloquence au barreau d'Arras et l'assouplissait dans les sociétés littéraires et dans les concours académiques. Il eut la bonne fortune de plaider une cause retentissante, le procès du paratonnerre. Un gentilhomme d'Arras, homme de progrès, M. de Vissery de Bois-Valé, s'était vu condamné par les échevins de la ville à enlever le paratonnerre qu'il avait fait disposer sur son toit. Il appela de la condamnation au conseil souverain d'Artois et confia sa cause, qui était celle de la science, à Robespierre qui la fit triompher. Tout le monde savant s'était intéressé au procès. La réputation de Robespierre franchit les bornes de sa petite ville. Le *Mercure de France* analysa sa plaidoirie et l'apprécia en ces termes : « M⁰ de Robespierre, jeune avocat d'un mérite rare, a déployé dans cette affaire qui était la cause des sciences et des arts, une éloquence et une sagacité qui donnent la plus haute idée de ses connaissances... »

Les succès du barreau ne lui suffisent pas. L'Académie de Metz met cette question au concours : *Quelle est l'origine de l'opinion qui étend sur tous les individus d'une même famille une partie de la honte attachée aux peines infamantes que subit un coupable?* Robespierre envoie un mémoire qui est couronné et obtient un second prix. Il compose encore pour l'Académie d'Amiens un Éloge de Gresset, le chantre de *Vert-Vert*; pour l'Académie de La Rochelle, un Éloge du président Dupaty, célèbre par ses campagnes contre la barbarie des peines[1].

Robespierre est lui-même membre de l'Académie d'Arras. Il se fait recevoir dans l'aimable société des Rosati, rime des madrigaux et des chansons aux côtés de Carnot, son futur collègue du Comité de Salut public.

De tous les genres d'éloquence, l'éloquence

1. *Œuvres complètes de Maximilien Robespierre*, publiées par la Société des Études Robespierristes, tome I. Les œuvres littéraires en prose et en vers. Paris, Ernest Leroux, 1911.

académique est peut-être celle qui exige le plus
de savoir-faire, le plus de tact et le plus de goût.
Il ne s'agit plus seulement ici comme dans un
plaidoyer judiciaire de persuader et de convaincre, il faut plaire, il faut éveiller le sourire
sans provoquer le rire, captiver l'attention par des
traits et des mots, être enjoué sans cesser d'être
grave. C'est le genre tempéré par excellence,
celui qui achève d'affiner et de polir un talent.

Pour vous donner une idée de Robespierre
orateur académique, je veux vous lire la conclusion de son *Éloge de la Rose,* qu'il composa en
réponse au discours de réception d'un Rosati :
« Mais ce n'est pas tout de vivre longtems; les
Rosatis ont encore l'avantage de vivre beaucoup; car tous leurs momens sont remplis par de
bonnes actions; enfin, ils vivent agréablement;
d'abord une des plus précieuses prérogatives d'un
Rosati, c'est que sa maîtrésse ne peut jamais lui
être infidèle; il n'est pas moins sûr de la cons-
tance de ses amis; du moins en trouve-t-il toujours dans ses frères; ce n'est pas tout, s'il a em-
brassé l'état du mariage, il peut se reposer même
sur la vertu de sa femme; exempt de la loi commune, il peut échapper à toutes les disgrâces qui
semblent menacer le vulgaire des maris, et jamais
aucun obstacle ne dérange sur son front la cou-
ronne de fleurs dont il est orné; enfin la vie d'un
Rosati est un printemps continuel et partout les
roses naissent en foule sur ses pas. Telle est notre

destinée dans cette vie : mais lorsque nous serons parvenus au temps que les arrêts du destin ont marqué à notre séjour sur la terre, alors vainqueurs de la mort même, nous serons transportés sur un nuage brillant dans l'Élysée, où nous irons rejoindre nos illustres frères, Anacréon, Chaulieu, Trajan, Marc-Aurèle, et tous les demi-dieux qui ont fait la gloire du nom Rosati. C'est là que nous trouverons encore Sapho, Aspasie, Sévigné, La Suze, La Fayette et toutes les aimables sœurs dont les charmes changeroient le Tartare même en un lieu de délices ; c'est là que nous passerons des jours fortunés tantôt à leur chanter des vers charmans inspirés par les Grâces, tantôt à les enlacer de guirlandes de roses que nous aurons composées avec elles dans les rians détours d'un bocage enchanté ou dans le doux azile d'une grotte tapissée d'une éternelle verdure. Que dis-je, la déesse elle-même viendra souvent se communiquer à nous et sa présence nous rendra les ravissemens ineffables qui pensèrent jadis nous faire expirer de plaisir, mais dans cet état de gloire et de félicité nos sens auront acquis une vigueur nouvelle qui nous rendra capables de soutenir de sa part de plus longs entretiens et un commerce plus intime.

« C'est le bonheur que je vous souhaite. Tel est le bonheur qui vous attend si, fidèles à la grâce de votre vocation, vous vous montrez toujours zélés à remplir les engagements sacrés qu'elle vous impose ; en deux mots, aimez la rose, aimez vos frères ; ces deux préceptes renferment toute la loi... *In his duobus tota lex est*[1]. »

A lire ces élégants badinages, on peut se demander si, en d'autres temps, leur jeune auteur ne serait pas allé tout comme un autre s'asseoir sous la coupole dans l'habit à palmes vertes.

De l'orateur académique, Robespierre avait alors jusqu'aux dehors physiques. L'un de ses meilleurs portraits, l'un de ses plus vrais, celui de son compatriote Boilly le représente à l'âge de vingt-cinq ans : mince et distingué, le grand front sous la perruque bien soignée, des yeux clairs et doux sous des sourcils nettement arqués, une bouche fine sous un nez allongé et relevé au bout, les joues rondes, le menton un peu fort sous le jabot de dentelle, la main droite passée dans le gilet brodé[2]. C'est un orateur au profil sympathique que les femmes avaient déjà plaisir à contempler et à applaudir.

Rœderer, qui a comparé Robespierre au chat-tigre, dans un portrait célèbre que signa Merlin de Thionville, avoue qu'il eut d'abord « la mine inquiète, mais assez douce du chat domestique ». Du chat, il avait la souplesse d'allures et la grâce caressante. Un autre de ses ennemis, dans un

---

1. *Œuvres complètes de Maximilien Robespierre*, publiées par la Société des Études Robespierristes, tome I, pages 193-194.

2. *Les Portraits de Robespierre*, par H. Buffenoir. Paris, Leroux, 1910, p. 11.

portrait anonyme paru au lendemain de sa mort,
a dû reconnaître ses dons oratoires : « Il savait
adoucir avec art sa voix naturellement aiguë et
criarde et donner de la grâce à son accent arté-
sien... Il avait calculé le prestige de la déclama-
tion et jusqu'à un certain point il en possédait le
talent... Il se dessinait assez bien à la tribune... »
L'adversaire reconnaît encore que sa diction
était « tantôt harmonieusement modulée et tantôt
âpre », autrement dit qu'il savait varier ses tons,
qualité essentielle chez l'orateur[1].

Avant qu'il eût quitté Arras, il était déjà en possession de tous les secrets de son art. Un de ses
collègues des Rosati ne faisait que traduire l'admiration qu'il inspirait à ses compatriotes quand il
composait ce quatrain médiocre, mais sincère :

> Ah ! redoublez d'attention,
> J'entends la voix de Robespierre.
> Ce jeune émule d'Amphion
> Attendrirait une panthère[2].

Quand on connaît toutes les ficelles du métier,
on peut être orateur, on n'est pas nécessaire-
ment éloquent, car l'éloquence ne s'apprend pas
toute. La véritable éloquence est un don de l'âme,
un don du cœur, le don des grandes âmes et des

---

1. J'ai reproduit dans les *Annales Révolutionnaires*, tome I,
pages 27 à 29, ce portrait de Robespierre paru d'abord dans les
Nouvelles Politiques du 13 thermidor an II.

2. E. Hamel, *Histoire de Robespierre*, 1869, tome II, page 38.

grands cœurs. Robespierre aurait peut-être rem-
porté quelques succès brillants, il n'aurait pas
gouverné un grand peuple s'il n'y avait eu dans
sa parole qu'artifice et étude, s'il n'avait été,
comme on l'a dit de nos jours, « qu'un rhéteur laborieux ».

L'orateur académique s'intéresse moins aux
sujets qu'il traite qu'à l'auditoire qu'il veut charmer. Il change au besoin d'opinions avec les circonstances. Il ne s'entête pas à avoir raison
quand même. Robespierre, lui, dès ses premiers
essais, est en possession d'une doctrine qu'il
n'abandonnera qu'avec la vie. Sa parole élégante
et châtiée n'est que l'instrument merveilleuse-
ment souple qu'il met au service de la justice.
Cet orphelin porte au cœur l'amour profond des
humbles et des déshérités. La cité qu'il rêve,
ce n'est pas la cité resserrée des Encyclopédistes,
la cité de la bourgeoisie succédant à la cité de la
noblesse et du clergé, c'est la cité élargie de
Jean-Jacques, la cité où entrera toute l'humanité,
la souffrante et la triomphante. Une même pensée
ou plutôt un même sentiment circule dans ses
écrits académiques comme dans ses plaidoyers.
Dans son mémoire couronné par l'Académie de
Metz, il combat le préjugé qui fait peser sur les
enfants l'indignité des parents. Il honore, dans
l'Eloge du président Dupaty, l'homme qui a dénoncé sans pitié les erreurs judiciaires, les arrestations arbitraires. tous les abus de l'ancien

régime. Avocat, il ne se croit pas tenu de mettre son talent au service de toutes les causes. Il refusait de plaider les procès injustes. Il écrivait, en 1787, à un abbé Touques qui voulait le charger d'un dossier très important : « La confiance illimitée que vous m'accordez me flatte et m'embarrasse à la fois ; d'un côté, je ne trouve pas votre cause assez dépourvue de moyens pour sacrifier absolument vos prétentions sans aucune réserve, sans aucun dédommag ment ; de l'autre, je ne la regarde pas comme assez évidente pour vous donner le conseil de la soutenir[1]. » Les causes qu'il affectionnait, celles où il déployait toute son âme, étaient celles qui présentaient un intérêt social. Il plaidait pour une servante, Clémentine Deteuf, qu'un moine libertin accusait de vol parce qu'elle n'avait pas voulu se soumettre à ses caprices. Il plaidait pour une autre servante, la servante de Carnot, que des parents puissants voulaient frustrer d'un héritage.

Ses idées religieuses sont déjà aussi arrêtées que ses idées sociales.

Sans doute il est philosophe. Il est détaché pour son compte des religions positives, il ne pratiquait pas, même au collège, au grand scandale d'un de ses maîtres, l'abbé Proyart qui nous l'a rapporté, mais, en véritable philosophe, il est tolérant. Ami des humbles, comme il l'est, il

1. E. Hamel, tome I, page 31.

comprend, chose assez rare chez les philosophes
de son temps, la valeur sociale des religions. Il
se gardera de vouloir enlever à la foule des misérables, incapables de supporter le poids du doute,
le secours, pour lui illusoire, des consolations
célestes. Il s'exprime dans son Éloge de Gresset
à peu près dans les mêmes termes que dans son
fameux discours de la fête de l'Être suprême :
« j'ai fait un mérite à Gresset, disait-il dans sa
conclusion, des choses même qui lui ont attiré le
sarcasme d'un grand nombre de gens de lettres;
j'ai osé insister sur sa vertu, sur son respect pour
les mœurs, sur son amour pour la religion; je me
suis donc exposé au ridicule aux yeux d'une foule
de beaux esprits; mais, en même temps, je me
suis assuré deux suffrages faits pour me dédommager de cet inconvénient, celui de ma conscience
et le vôtre... » C'est déjà le même Robespierre
qui raillera plus tard si cruellement la sécheresse
de cœur et plus encore l'ironie des Encyclopédistes dans son fameux discours du 18 floréal.

La Révolution n'a fait que mettre en lumière
le caractère et le talent déjà tout formés de l'avocat d'Arras. La grande crise où il se jeta tout entier sans réserve, sans regarder en arrière, lui
offrait, il l'espérait du moins, le moyen de réaliser le haut idéal qu'il portait profondément
gravé dans son cœur. A la Constituante, il fut à
lui seul un parti, le parti du peuple qu'on appelait alors le parti des Sans-Culottes.

Sans se lasser, sans se rebuter jamais, avec un courage magnifique il opposa aux solutions bourgeoises, proposées par les Barnave et les Lameth, les solutions vraiment démocratiques. Il protesta contre la distinction des citoyens actifs et des citoyens passifs qui divisait les Français en deux classes ennemies et mettait à la place des privilégiés de la naissance les privilégiés de la fortune, il dénonça le cens d'éligibilité, le marc d'argent qui livrait le pouvoir politique à la seule richesse foncière, il plaida contre les sophismes de Barnave la cause des hommes de couleur, il ne manqua aucune occasion de montrer l'infidélité de la bourgeoisie aux principes de la déclaration des droits.

Robespierre fut ainsi le censeur incommode de tous les prétendus patriotes. Dans l'âpreté de la lutte il perdit peu à peu la sérénité, l'enjouement qui caractérisaient ses discours d'Arras. Il se fit amer, opiniâtre, agressif. Le spectacle des trahisons de ceux qui faisaient profession de servir la cause populaire le rendit ombrageux et défiant.

On a prétendu expliquer ce changement par les déceptions qu'aurait éprouvées son amour-propre d'orateur académique habitué à être applaudi. On a écrit que « son beau style si apprécié dans sa province lui valut aux États-Généraux un succès de ridicule ». C'est là qu'il faudrait aller chercher le secret de sa misanthropie et de son amertume : « Ne pouvant se faire prendre au sérieux, il se fit prendre au tragique. » Erreur complète. L'hostilité de l'Assemblée ne s'adressa jamais à son talent que tout le monde avouait, mais à ses idées qui effrayaient.

Que Robespierre pendant les premiers mois ait été « le bouffon », « le plastron » de l'Assemblée, cette audacieuse légende forgée par les thermidoriens et rafraîchie par les opportuno-positivistes de 1885 est démentie par tous les textes contemporains. Il suffit de parcourir les journaux du temps, le *Journal des Débats*, le *Point du jour* par exemple, pour s'apercevoir de la grande place que Robespierre s'était faite dès le premier moment parmi les orateurs de l'Assemblée : « L'expression *M. Robespierre a parlé avec chaleur, avec énergie, avec force, avec vigueur,* revient à chaque instant soit dans les *Débats,* soit dans le *Point du Jour*[1]. » « On voit dans les *Débats* qu'il arriva à Mirabeau lui-même de faire l'éloge du zèle et des bons principes qui animaient souvent M. Robespierre[2]. » Sous la date du 11 mai 1791, on lit dans le *Point du jour* : « M. Regnauld a *osé* lutter contre M. Robespierre. »

La vérité, c'est que Robespierre eut souvent à subir l'assaut des préventions bourgeoises de ses collègues. Il le fit de front sans rien leur céder, sans se laisser démonter par les interruptions,

1. Gaston Dodu, *Le parlementarisme et les parlementaires sous la Révolution*, p. 218, note .
2. *Ibid.* Depuis, M. Gustave Rouanet a fait bonne justice de la légende dans ses importants articles : Michelet et la légende antirobespierriste, Robespierre à la Constituante en septembre et en octobre 1789, parus dans les *Annales révolutionnaires* de 1919.

s'arrêtant au milieu d'une phrase pour lancer une riposte hautaine : « je ne suis point découragé par ceux qui m'interrompent; je me propose même de dire d'autres vérités qui exciteront bien d'autres murmures » (23 février 1790); « je ne m'effraie pas de cette manière d'étouffer la voix de ceux qui veulent dire la vérité » (6 avril 1791). Par cette crânerie, par ce sang-froid un peu méprisant, il en imposa, et on se tut, et on l'écouta, et on l'applaudit. Mirabeau traduisait certainement l'opinion des plus clairvoyants quand il rendait à ses convictions ce bel hommage : « Il ira loin, il croit tout ce qu'il dit. » Là fut en effet le secret de sa force et de son influence. Il ne rusait pas, il ne biaisait pas, il allait droit au but, il disait toujours toute sa pensée et il forçait l'estime de ses adversaires par sa sincérité.

On croit le diminuer quand on rappelle à son sujet le mot très juste de son rival Duport qui lui reprocha, le 17 mai 1791, « d'avoir tenu sans interruption une chaire de droit naturel ». On veut faire entendre par là qu'il manquait de sens politique, que ses discours n'étaient que des dissertations abstraites sans rapport avec les réalités et on croit l'accabler quand on conclut qu' « obéir à la morale, c'est pour lui toute la politique ». On fait de lui le plus bel éloge. Oui, Mesdames et Messieurs, Robespierre opposa sans cesse au droit bourgeois le droit humain, aux intérêts d'une

classe les intérêts d'un peuple et de l'humanité.
Abstractions, dit-on ! Mais non, réalités vivantes
qui eurent dans les cœurs innombrables des sans-
culottes un formidable écho ! Par sa prédication
ardente, inlassable, Robespierre s'est fait à la
Constituante l'instituteur du peuple français, il a
éveillé en son âme encore indécise et trouble la
conscience de ses droits, il lui a donné l'audace
de regarder en face la classe bourgeoise, il lui a
inspiré le désir et la volonté de s'égaler à elle.
Il s'adressait moins à ses collègues de l'Assemblée qu'à la nation tout entière. Il avait bien raison de dédaigner ces petites ruses parlementaires
où se complaît et où se rabaisse le génie des
prétendus hommes d'État. S'il ne menait pas
l'Assemblée, comme un Charles Lameth ou un
Barnave, il s'apprêtait à mener la France ou plutôt il préparait la France à se passer des meneurs
qui s'étaient emparés d'elle pour la domestiquer.

Il est d'ailleurs inexact qu'il ait exercé aucune
influence à la Constituante. Il a connu des triomphes mémorables et, à certaines heures, il fut
vraiment l'organe de l'Assemblée tout entière. Le
discours qu'il prononça, le 16 mai 1791, pour
inviter les Constituants à décréter qu'ils ne pourraient être réélus à la prochaine législature, fut
couvert d'acclamations enthousiastes et sa proposition adoptée à la presque unanimité. Si l'Assemblée ne l'avait pas senti profondément dé-
sintéressé lui-même, se serait-elle sacrifiée sur

son invitation? Il faut lire le beau discours, grave
et noble, adroit et digne, qu'il prononça à cette
occasion, c'est une des pages les plus parfaites de
l'éloquence de tous les temps[1].

Quinze jours plus tard, le 31 mai 1791, Robespierre était encore une fois la voix presque una-
nime de l'Assemblée. Le président Bureaux de
Puzy avait fait donner lecture d'une longue lettre
où le célèbre abbé Raynal, alors âgé de quatre-
vingts ans, se livrait à une censure virulente de
toute l'œuvre de la Constituante. Le côté gauche
avait écouté avec impatience cette diatribe qui
empruntait à la personne de son auteur, connu
par ses opinions philosophiques et par les persécutions dont il avait été l'objet sous l'ancien
régime, une particulière importance. Séance tenante, Robespierre improvisa une réponse hautaine et dédaigneuse, pleine de tact et de dignité,
qui fut couverte d'une triple salve d'applaudissements :

« ... L'Assemblée ne m'a jamais paru autant au-
dessus de ses ennemis qu'au moment où je l'ai vu
écouter avec une tranquillité si expressive la censure la plus véhémente de sa conduite et de la
révolution qu'elle a faite... Cet homme célèbre
qui, à côté de tant d'opinions qui furent accusées
jadis de pécher par un excès d'exagération, a
cependant publié des vérités utiles à la liberté,

---

1. M. Aulard a dit que ce discours est d'un orateur consommé.

cet homme, depuis le commencement de la Révolution, n'a point pris la plume pour éclairer ses concitoyens ni vous, et dans quel moment rompt-il le silence ? dans le moment où les ennemis de la Révolution réunissent leurs efforts pour l'arrêter dans son cours. Je suis bien éloigné de vouloir diriger la sévérité, je ne dis pas de l'Assemblée, mais de l'opinion publique sur un homme qui conserve un grand nom. Je trouve pour lui une excuse suffisante dans une circonstance qu'il vous a rappelée, je veux dire son grand âge... Elle est donc bien funeste à la tyrannie, cette Constitution, puisqu'on emploie des moyens si extraordinaires pour la décrier, puisque pour y réussir on se sert d'un homme qui, jusqu'à ce moment, n'était connu dans l'Europe que par son amour passionné pour la liberté et qui était jadis accusé de licence par ceux qui le prennent aujourd'hui pour leur apôtre et pour leur héros...[1] »

Un des adversaires les plus convaincus de Robespierre, Malouet, convient dans ses *Mémoires* que ce jour-là il fut éloquent.

Notons encore que M. Aulard reconnaît que le discours que Robespierre prononça, le 14 juillet 1791, contre l'inviolabilité royale est « un des plus puissants que la Constituante ait entendus ».

Dès la fin de la Constituante, Robespierre est

1. *Moniteur.*

le chef reconnu du parti populaire. Un seul orateur patriote depuis la mort de Mirabeau pouvait
lui être comparé, c'était Barnave. Mais Barnave
est impopulaire depuis qu'il s'est prononcé après
Varennes pour le roi parjure. Barnave quitte les
jacobins au lendemain du massacre du Champde-Mars. Robespierre reste au club, l'anime de
son énergie et l'empêche de se dissoudre, lors de
la scission des Feuillants. Sous la Législative, il
fit des jacobins son quartier général. Il y jouit
d'une influence croissante, prépondérante même,
qu'il doit à sa clairvoyance et à sa sincérité autant
qu'à son génie oratoire. Il démasque courageusement les intrigues des Girondins prêts à sacrifier l'intérêt de la France à leurs combinaisons
ministérielles. Plus courageusement encore il
s'élève contre leur politique belliqueuse au bout
de laquelle il aperçoit la dictature militaire. Il se
mesure à diverses reprises avec Brissot, avec
Guadet, avec les meilleurs orateurs de la Gironde et il a le dessus. Il fait craquer le mince
vernis patriotique qui recouvrait les ambitions de
ses adversaires. Les jacobins sont conquis. Ils
répandent à des milliers d'exemplaires les discours de Robespierre contre la guerre. Les *Annales patriotiques* de Carra déclarent que ces discours « respirent la plus sublime éloquence ».
L'Orateur du peuple de Fréron ajoute que ce sont
« des chefs-d'œuvre d'éloquence qui doivent rester
dans toutes les familles pour apprendre à ceux qui

naîtront que Robespierre a existé pour la félicité publique et le maintien de la liberté ». Camille Desmoulins écrivait à son père au lendemain de l'un de ces discours que Robespierre « avait fait fondre en larmes non seulement les tribunes des femmes mais la moitié de l'Assemblée ».

Dans ce printemps de l'année 1792, la popularité de Robespierre est telle qu'un jour, aux jacobins, son rival Guadet l'accusa d'être devenu, « soit ambition, soit malheur, l'*idole du peuple* » et l'invita sérieusement à se condamner à l'ostracisme[1]. Robespierre répondit dédaigneusement et ironiquement que ce serait un excès de vanité à lui de s'imposer l'ostracisme, car l'ostracisme était la punition des grands hommes et il n'appartenait qu'à M. Brissot de les classer.

Ne pouvant contester les merveilleux succès oratoires de l'Incorruptible, on a dit qu'il n'était pas un orateur complet, comme Saint-Just ou Couthon qui, eux, savaient à la fois agir et parler. Il y a dans ce jugement beaucoup d'exagération. Robespierre a été autant et plus que Danton l'homme du 10 août. C'est lui qui, dans la fameuse adresse du 25 juillet qu'il rédigea pour les fédérés, traça le programme de l'insurrection. C'est lui qui, au lendemain du 10 août, inspira la Commune de Paris et vint dicter en son nom les mesures que la Législative fut forcée d'adopter. Il

1. Séance du 25 avril 1792.

est plaisant en vérité de séparer en lui l'orateur de l'homme d'État. L'homme d'État n'agissait alors que par la parole. Danton n'échappait pas plus à cette nécessité que Robespierre.

Sous la Constituante et sous la Législative, Robespierre n'avait été que le chef d'un parti. A la Convention, où il siège en tête de la représentation de Paris, il va bientôt représenter la France et donner sa mesure. Ses interventions se font de plus en plus fréquentes et décisives.

Par sa cinglante riposte à Louvet, qui l'accusait d'aspirer à la dictature, il fait reculer la Gironde. Par son terrible discours dans le procès du Roi il décide de la mort. De la riposte à Louvet, Camille Desmoulins disait : « Qu'est-ce que l'éloquence et le talent si vous n'en trouvez pas dans ce discours admirable où j'ai retrouvé d'un bout à l'autre l'ironie de Socrate et la finesse des *Provinciales* mêlées à deux ou trois traits comparables aux plus beaux endroits de Démosthène[1]. » On jugera du discours pour la mort de Louis XVI par ce simple passage où Robespierre réfute ceux de ses collègues qui ont invoqué en faveur du monarque le respect des formes constitutionnelles : « La Constitution vous défendait tout ce que vous avez fait. S'il ne pouvait être puni que de la déchéance, vous ne pouviez la prononcer

---

1. Cité par M. Aulard. *Les Orateurs de la Législative et de la Convention*, t. II, p. 415.

sans avoir instruit son procès. Vous n'aviez point
le droit de le retenir en prison. Il a celui de vous
demander son élargisssement et des dommages et
intérêts. La Constitution vous condamne. Allez
aux pieds de Louis XVI invoquer sa clémence...
C'est une grande cause, a-t-on dit, et qu'il faut
juger avec une sage et lente circonspection. C'est
vous qui en faites une grande cause : que dis-je!
C'est vous qui en faites une cause. Que trouvez-
vous là de grand? Est-ce la difficulté, non. Est-ce
le personnage? Aux yeux de la liberté, il n'en
est pas de plus vil; aux yeux de l'humanité, il
n'en est pas de plus coupable... Une grande
cause, c'est un projet de loi populaire ; une
grande cause, c'est celle d'un malheureux opprimé
par le despotisme... »

Robespierre était trop l'homme des principes
pour monter du premier coup au pouvoir, même
quand son parti fut victorieux. Il n'entra au
Comité de Salut public qu'à la fin de juillet 1793,
après que Danton eût donné sa mesure en aggra-
vant par sa politique molle et indécise, par ses
tractations suspectes, les difficultés terribles qu'on
lui avait confié la mission de surmonter. Quand
il fallut repousser l'invasion, dompter les révoltes
intérieures, c'est à Robespierre que la Convention s'adressa et son attente ne fut pas trompée.
L'Incorruptible fut vraiment le chef et l'âme du
grand Comité de Salut public, du Comité de
l'an II. Il porta la parole en son nom dans toutes

les circonstances graves. Il défendit sa politique contre toutes les intrigues. Il fournit un travail écrasant, nuit et jour aux Comités, à l'Assemblée et aux jacobins. Son éloquence devient plus nerveuse et plus incisive. Il n'a plus le temps de limer ses phrases. Il jette rapidement quelques notes sur le papier, un schéma très bref et il se laisse aller à l'improvisation. L'épithète imagée jaillit alors de ses lèvres vive et lumineuse. Il est mordant et sarcastique, insinuant et grave tour à tour. La forme de ses discours garde sa haute tenue. Il est toujours l'orateur de bonne compagnie que ses compatriotes d'Arras applaudissaient. Il est seulement plus rarement souriant, plus tendu, plus mélancolique aussi. La fatigue creuse ses joues, accentue ses pommettes, jaunit son teint. Pour protéger ses yeux usés par la lecture, il arbore des lunettes vertes[1]. C'est le moment de ses luttes tragiques avec les hébertistes et avec les dantonistes.

Tous ceux qui ont un peu pratiqué l'histoire de la Révolution ont gardé le souvenir du véhément et émouvant discours qu'il prononça lors de l'arrestation de Danton, quand Legendre vint demander que les députés arrêtés fussent entendus à la barre : « A ce trouble depuis longtemps inconnu qui règne dans cette assemblée ; aux agitations qu'ont produites les premières paroles

---

1. Voir le portrait attribué à Gérard dans II. Buffenoir, p. 6.

de celui qui a parlé... il est aisé de s'apercevoir
en effet qu'il s'agit ici d'un grand intérêt, qu'il
s'agit de savoir si quelques hommes aujour-
d'hui doivent l'emporter sur la patrie... Legendre
paraît ignorer les noms de ceux qui sont arrêtés :
toute la Convention les sait. Son ami Lacroix est
du nombre de ces détenus. Pourquoi feint-il de
l'ignorer? parce qu'il sait bien qu'on ne peut sans
impudeur défendre Lacroix. Il a parlé de Danton
parce qu'il croit sans doute qu'à ce nom est attaché un privilège : non, nous n'en voulons point,
d'idoles! Nous verrons dans ce jour si la Convention saura briser une prétendue idole pourrie depuis longtemps ou si dans sa chute elle écrasera
la Convention et le peuple français. Ce qu'on a
dit de Danton ne pouvait-il pas s'appliquer à
Brissot, à Petion, à Chabot, à Hébert même, et à
tant d'autres qui ont rempli la France du bruit
fastueux de leur patriotisme trompeur? Quel privilège aurait-il donc? En quoi Danton serait-il
donc supérieur à ses collègues, à Chabot, à Fabre
d'Églantine, son ami et son confident, dont il a
été l'ardent défenseur?... En quoi est-il supérieur
à ses concitoyens?... On craint que les détenus
ne soient opprimés; on se méfie donc de la justice nationale, des hommes qui ont obtenu la
confiance de la Convention nationale; on se défie
de la Convention qui leur a donné cette confiance,
de l'opinion publique qui l'a sanctionnée! Je dis
que quiconque tremble en ce moment est cou-

pable, car jamais l'innocence ne redoute la surveillance publique.

« Je dois ajouter ici qu'un devoir particulier m'est imposé de défendre toute la pureté des principes contre les efforts de l'intrigue. Et à moi aussi on a voulu inspirer des terreurs; on a voulu me faire croire qu'en approchant de Danton le danger pourrait arriver jusqu'à moi; on me l'a présenté comme un homme auquel je devais m'accoler, comme un bouclier qui pourrait me défendre, comme un rempart qui, une fois renversé, me laisserait exposé aux traits de mes ennemis. On m'a écrit; les amis de Danton m'ont fait parvenir des lettres, m'ont obsédé de leurs discours. Ils ont cru que le souvenir d'une ancienne liaison, qu'une foi antique dans de fausses vertus me détermineraient à ralentir mon zèle et ma passion pour la liberté. Eh bien, je déclare qu'aucun de ces motifs n'a effleuré mon âme de la plus légère impression; je déclare que s'il était vrai que les dangers de Danton pussent devenir les miens, que s'ils avaient fait faire à l'aristocratie un pas de plus pour m'atteindre, je ne regarderais pas cette circonstance comme une calamité publique. Que m'importent les dangers? Ma vie est à la patrie; mon cœur est exempt de crainte; et si je mourais, ce serait sans reproche et sans ignominie. Je n'ai vu dans les flatteries qui m'ont été faites, dans les caresses de ceux qui environnaient Danton, que des signes certains de la terreur qu'ils avaient conçue avant même qu'ils fussent menacés. Et moi aussi j'ai été l'ami de Petion ; dès qu'il s'est démasqué, je l'ai abandonné ; j'ai eu aussi des liaisons avec Roland ; il a trahi et je l'ai dénoncé. Danton veut prendre leur place, et il n'est plus à mes yeux qu'un ennemi de la patrie[1]. » Où trouver pages plus éloquentes ?

Danton disparu et l'union rétablie, du moins en apparence, parmi les Montagnards, Robespierre essaya de réaliser son rêve de cité future, juste et fraternelle. Il sait qu'on ne fonde rien de durable que sur les âmes. Il se fait prédicateur et moraliste, croyant ainsi préparer les voies aux profondes transformations sociales qu'il rêve. Il veut établir, dit-il le 18 pluviôse, « un ordre de choses où les distinctions ne naissent que de l'égalité même, où le citoyen est soumis au magistrat, le magistrat au peuple et le peuple à la justice ; où la patrie assure le bien-être de chaque individu et où chaque individu jouisse avec orgueil de la prospérité et de la gloire de la patrie..., où les arts soient les décorations de la liberté qui les ennoblit, le commerce la source de la richesse publique et non seulement de l'opulence monstrueuse de quelques maisons... » Ce rêve, il ne peut même pas l'ébaucher. Il tenait trop de place maintenant au Comité de Salut Public. Sa popularité effrayait et ses idées sociales effrayaient plus encore. Mis en mi-

---

1. *Moniteur* du 11 germinal an II.

norité au Comité, il se recueillit un mois et quand il reparut à la tribune, ce fut pour prononcer son testament de mort, ce discours du 8 thermidor d'une mélancolie déjà romantique.

Quand il tomba, ses vainqueurs encore mal assurés se demandèrent comment, par quel prodige ils avaient pu en triompher. Dans leurs diatribes injurieuses, qu'ils multiplièrent contre le grand mort, ils laissèrent percer des aveux significatifs.

Roederer, dans le portrait que signa Merlin de Thionville, a écrit ces phrases : « Alors même qu'elle applaudissait à sa chute (à la chute de Robespierre), la République française n'osait encore se relever de toute sa grandeur » ... « Il (Robespierre) paraît avoir seul porté le poids de la mission de deux Assemblées nationales! »

Courtois, le triste Courtois, est obligé de proclamer dans son fameux rapport sur la prétendue conspiration de Robespierre, l'immense popularité dont jouissait « le nouveau Sylla » : « Il semble qu'on ait pris à tâche d'élever un trône à celui qui ne voulait que briller à la tribune. Des agrégations coupables lui firent respirer, de toutes les parties de la France, l'encens criminel qu'elles brûlaient en son honneur; c'était à qui enivrerait l'idole, trop faible pour résister aux vapeurs empoisonnées; on se disputait, dans les Sociétés dites populaires, l'honneur ou l'affront, pour mieux dire, de s'agenouiller devant ce nouveau Dagon et des milliers de fanatiques irréligieux ne semblaient avoir chassé de leurs temples les dieux qu'ils adoraient depuis tant de siècles que pour se prosterner devant leur nouveau dieu Maximilien... »

Un autre vainqueur de thermidor, Billaud-Varenne, répondra à ceux qui lui reprocheront de n'avoir pas dénoncé plus tôt le tyran : « Nous demandera-t-on, comme on l'a déjà fait, pourquoi nous avons laissé prendre tant d'empire à Robespierre ?... Oublie-t-on que dès l'Assemblée constituante il jouissait déjà d'une immense popularité et qu'il obtint le titre d'Incorruptible ? Oublie-t-on que, pendant l'Assemblée législative, sa popularité ne fit que s'accroître ?... Oublie-t-on que, dans la Convention nationale, Robespierre se trouva bientôt le seul qui, fixant sur sa personne tous les regards, acquit tant de confiance qu'elle le rendit prépondérant, de sorte que, lorsqu'il est arrivé au Comité de Salut public, il était déjà l'être le plus important de la France ? Si l'on me demandait comment il avait réussi à prendre tant d'ascendant sur l'opinion publique, je répondrais que c'est en affichant les vertus les plus austères, le dévouement le plus absolu, les principes les plus purs... »

Ces aveux involontaires des thermidoriens sont confirmés par tous les témoignages.

Au lendemain de la fête de l'Être suprême, le député Boissy d'Anglas avait comparé publiquement Robespierre à Orphée enseignant aux hommes les premiers principes de la civilisation et de la morale[1]. Le littérateur à la mode La Harpe lui avait écrit à cette occasion les lettres les plus flatteuses.

Les papiers de Robespierre sont remplis des marques de la naïve et sincère admiration que lui prodiguaient la foule des patriotes. « Robespierre, ce nom qui fait ta gloire, ce nom qui porte l'effroi dans l'âme des tyrans sera le mot d'ordre qui nous ralliera pour les combattre », lui écrit la Société populaire de Caen, le 7 mars 1792. « Je vous regarde, citoyen, comme le Messie que l'Être suprême nous a promis pour réformer toute chose », lui écrit un commandant de vétérans, le 30 prairial an II. « Je veux rassasier mes yeux et mon cœur de tes traits et mon âme, électrisée de toutes tes vertus républicaines, rapportera chez moi de ce feu dont tu embrases tous les bons républicains. Tes écrits le respirent, je m'en nourris », lui écrit un camarade de collège, le 14 messidor an II[2].

On sait enfin qu'il était idolâtré des femmes, de celles de la noblesse et de la bourgeoisie comme de celles du peuple.

Comment expliquer cette admiration enthousiaste de tout un peuple? ce phénomène presque unique dans l'histoire?

La raison de la popularité de Robespierre m'apparaît simple. Nul homme d'État ne fut plus sincère, ne fut plus convaincu, nul ne mit plus de

---

1. Dans son *Essai sur les fêtes nationales* paru en messidor an II.

2. Voir les pièces annexes du rapport de Courtois.

talent au service du plus grand nombre. La foule reconnut du premier coup son défenseur.

Quand on s'adresse à la foule il faut être compris d'elle, il faut se mettre à sa portée. On a dit que Robespierre était un prédicateur, un prêtre.

Il y a du vrai. Tout homme profondément convaincu, qui veut faire partager son idéal, est par quelque côté un apôtre; il y eut certainement de l'apôtre en Robespierre. Les apôtres sont obligés de se répéter pour être mieux compris. Aussi rencontre-t-on parfois des longueurs dans les meilleurs discours de Robespierre.

Sincère, il est passionné et c'est ce qui fait sa force et sa valeur. Il n'est jamais plus éloquent que s'il est secoué par quelque grande amertume. Alors il trouve des accents parfois sublimes. Il se met tout entier dans ses discours, et par là il est souvent lyrique. Par contre, on lui a reproché de parler trop souvent de lui, d'étaler son moi. Cela est encore de la sincérité. Mais ce défaut, si c'en est un, donne à son éloquence une couleur toute spéciale, une couleur déjà romantique. Ce disciple de Rousseau parle comme Saint-Preux.

Passionné, il est vivant. Il manie tour à tour l'ironie et le sarcasme, la raillerie et la colère. On a dit qu'il « ne s'échauffait que dans le silence de son cabinet ». Quelle erreur! Pas un de ses discours, même de ses plus longs, des plus académiques qui ne tressaille d'une flamme intérieure. A la tribune, il se donne tout entier, il tient son auditoire sous le joug et ne se laisse jamais démonter. On a prétendu que les interruptions le dérangeaient, l'exaspéraient. Critiques injustes. A la Constituante et aux jacobins, il a tenu tête à de nombreux contradicteurs. Les interruptions, loin de le gêner, faisaient rebondir sa parole plus nette et plus incisive. Il n'est pas vrai qu'il ait besoin « d'une galerie muette et applaudissante » pour déployer tout son talent et qu'il n'excelle que dans le monologue. Qu'on relise ses combats aux jacobins avec Guadet et Brissot devant une salle à moitié hostile qu'il conquiert de haute lutte.

Il flatte si peu son auditoire qu'il lui dit de dures vérités et résiste aux courants les plus violents. Il s'opposa à la guerre. Il s'opposa à la déchristianisation violente. Il défendit les 73 Girondins. Il protégea les signataires des pétitions royalistes des 8000 et des 20000. S'il fut si populaire, ce n'est pas parce qu'il se fit le flagorneur des foules, parce qu'il « se vautra devant les tribunes », selon le mot de Roederer, c'est au contraire parce qu'il n'hésita jamais à réfréner les mauvais instincts des foules qui admirèrent en retour son courage et sa clairvoyance.

On l'a représenté comme un écolier qui s'applique sous la lampe de Duplay. Or il écrivait avec une facilité merveilleuse. Ses manuscrits ne portent pour ainsi dire pas de ratures. La forme oratoire lui était si naturelle qu'il ne pouvait s'en séparer. Son journal, *Le Défenseur de la Consti-*

tution, n'est pas un recueil d'articles, mais un recueil de discours. Ses lettres mêmes sont éloquentes. La vérité, c'est qu'il méditait profondément ses discours, qu'il en changeait le plan jusqu'à la tribune (la plupart présentent des variantes), si bien qu'on a pu dire que « chacun de ses discours est l'histoire de son âme depuis la dernière fois qu'il a pris la parole ».

La plupart du temps, surtout dans les dernières années, il se bornait à jeter sur le papier quelques notes hâtives, le plan de son discours, et il se laissait aller à l'improvisation. *La Révolution française*[1] a publié le brouillon du discours fameux qu'il prononça sur le droit de propriété, à la séance du 24 avril 1793. La comparaison entre ces notes si laconiques et le texte du discours, tel qu'il fut recueilli par les journalistes, est très instructive.

Voici le début du brouillon qui ne porte pas de ratures :

Propriété, ses droits.

> Marchand de chair humaine, navire où il encaisse les nègres, voilà mes propriétés.
> Noble.
> Terres et vassaux. voilà, etc.
> Dynastie de Capet.
> Le droit héréditaire qu'elle avait d'opprimer, de ruiner, de sucer 20 millions d'hommes.
> Scandale pour les siècles.

1. Tome LX, 1906, 1.

Et maintenant voici le texte du discours rapporté par le *Moniteur* :

Posons donc de bonne foi les principes du droit de propriété, il le faut d'autant plus qu'il n'en est point que les préjugés et les vices des hommes aient cherché à envelopper de nuages plus épais.

Demandez à ce marchand de chair humaine ce que c'est que la propriété; il vous dira en vous montrant cette longue bierre qu'il appelle un navire, où il a encaissé et serré des hommes qui paraissaient vivants : Voilà mes propriétés, je les ai achetées tant par tête. Interrogez ce gentilhomme qui a des terres et des vassaux ou qui croit l'univers bouleversé depuis qu'il n'en a plus ; il vous donnera de la propriété des idées à peu près semblables.

Interrogez les augustes membres de la dynastie capétienne, ils vous diront que la plus sacrée des propriétés est, sans contredit, le droit héréditaire dont ils ont joui, de toute antiquité, d'opprimer, d'avillir et de s'assurer légalement et monarchiquement les 25 millions d'hommes qui habitaient le territoire de la France sous leur bon plaisir...

Vous voyez de quel langage magnifique et imagé Robespierre savait habiller à la tribune les notes hâtives qu'il traçait le soir, sous la lampe de Duplay. Vous voyez avec quelle facilité, avec quelle souplesse il passait d'un argument à un autre.

Je ne crois rien exagérer en concluant que Maximilien Robespierre fut un des plus grands orateurs qui aient jamais existé, en le mettant aux côtés d'un Périclès, d'un Démosthène, d'un Cicéron, bien plus haut qu'un Danton ou qu'un Gambetta.

Il a uni la hauteur et la noblesse des vues à la

perfection de la langue et de la diction. Il a fait vibrer toutes les passions humaines. Il a gouverné la République pendant l'époque la plus tragique par le seul prestige de sa vertu et de son génie.

Ce grand homme n'a été jusqu'ici si contesté que parce que les idées qu'il représentait ont été vaincues avec lui. Tous les conservateurs sociaux, le nombre en est plus grand qu'on ne pense, et ceux de gauche ne sont pas moins redoutables que ceux de droite, se sont appliqués depuis un siècle à rabaisser le talent de l'orateur afin de rabaisser en même temps l'idéal qu'il incarnait. Le calcul a réussi jusqu'ici. Aveuglée par les faux docteurs, notre démocratie les a crus sur parole et n'est pas allée se retremper et se purifier aux sources vives de la parole du grand ancêtre. Il fut un temps où Robespierre et Démocratie étaient synonymes. Ce temps reviendra. Alors, quand on n'aura plus peur des idées de Robespierre, on sera plus libre pour admirer son génie. Alors, peut-être, au lieu de faire expliquer à nos enfants les sermons d'un Bossuet, pompeux et surannés, leur fera-t-on expliquer les discours de Robespierre contre le marc d'argent, sur la propriété, contre la guerre, contre Danton. Alors, notre École sera vraiment l'École d'une démocratie, une École qui doit former des hommes de bien capables de bien penser, de bien parler et de bien agir.

TABLE DES MATIÈRES

CHARTRES. — IMPRIMERIE DURAND, RUE FULBERT (5-1927).

www.ingramcontent.com/pod-product-compliance
Lightning Source LLC
LaVergne TN
LVHW050355060726
842524LV00002B/363